E-Book inside

Mit dem Kauf dieses Buchs erhalten Sie das zugehörige E-Book gratis. Sie können dabei aus zwei Dateiformaten wählen: EPUB (gängiges Format für E-Reader und Tablets) und PDF (für PC und Laptop). So kommen Sie an Ihr kostenloses E-Book:

Rufen Sie im Internet diese Website auf:
↗ http://www.junfermann.de/ebook-inside

Geben Sie den unten stehenden Code in das dafür vorgesehene Feld ein und klicken Sie → Code einlösen. Nach Eingabe Ihrer E-Mail-Adresse und Auswahl des E-Book-Formats erhalten Sie sofort einen Download-Link für das gewünschte E-Book an Ihre E-Mail-Adresse.

Bitte beachten Sie, dass der Code für Sie personalisiert wird und nur einmal gültig ist. Die Datei müssen Sie zunächst auf Ihrem Computer speichern, bevor Sie sie auf ein mobiles Endgerät überspielen können.

1TYJK1HE

Melissa Goldberg Mintz

Ist mein Kind traumatisiert?

Was Eltern wissen sollten und was sie zur Heilung beitragen können

www.junfermann.de
planetpsy.de
blogweise.junfermann.de
www.facebook.com/junfermann
x.com/junfermann
www.youtube.com/user/junfermann
www.instagram.com/junfermannverlag

MELISSA GOLDBERG MINTZ

IST MEIN KIND TRAUMATISIERT?

WAS ELTERN WISSEN SOLLTEN UND WAS SIE ZUR HEILUNG BEITRAGEN KÖNNEN

Aus dem Englischen von
Claudia Campisi

Junfermann Verlag
Paderborn
2024

Copyright © der deutschen Ausgabe	Junfermann Verlag, Paderborn 2024
Originalausgabe	Has Your Child Been Traumatized? How to Know and What to Do to Promote Healing and Recovery
Copyright	© 2023 The Guilford Press A Division of Guilford Publications, Inc. 370 Seventh Avenue, Suite 1200, New York, NY 10001 www.guilford.com
Coverfoto	© Markus Spiske / www.temporausch.com (AdobeStock)
Covergestaltung / Reihenentwurf	JUNFERMANN Druck & Service GmbH & Co. KG, Paderborn
Satz & Layout	JUNFERMANN Druck & Service GmbH & Co. KG, Paderborn

Bibliografische Information der Deutschen Nationalbibliothek	Die Deutsche Nationalbibliothek verzeichnet diese Publikation in der Deutschen Nationalbibliografie; detaillierte bibliografische Daten sind im Internet über http://dnb.d-nb.de abrufbar.

ISBN 978-3-7495-0563-0
Dieses Buch erscheint parallel als E-Book.
ISBN 978-3-7495-0564-7 (EPUB), 978-3-7495-0565-4 (PDF).

Inhalt

Vorbemerkung der Autorin

Damit sich möglichst viele in diesem Buch wiederfinden, bezeichne ich Einzelpersonen gemäß den zeitgemäßen sprachlichen Gepflogenheiten abwechselnd mit weiblichen, männlichen oder Pluralpronomen (auf Deutsch durch die Endung :innen, d. Ü.), in der aufrichtigen Hoffnung, dass sich niemand ausgeschlossen fühlt.*

Der Begriff „Eltern“ bezeichnet hier sowohl die leiblichen Eltern des betroffenen Kindes als auch die Sorge- und Erziehungsberechtigten, bei denen es wohnt, zum Beispiel Pflege- oder Großeltern und natürlich auch einzelne Elternteile und Alleinerziehende.

Die als Fallbeispiele dienenden Familien setzen sich aus einzelnen Facetten echter Menschen zusammen, deren persönliche und demografische Daten zum Schutz ihrer Identität geändert wurden.

---

* Entsprechend gilt: Überall, wo „Ihr Kind“ steht, sind nicht nur leibliche Kinder gemeint.

Vorwort

Falls der Titel dieses Buches Ihr Interesse geweckt hat, ist das ein Zeichen, dass Sie hier richtig sind. Nehmen Sie sich als Erstes einen Moment Zeit für ein bisschen Selbstwertschätzung: Wenn Ihr Kind traumatisiert ist, teilen Sie gewissermaßen sein Leid – das Gefühl, der Situation nicht gewachsen, überlastet, vielleicht auch vollkommen durch den Wind zu sein. Motiviert von dem Wunsch, sich zu kümmern, schauen Sie sich das Buch näher an. Sie suchen nach Orientierung, Sie wollen Ihr Kind verstehen und ihm helfen. Gleichzeitig brauchen Sie auch selbst das Gefühl, verstanden zu werden, und genau damit holt Sie dieses Buch ab. Sie werden von Erfahrungen anderer Eltern lesen, in denen Sie sich wiederfinden können, zum Beispiel, dass es zwar natürlich, aber auch hinderlich ist, schmerzhafte Gefühle zu verdrängen. Besser ist es, sich mit ihnen auseinanderzusetzen, und indem Sie in diesem Buch nach Antworten suchen, tun Sie genau das. Welch ein Glück für Ihr Kind, dass Sie so gut für es sorgen!

Bei Dr. Melissa Goldberg Mintz sind Sie auf alle Fälle an der richtigen Adresse. Als ich sie kennenlernte, leitete ich seit mehr als 20 Jahren in Krankenhäusern Patientenedukationsgruppen zum Thema Trauma, Beziehung und Bindung. Im Rahmen ihres Postdoktorandenstipendiums bot sie mir an, mich bei einer solchen Gruppe zu begleiten, und wie Ihnen bei der Lektüre dieses Buches sofort auffallen wird, erwies sie sich als Naturtalent: Sie hatte eine positive Ausstrahlung, war einfühlsam und versiert. Sie beobachtete und hörte gut zu. Sie war begierig zu lernen und ihr Wissen mit anderen zu teilen. Sie drückte sich verständlich aus und verzichtete auf komplizierte Formulierungen und Fachjargon. Über die Jahre haben mich die Teilnehmenden an der Patientenedukation allerhand gelehrt, und so habe ich diese Gruppen immer als Privileg empfunden. Zum Vorteil ihrer Leser:innen hat Dr. Goldberg Mintz aus diesem Privileg das Beste gemacht: Sie hat nie aufgehört zu lernen und zu lehren. Psychologin durch und durch, verbindet sie die Wissenschaft mit der Praxis. Vor allem aber ist ihre Arbeit, auch die schriftliche, durchdrungen von ihrer Menschenliebe.

Einmal, vor vielen Jahren, hielt ich einen Vortrag vor den Familienangehörigen der Betroffenen. Am Ende erhob sich ein Mann ganz hinten im Raum von seinem Stuhl und fragte: „Doktor Allen, all das, was Sie uns hier erzählen – ist das nicht einfach gesunder Menschenverstand?“ – „Exakt!“, erwiderte ich und wies daraufhin, dass gesunder Menschenverstand ein ziemlich ambitioniertes Ziel sei. Dieses Buch ist jedenfalls voll davon. Durch alle ausführlichen Darstellungen schimmert die Kernaussage: Die Beziehung, die Sie zu Ihrem Kind haben, ist das Wichtigste für dessen

Gesundheit und Gesundungsprozess. Leitbild ist die sogenannte „sichere und zuverlässige Bindung". Ein sicher gebundenes Kind vertraut darauf, dass seine Eltern da sind, wenn es in Gefahr oder in Not ist, und dass sie einfühlsam auf seine Gefühle und Schwierigkeiten eingehen. Wie etliche Forschungsarbeiten zeigen, trauen sich Kinder, die auf die Geborgenheit einer sicheren und zuverlässigen Bindung zählen können, ihre Umwelt zu erkunden, weil sie wissen: Sollten sie Trost und Beistand brauchen, werden sie ihn bekommen. Kinder, die sich auf Fürsorge und Verständnis verlassen können, können mit der Zeit eher loslassen und unabhängig werden.

Und noch ein Beispiel für den gesunden Menschenverstand, durch den sich dieses Buch auszeichnet: Je besser Sie im tagtäglichen Miteinander dafür sorgen können, dass sich Ihr Kind geborgen fühlt, desto mehr wird es darauf vertrauen, dass es mit seiner traumatischen Erfahrung bei Ihnen Trost und Hilfe erfährt. Vertrauen und Geborgenheit aber müssen erst entstehen. Es ist ein Prozess, der gleich nach der Geburt beginnt und sich von einem Augenblick zum anderen aus Tausenden und Abertausenden Szenen des zwischenmenschlichen Kontakts entwickelt.

Haben Sie zu diesem Buch gegriffen, weil Sie nicht wissen, wie Sie mit Ihrem traumatisierten Kind am besten umgehen? Sein Verhalten ist so emotional und besorgniserregend, dass Sie – entgegen Ihren besten Absichten, achtsam und einfühlsam darauf zu reagieren – vor einer echten Herausforderung stehen. Perfektionismus ist jedoch keine Option – beileibe nicht. Sie sind frustriert, mutlos, vielleicht sogar erschöpft. Wenn Sie es irgendwie durchschaffen, können Sie das schon als einen Erfolg verbuchen.

Bei der Lektüre dieses Buchs werden Sie feststellen: Sie sind nicht allein. Sie haben eine versierte Psychologin an Ihrer Seite sowie zahlreiche Eltern aus den Fallbeispielen, die Ihnen zeigen, wie Sie die Schwierigkeiten, mit denen Sie konfrontiert werden, meistern. Auch die Ergebnisse der Bindungsforschung stimmen hoffnungsvoll: Wer sich mit einem anderen Menschen emotional verbunden weiß, entwickelt mehr Bindungssicherheit. An dieser Verbundenheit müssen wir manchmal arbeiten, besonders aber im Fall eines Traumas. Und manchmal geht es nicht ohne professionelle Hilfe, die, wenn sie effektiv ist, das fehlende Gefühl der Geborgenheit ersatzweise stiftet. So wird aus Ungeborgenheit Geborgenheit.

Gesunder Menschenverstand ist notwendig – reicht bei einer Traumatisierung aber nicht aus. So schloss ich mich nach jahrelanger Ausbildung und Praxis einer Kolleg:innengruppe an, die an einem speziellen Behandlungsprogramm für stationäre traumatisierte Patient:innen arbeitete. Das dafür notwendige Fachwissen eignete ich mir durch weitere psychotherapeutische Arbeit, Patientenedukation und Forschung an sowie durch das Schreiben von Artikeln und Büchern. Wie Dr. Goldberg Mintz habe ich am meisten von jenen gelernt, die sich am besten auskennen: von den

Betroffenen, die unter einem Trauma leiden und Wege zur Heilung gefunden haben. Wenn studierte Profis vieles dazulernen müssen, dann gilt das auch für Eltern, die um den Heilungsprozess ihrer Kinder an vorderster Front kämpfen. Um das Buch von Dr. Goldberg Mintz zu verstehen, braucht man kein abgeschlossenes Psychologiestudium, weil ihr Wissen auf ihrer breit gefächerten Erfahrung mit Patient:innen und deren Familienangehörigen aufbaut und sie es klar vermittelt.

Traumatischer Stress kann unterschiedliche Ausmaße und Formen annehmen. Manche Kinder erholen sich schneller als andere, und manche brauchen mehr Hilfe – und auch ihre Eltern. Wie viel, das erfahren Sie in diesem unkomplizierten Ratgeber. Potenziell traumatisierende Situationen sind praktisch überall möglich, und meistens kommt man glimpflich davon. Man wird versorgt, fühlt sich wieder sicher und erholt sich. Mehr ist nicht notwendig. Doch auch unter normalen Umständen hilft es, die extrem belastenden Reaktionsmuster zu erkennen und zu wissen, wie man sich am besten und einfühlsamsten um die Betroffenen kümmert.

Auch wenn traumatisierte Kinder in der Regel bei normaler Fürsorge genesen, sollte man sich der potenziellen Folgen in Form von problematischen Verhaltensweisen und bleibenden Schäden bewusst sein. Aber nicht nur darauf richtet Dr. Goldberg Mintz ihr Augenmerk, sondern auch auf die spezifischen genesungsförderlichen Behandlungsansätze. Diese erfordern immer eine Konfrontation mit den traumatischen Gefühlen und Erinnerungen. Das Erlebte wird verarbeitet, bis man es einigermaßen einordnen und seine Auswirkungen verstehen kann. Am wichtigsten ist bei allen Ansätzen jedoch, dass man über alles nachdenkt und es mit einer zugewandten und einfühlsamen Person bespricht, die sich mit Traumata auskennt.

Dr. Goldberg Mintz liefert nicht nur Informationen über die vielen verschiedenen Möglichkeiten, die es für Kinder mit speziellem Behandlungsbedarf gibt, sondern verrät Ihnen auch, welche davon jeweils am besten passt – auch für Sie und Ihr Kind. Dabei sollten Sie eine Tatsache berücksichtigen, die seit etlichen Jahren immer wieder von verlässlichen Studien belegt wird: *Die Qualität der therapeutischen Beziehung* trägt weitaus mehr zur Effektivität einer Psychotherapie bei als die Methode und die Art ihrer Anwendung. Mehr noch: Die therapeutische Beziehung ist ganz ähnlich beschaffen wie die zwischen Eltern und Kind, um die es in diesem Buch geht. Als Hauptbezugsperson Ihres Kindes sind Sie während und nach der Therapie für seinen Traumaheilungsprozess am wichtigsten. Was es mit dieser Rolle auf sich hat und wohin Sie sich wenden, wenn Sie professionelle Hilfe brauchen, das erfahren Sie in diesem ausgezeichneten Ratgeber.

Da die Bindungsforschung intensiv auf die frühe Kindheit ausgerichtet ist, befassen sich ihre Studien hauptsächlich mit Müttern. Wie zusätzliche Arbeiten jedoch zeigen, sind die Muster bei Vätern und anderen Betreuungspersonen die gleichen.

Entscheidend ist eine sichere Bindung zu einer Person, auf deren Verständnis und Fürsorge man in schwierigen Situationen bauen kann. Genau das beantwortet auch die Frage, die ich einst an meine Patientenedukationsgruppe richtete: „Was müssen Eltern tun, um ihrem Kind zu einem sicheren Bindungsstil zu verhelfen?"

Sich um traumatisierte Kinder zu kümmern ist stressig, und wie dieses Buch zeigt, ist die beste Ressource zur Stressbewältigung eine sichere Bindung. Wer aber Unterstützung geben will, braucht selbst welche, ob aus dem persönlichen Umfeld oder von professioneller Seite. Auch Fachwissen kann nicht schaden. Doch vor allem braucht man eine Fähigkeit, die auch jede versierte Traumatherapeutin besitzen sollte, nämlich *Menschlichkeit*: sich einem anderen Menschen in Freude wie im Schmerz verbunden zu fühlen. Seelisches Leid von traumatischem Ausmaß benötigt über diese angeborene Fähigkeit hinaus jedoch kompetente Hilfe.

Und die haben Sie hiermit gefunden.

Dr. Jon G. Allen

Menninger Department of Psychiatry and Behavioral Sciences
Baylor College of Medicine

Danksagung

Dieses Buch zu schreiben war ein echter Liebesdienst, der nur dank der Unterstützung und Begleitung einiger sehr besonderer Menschen Früchte getragen hat.

Zuallererst möchte ich den erstklassigen Lektorinnen Kitty Moore und Christine Benton danken. Ihre herzliche Ermutigung, Ihre Begeisterung für dieses Buch, gepaart mit Ihrem aufschlussreichen Feedback, haben dazu beigetragen, dass sich meine anfangs verworrenen Gedanken zu einem lesbaren Buch ordnen konnten. Für Ihre fachkundige und rückenstärkende Anleitung bei der Manuskripterstellung bin ich Ihnen bis in alle Ewigkeit dankbar. Den anregenden, klugen und humorvollen Austausch mit Ihnen beiden habe ich stets sehr geschätzt.

Meine ganze Berufslaufbahn ist geradezu gesegnet mit zahlreichen Mentor:innen, ohne deren kompetente Hilfe dieses Buch nicht zustandegekommen wäre. An zentraler Stelle steht Liz Newlin, die mir klargemacht hat, wie wichtig die Familie für die Traumaheilung ist, sowie Jon Allen, dem ich meine Ansichten zu diesem Thema größtenteils einer von ihm angeregten Mentalisierungsgruppe verdanke. Vielen Dank Ron Acierno, Patty Daza, George Bombel, Chris Fowler, Colleen O'Byrne, Marcia Laviage, Lawrence Thompson Jr., Claudia Mustafa, Sara May, Kim Pfaff, Marcela Torres, Leigh Baker und Drew Westen: Ihr habt mich beruflich immer unterstützt und mich zur Spezialisierung auf die Behandlung von Traumata bewegt.

Vielen Dank auch an Mollie Gordon und Phuong Nguyen für eure Hilfe bei der Anpassung des Lehrplans – ich bin so froh, euch beide an meiner Seite zu haben.

Ich danke meinen Kolleginnen, die ich glücklicherweise meine lieben Freundinnen nennen darf. Adelia Sabinstev, du bist der herzlichste, hilfsbereiteste Mensch, den ich kenne. Danke für deine kontinuierliche Unterstützung und deine fachkundige Beratung beim Überarbeiten von Kapitel 9. Vielen Dank auch an Emily Roth Van Laan, Lindsey Hogan, Brittany Lawnin, Rose Yang, Jenny Hughes und Janelle Veenstra für eure Freundschaft und psychologischen Erkenntnisse.

Vielen Dank an meine Kollegin, die Autorin Ashley Winstead für die Beratung und Aufmunterung hinsichtlich des Verlags.

Ich danke Kathryn Kase, deren aufmerksame Fragen mich zum Nachdenken über die Rolle von Eltern im Heilungs- und Genesungsprozess gebracht haben.

An meine ältesten Freundinnen: Danke Sharone Tobias, für 25 Jahre ambitionierter Träume und Zuneigung, die nicht vor Strenge zurückscheut, die notwendig ist, um ein Buch zu Ende zu schreiben. Und Robyn Munn für deine „charmanten" Formulierungsvorschläge.

Da dieses Buch während der Schulschließungen, einer Schwangerschaft und der ersten Tage nach der Geburt geschrieben wurde, danke ich der fantastischen „Clique" der Lehrer:innen, Babysitter, Mütter und Betreuer:innen, die unserer Familie durch diese Zeit geholfen haben, besonders Amanda Moon Lee, Joy Jacobson, Lachelle Henton, Jamie Wilkinson, Jenn Char und Jasmin Prince.

Ich danke meiner Mutter, Carol Goldberg, die jederzeit zuverlässig für mich da ist und mich immerzu antreibt, und meinem Vater, Michael Goldberg, der mir stets alles zugetraut hat.

Meinen Kindern, Sophie und Franklin: Ihr seid mein Ein und Alles. Die Verbundenheit, die ich zu euch beiden spüre, hat das Thema Bindung für mich mit Leben erfüllt. Unser bewusstes Miteinander hat mir Energie für die langen Schreibnächte gegeben.

Und zu guter Letzt danke ich meinem Mann, Evan Mintz. Ich wusste nicht, wie recht ich hatte, als ich bei unserer Hochzeit Freud zitierte: „Wie keck wird man, wenn man sich geliebt weiß!" Ohne deine emotionale und die praktische Unterstützung beim Formulieren hätte ich es niemals gewagt, ein Buch zu schreiben. All die großartigen Einzeiler und Anspielungen aus der Popkultur sind deinem einfallsreichen Kopf entsprungen. Welch unverhoffter Glückstreffer war es, dich zu heiraten.

Einleitung: Ist Ihr Kind traumatisiert?

Als Erstes möchte ich Ihnen die Geschichte des zwölfjährigen Ricky erzählen. Von all meinen Patient:innen hatte niemand mehr Pech als er. Wie Forschungsarbeiten aus den letzten Jahrzehnten immer wieder belegen, machen zwei Drittel aller Menschen in der Kindheit mindestens eine belastende Erfahrung. Doch dieser Junge hatte gleich mehrere erlebt. Als er ein Baby war, fegte Hurrikan Katrina über New Orleans hinweg und trieb ihn und seine Familie in die Flucht nach Houston. Nur einige Jahre später – sie hatten sich gerade wieder aufgerappelt – kam Hurrikan Harvey. Alles, was sie besaßen, ging in den Fluten unter. Ricky kam in eine neue Schule, wo ein Schlägertyp ihm die Nase brach. Und dann, ausgerechnet auf dem Weg zu seiner ersten Therapiesitzung bei mir, rammte zu allem Überdruss ein Lastwagen das Auto seiner Mutter. Dem armen Kind blieb wirklich nichts erspart.

Ich arbeitete noch nicht so lange als Therapeutin und fühlte mich schon beim Lesen seines Überweisungsberichts überfordert. Wie konnte ich jemandem helfen, der schon so viel durchgemacht hatte? Ich wusste, was auf mich zukam, und war bei unserer ersten Begegnung trotzdem erschrocken. Sein energiegeladenes, beschwingtes und auf schräge Art witziges Auftreten passte so gar nicht zu seiner Leidensgeschichte. Doch dann erzählte er von den regelmäßig wiederkehrenden Albträumen, die immer von Stürmen handelten, und wurde nervös. Auf einmal wirkte er erschöpft. Um herauszufinden, ob er eine Posttraumatische Belastungsstörung hatte, führte ich einen Test bei ihm durch, und das Ergebnis war eindeutig positiv. Trotz alldem schien er sein Leben ganz gut zu meistern. Er war ausgezeichnet in der Schule, hatte seiner Beschreibung nach intakte Freundschaften und überraschend optimistische Erwartungen an seine Zukunft.

Am Ende der Sitzung verstand ich Rickys erstaunlichen Zustand – und zwar in dem Moment, in dem ihn seine Mutter abholte. Er erzählte strahlend, sie habe ihm versprochen, nach jedem Termin Minigolf zu spielen, und sie bestätigte, das sei ihr gemeinsames „Mutter-Sohn-Ding". Als ich die beiden mit der Zeit besser kennenlernte, dämmerte mir, dass die Mutter mit ihrer Methode schon zur Heilung ihres Sohnes beigetragen haben musste, noch bevor er meine Praxis überhaupt betreten hatte. In der Folge arbeitete ich mit Ricky an seinem Trauma und mit seiner Mutter an praktischen elterlichen Fähigkeiten. Nach einigen Monaten waren seine Albträume und andere Traumasymptome so gut wie verschwunden. Und wie ich Jahre später zu meiner Freude erfuhr, hatte er ein Begabtenstipendium für eine renommierte Universität bekommen, und seine Mutter war noch immer sehr stolz auf ihn.

Mit dieser Geschichte möchte ich Ihnen zeigen, wie wichtig die Eltern-Kind-Beziehung ist, besonders aber für den Traumaheilungsprozess. Ich würde sogar so weit gehen und behaupten, eine liebevolle und fürsorgliche Beziehung zu einer fähigen Betreuungsperson ist für die Genesung des Kindes wertvoller als wöchentliche Therapiesitzungen, und seien sie in der besten Praxis der Welt. Mit anderen Worten: Dass Ihr Kind sich von seinem Trauma erholt und wieder aufblüht, liegt hauptsächlich an *Ihnen*!

Das klingt nach einer schweren Bürde: Die Zukunft Ihres Kindes liegt in Ihren Händen. Ganz schön viel Verantwortung! Aber keine Angst – die Betreuung eines traumatisierten Kindes erfordert weder therapeutisches Können auf professionellem Niveau noch weise Erkenntnis oder ein übernatürliches Maß an Kraft und Geduld. Tatsächlich verfügen Sie jetzt schon über das, was Kinder, die etwas Schreckliches erlebt haben, am meisten brauchen, nämlich Liebe und Einfühlungsvermögen. Wie Sie damit den Heilungsprozess wirksam unterstützen können und was es mit dem Trauma konkret auf sich hat, das erfahren Sie in diesem Buch.

Diese wichtige Rolle, die Eltern im Heilungsprozess ihrer Kinder spielen, interessiert mich seit meiner Mitarbeit an der Untersuchung einer bewährten Methode zur Taumabehandlung namens traumafokussierte kognitive Verhaltenstherapie (TFKVT). Im Rahmen dieser Studie fiel mir auf, dass die posttraumatischen Belastungssymptome bei vielen Kindern nachließen und sich diejenigen am meisten und schnellsten erholten, die besonders liebevoll und achtsam betreut wurden. Nachdem ich nun zehn Jahre lang in diesem Bereich gearbeitet habe, bin ich zu dem Schluss gekommen, dass Therapie manchmal notwendig ist, die Kinder aber noch mehr brauchen, um sich von ihrem Trauma völlig zu erholen. Eine starke Verbindung zwischen Bezugsperson und Kind begünstigt den Heilungsprozess, und manchmal reicht sie allein sogar aus.

Hat Ihr Kind etwas emotional Belastendes oder physisch Verletzendes erlebt, und nun fragen Sie sich, ob es vielleicht traumatisiert ist? Oder braucht es offensichtlich Unterstützung, aber Sie sind sich nicht sicher, wo Sie beginnen sollten? Oder sind Sie wegen Ihres Kindes in Sorge, weil es sich anders verhält als sonst? Ist es beispielsweise aggressiver, hat es keine Lust, sich mit anderen zu treffen oder haben sich seine Noten verschlechtert, und Sie verstehen nicht, warum? Oder Sie wissen nicht, wie Sie in dem Moment reagieren sollen, wenn es, wie so oft in letzter Zeit, empfindlich ist, Panikattacken hat, gestresst wirkt und von Erinnerungen an den Vorfall gequält wird?

In diesem Buch will ich Ihnen helfen zu verstehen, was mit Ihrem Kind los ist und was es nach einem potenziell traumatischen Erlebnis durchmacht. Außerdem will ich Sie dazu befähigen, dem Kind bei der Verarbeitung beizustehen.

Was Sie von diesem Buch erwarten können

Grundsätzlich kann Ihnen dieses Buch nützlich sein, wenn Sie glauben, dass Ihr Kind etwas potenziell Traumatisches erlebt hat, Sie aber nicht wissen, was nun zu tun ist, und sich Fragen wie die folgenden stellen:

- Wird es meinem Kind wieder gut gehen? Oder wird das Erlebte für immer Narben hinterlassen?
- Wie werden Kinder überhaupt traumatisiert?
- Was ist eine Posttraumatische Belastungsstörung (PTBS)?
- Warum verhält sich mein Kind anders als andere Kinder, die das Gleiche erlebt haben?
- Was kann ich tun, um zu helfen?

All diese Fragen sind vollkommen normal. Kinder haben ihr eigenes Innenleben, das sie selbst nicht verstehen und erst recht nicht anderen gegenüber erklären können. Das gilt besonders, wenn sie das Teenageralter erreicht haben und alles noch komplizierter ist. Deshalb möchte ich es Ihnen so leicht wie möglich machen, indem ich mein Buch mit Beispielen und Anekdoten aus meiner Praxis anreichere, durch die Sie wichtige Themen besser verstehen können, etwa wann die Reaktion auf ein potenziell traumatisches Erlebnis Grund zur Sorge gibt und wann professionelle Hilfe angesagt ist.

Sie werden in der Lage sein, Ihrem Kind das zu geben, was es nach einer belastenden Erfahrung braucht, allem voran eine Grundlage für den Heilungsprozess und ein Schutzschild gegen zukünftige traumatische Belastungen. Sie werden fähig sein,

- auf Traumatrigger zu reagieren,
- verwirrende und problematische neue Verhaltensweisen zu verstehen (z. B. eine verstärkte Neigung zum Weinen),
- Regeln aufzustellen und durchzusetzen,
- Vermeidungsverhalten zu erkennen und damit umzugehen,
- die für Teenager typischen Probleme im Zusammenhang mit Traumata anzugehen, z. B. riskante und impulsive Handlungen,
- und das Wiederauftreten von Traumasymptomen im späteren Leben des Kindes zu verhindern.

Diese Anleitung zur adäquaten Beelterung von Kindern nach einem potenziell traumatischen Erlebnis besteht aus zwölf Kapiteln. Die ersten geben einen Überblick über das Thema Trauma und sollen Ihnen helfen, die verwirrenden Tage, Wochen und Monate nach einem potenziell traumatischen Erlebnis zu verarbeiten und die schwierige Frage zu klären, ob Ihr Kind traumatisiert ist oder nicht. Des Weiteren werden Sie verstehen lernen, warum manche Kinder Traumasymptome entwickeln und manche nicht und wie man zwischen gesundem und besorgniserregendem Verhalten unterscheidet. Und wenn Sie diese grundlegenden Aspekte im Zusammenhang mit Traumata und traumatischen Reaktionen verstanden haben, kommen wir noch einmal auf das zu sprechen, was eines der wichtigsten Hilfsmittel zum Aufbau von Resilienz im Umgang von Widrigkeiten darstellt: die starke Eltern-Kind-Beziehung. Diese können Sie vertiefen, indem Sie die hier vorgestellten konkreten, heilsamen und leicht umsetzbaren Fähigkeiten erlernen.

Anschließend werde ich die nach potenziell traumatischen Vorfällen häufig beobachteten typischen Verhaltensänderungen bei kleineren und größeren Kindern sowie bei Jugendlichen erläutern. Aus den Geschichten meiner Patient:innen habe ich Fallbeispiele zusammengesetzt, die veranschaulichen, worauf Sie sich nach einem potenziell traumatischen Erlebnis einstellen können: sogenannte Traumatrigger, die an den schrecklichen Vorfall erinnern und das Erlebte plötzlich wieder wachrufen, erhöhte Emotionalität, Vermeidung, geringfügiges und grobes Fehlverhalten, Selbstverletzung und impulsive Handlungen. Wie Sie für das Kind auf heilsame Weise damit umgehen können, erfahren Sie im dritten Teil dieses Buchs.

Manchmal allerdings erwirkt auch die beste Eltern-Kind-Beziehung keine Erholung von einem traumatischen Erlebnis. Dann ist professionelle Hilfe empfehlenswert. In Kapitel 11 erhalten Sie einen Überblick über die verschiedenen Therapieangebote sowie eine strukturierte Herangehensweise, wie Sie jemanden finden, der oder die zu dem Kind, der Familie oder auch für Sie selbst passt.

Das letzte Kapitel bereitet Sie auf den Umgang mit Stolpersteinen vor, auf die Ihr Kind im Lauf seines Lebens treffen kann. Viele Kinder und Jugendliche mit potenziell traumatischen Erfahrungen führen später scheinbar davon unberührt ein gesundes, erfülltes Leben. Sie können sich also durchaus gut entwickeln. Doch selbst bei erfolgreich behandelten traumatisierten Kindern können die Symptome irgendwann später wiederkehren. Wenn Sie sich darauf einstellen, können Sie das Selbstbewusstsein Ihres Kindes stärken und ihm sagen, was es im Fall einer Symptomrückkehr tun kann.

So mit Wissen und Fähigkeiten ausgestattet, werden Sie in der Lage sein, den Heilungsprozess Ihres Kindes auf dem Weg in eine gesunde, glückliche Zukunft zuversichtlich zu begleiten.

Teil I

Trauma

1. Was ist ein Trauma?

Auf meiner Autofahrt zur Arbeit komme ich immer an einem Einkaufszentrum vorbei. Darin befinden sich ein chinesisches Restaurant, ein Süßwarenladen und auch eine kleine Arztpraxis, das „24-Stunden-Trauma-Center".

Der Name macht mich jedes Mal stutzig. Denn so, wie der Begriff „Trauma" im Alltag verwendet wird, klingt es nicht gerade nach einem echten Notfall, der sofort behandelt werden muss. Da schimpfen Schülerinnen über ihre „traumatische" Chemieklausur, eine frisch verheiratete Frau bezeichnet die Hochzeitsfeier mit den Schwiegereltern als „voll traumatisierend" oder in der Arbeitspause regt man sich über die letzte Folge der zurzeit angesagtesten Serie auf, ist „geschockt, ja richtig traumatisiert".

Solch ein inflationäres „Trauma" wird wohl eher in einer SMS an den Freund oder die Freundin verarbeitet als in der Notfallpraxis des Einkaufszentrums am Rand einer Autobahn.

Auch die Menschen, die zu mir in die Praxis kommen, sprechen über ihr Trauma. Dieses muss wie eine körperliche Wunde ärztlich behandelt werden, jedoch weder mit Antibiotika noch indem man es vernäht. Ein psychisches Trauma hat nichts mit verletztem Gewebe zu tun. Und auch nicht mit den kleinen Missgeschicken, über die man sich im Alltag so gerne unterhält.

In der Psychologie und Psychotherapie bezeichnet der Begriff Trauma eine biologische, psychische und soziale Reaktion auf ein wirklich furchterregendes Erlebnis. Sein beobacht- und beschreibbarer Einfluss auf die Betroffenen wird meist als „Traumareaktion" bezeichnet. Diese fällt von Mensch zu Mensch unterschiedlich aus. In grobe Kategorien zusammengefasst handelt es sich um überfallartige Erinnerungen an das Erlebte (Intrusionen und Flashbacks) und Albträume; eine erhöhte Erregbarkeit, die sich zum Beispiel als Schreckhaftigkeit und Konzentrationsschwierigkeiten äußert; das Meiden von Menschen, Orten und Dingen, die an das Trauma erinnern; sowie zunehmend negative Gedanken und Gefühle in Bezug auf die eigene Person und das Leben an sich.

Im Bereich der psychischen Gesundheit wird mit dem Begriff Trauma nicht leichtfertig umgegangen, denn schließlich handelt es sich um eine ernst zu nehmende Störung, die, wenn sie unbehandelt bleibt, stark beeinträchtigen kann. Wird sie jedoch korrekt behandelt, kann sie nicht nur heilen, sondern sogar Kraft für ein selbstbestimmtes Leben geben.

Ereignisse, die ein Trauma verursachen können

Woher kommt also ein Trauma? Wodurch wird es verursacht? Welche Erlebnisse zählen als traumatisch? Traumatisch kann im Grunde beinahe alles sein, das Furcht erregt. Entscheidend ist hier, wie Menschen im Lauf der Zeit darauf reagieren. Wie Psychologieexpert:innen jedoch herausgefunden haben, sind bestimmte Arten von Erlebnissen geradezu prädestiniert für Traumareaktionen, besonders aber bei Kindern.

Potenziell traumatisch sind meist Vorfälle, bei denen man mit dem Tod, einer schweren Verletzung oder sexueller Gewalt bedroht oder direkt konfrontiert wird. Man muss das jedoch nicht unbedingt am eigenen Leib erfahren; mitzuerleben, wie anderen etwas Schreckliches zustößt, kann ausreichen. Sogar nachträglich zu erfahren, dass ein Mensch, der einem nahesteht oder den man braucht, derartig betroffen ist. All das kann ein Trauma hervorrufen, erst recht, wenn es wiederholt geschieht oder extrem ist.

Unter den häufigsten Traumaursachen, die in meiner Praxis vorkommen, sind Autounfälle. Manche Kinder sind direkt davon traumatisiert, manche durch die Nachricht, dass die Eltern bei einem heftigen Zusammenstoß verletzt wurden. Auch ein Kind, das vom Spielplatz aus einen Autounfall mitansieht, kann davon traumatisiert werden, vor allem, wenn der Aufprall äußerst brutal und der Anblick schockierend oder grauenvoll ist. Nach einem solchen Szenario wäre es völlig normal, wenn das Kind Schlafstörungen hätte oder in keinem Auto mehr mitfahren wollte. Normalerweise lassen Symptome wie diese im Lauf des Heilungsprozesses nach. Tun sie das nicht oder verschlimmern sie sich gar, können wir sicher davon ausgehen, dass das Kind traumatisiert ist. Ihm hat der Tod oder eine schwere Verletzung gedroht, es hat eine Traumareaktion, und diese beeinträchtigt sein Alltagsleben.

Das ist ein Trauma.

Belastende Kindheitserfahrungen

Ein Kind, das etwas Traumatisierendes erlebt hat – das klingt erst mal erschreckend. In Wirklichkeit kann jedes Kind eine potenziell traumatische Erfahrung gut verarbeiten. **In den meisten Fällen ist tatsächlich keine professionelle Hilfe nötig, weil die Traumasymptome von selbst abklingen.** Auch die Albträume nach einem Autounfall verschwinden mit der Zeit, ganz ohne Therapie.

Doch leider ist das nicht immer so. Im schlimmsten Fall bleiben langfristige seelische Schäden zurück.

Mitte der 1990er-Jahre führten die amerikanische Gesundheitsbehörde *Centers for Disease Control and Prevention (CDC)* und die Krankenversicherung *Kaiser Permanente* gemeinsam eine Studie durch, bei der mehr als 17 000 Krankenversicherte befragt wurden. Sie ergab, dass bestimmte Kindheitserfahrungen lebenslange Folgen für die physische und psychische Gesundheit haben. Diese potenziell traumatischen Erlebnisse wurden als „adverse childhood experiences" („ACEs") bezeichnet: belastende Kindheitserfahrungen. Die durch diese und andere Studien ermittelten ACEs sind im folgenden Kasten aufgeführt. Die ausführliche (jedoch nicht allumfassende) Liste zeigt, wie vielschichtig und nuanciert potenziell traumatische Erlebnisse sind.

Die CDC–Kaiser-Studie ermittelte folgende belastende Erfahrungen:
- körperliche Gewalt
- verbale / emotionale Gewalt
- sexuelle Gewalt
- körperliche Vernachlässigung
- emotionale Vernachlässigung
- Substanzmissbrauch im häuslichen Umfeld
- Miterleben von häuslicher Gewalt
- Inhaftierung eines Haushaltsmitglieds
- psychische Erkrankung im häuslichen Umfeld
- Verlust eines Elternteils / der Eltern aufgrund von Trennung oder Scheidung, weil sie das Kind im Stich lassen, es weggeben oder aussetzen

Potenziell traumatische Erlebnisse in Forschung und Therapie

Diese belastenden Erfahrungen wurden ausgewählt, weil sie bei den untersuchten Personen am häufigsten vorkamen, doch andere Studien ermittelten weitere:
- Mobbing
- Verkehrsunfall
- der plötzliche, unerwartete oder schockierende Verlust einer geliebten Person
- Substanzmissbrauch eines Geschwisters
- sexuelle Gewalt beim Dating
- emotionaler Missbrauch in Beziehungen
- Wohnungslosigkeit
- Krieg, Flucht, Aufenthalt im Flüchtlingslager
- Naturkatastrophen
- Amoklauf an der Schule
- Terrorangriff und Massenmord
- ein aggressives soziales Umfeld
- medizinisches Trauma

In meiner eigenen Praxis bin ich außerdem auf Traumata gestoßen, deren ungewöhnliche Ursachen zwar nicht forschungsgestützt, aber nicht weniger entsetzlich sind:

- Angriff durch ein Haustier
- als Nichtschwimmer ins Wasser geworfen zu werden
- Anblick nicht altersgerechter, z. B. pornografischer Inhalte bei Nachbarn oder Geschwistern
- allein eingesperrt zu sein (im Zimmer, im Fahrstuhl)
- auf unbestimmte Zeit von einer ganz und gar fremden Person betreut zu werden
- körperliche Strafen für schlechtes Benehmen wie z. B. auf Reiskörnern zu knien

Alles, was dem Kind Angst bereitet, was ihm – oder auch einer ihm nahestehenden Person – Gewalt antut oder eine Gefahr für Leib und Leben darstellt, kann als traumatisch erlebt werden.

Forschungsstudien ergaben, dass solche Erlebnisse im Lauf des Lebens bestimmte Risiken erhöhen, nämlich für psychische Störungen (z. B. Depressionen oder Suizidalität), soziale Probleme (z. B. Schulabbruch, hochriskantes Sexualverhalten) und sogar körperliche Krankheiten (z. B. Diabetes und Herzleiden). Diese Ergebnisse machen immer wieder deutlich, wie verheerend sich belastende Erlebnisse und Traumata auf das Leben von Kindern auswirken können.

Wer sich für das Wohlergehen von Kindern einsetzt, mag solche Informationen niederschmetternd finden. Doch gerade weil so viel auf dem Spiel steht, kommt es auf die adäquate Reaktion und die richtige Unterstützung nach einem potenziell traumatischen Vorkommnis an. In diesem Buch beschreibe ich, wie diese aussehen kann und welche Strategien am besten geeignet sind, damit Sie Ihr Kind vor den schlimmsten Folgen bewahren können.

Weshalb belastende Kindheitserfahrungen traumatisch sein können

Im amerikanischen Fernsehen gab es früher eine Sonntagsmatinee für Kinder namens *Wonderama.* Am Ende der dreistündigen Sendung, in der Kinder tanzten, spielten und lustige Sketche vortrugen, sang der Moderator Bob McAllister begleitet von seinem jugendlichen Publikum das Lied: „Kids Are People Too“ (Auch Kinder sind Menschen).

Darin heißt es: „We may be young, and not full grown / But we have problems of our own“ (Sind wir auch jung und noch nicht erwachsen, haben wir doch unsere eigenen Probleme). MacAllister war zwar kein Psychologe, hat aber dennoch einen wichtigen kinderpsychologischen Nerv getroffen: Ein Kind zu sein ist mitunter alles andere als leicht!

Das Lied geht im Wortlaut folgendermaßen weiter: „Unser Tag ist nicht immer nur ein Kinderspiel / wir spielen, gewinnen und verlieren / wir machen Hausaufgaben, lernen in der Schule / und versuchen uns an die goldene Regel zu halten“ (die heißt: Was du nicht willst, das man dir tu, das füg auch keinem andern zu, d. Ü.).

Eltern finden, ihre Kids haben es leicht. Sie müssen nicht arbeiten, keine Rechnungen bezahlen, keine nennenswerte Verantwortung tragen. Das mag ja stimmen, aber Verantwortung bringt auch Struktur ins Leben, und die brauchen Kinder. Mangelt es ihnen an Struktur, leiden sie darunter. Für Kinder ist die Welt riesig, verwirrend und schwer durchschaubar. Jeder Tag bringt neue Erkenntnisse, die sie wie Puzzleteile zusammenzusetzen versuchen, um sich ein grobes Bild von all dem zu machen. Sie lernen, wachsen heran und entwickeln unterdessen verschiedene Vorstellungen davon, wie die Dinge funktionieren sollten – ihr persönliches Weltbild. In der Psychotherapie sagen wir dazu „Schemata“.

Stellen Sie sich ein Kleinkind vor, das zum ersten Mal eine Katze sieht. Sie ist klein, flauschig, hat vier Beine und einen Schwanz. Ein Kätzchen. Sieht das Kind später zum ersten Mal einen Welpen – oder irgendein anderes kleines, flauschiges Tier mit vier Beinen und einem Schwanz –, ruft es vielleicht „Kätzchen!“, denn es passt in sein Kätzchen-Schema. Nachdem jemand es korrigiert und ihm den Unterschied zwischen Katze und Hund erklärt hat, wird es seine Schemata aktualisieren und zu einem neuen, differenzierten Verständnis seiner Umwelt gelangen.

Erste Erkenntnisse, welchen Einfluss Schemata auf die psychische Gesundheit haben, lieferte der Psychiater Dr. Aaron Beck. 1967 erschien sein erstes Buch mit dem Titel *The Diagnosis and Management of Depression*. Dem Autor zufolge beziehen sich Schemata nicht nur auf die Dinge in unserer Umwelt, sondern auch auf den Sinn, den sie für uns ergeben. Diese Konzepte sind meist stillschweigend, aber tief im Bewusstsein verankert: Eltern sind fürsorglich. Die Welt ist sicher und gerecht. Guten Menschen passiert Gutes und schlechten Menschen Schlechtes.

Meistens behalten wir unsere Schemata das ganze Leben bei. Sie erklären uns, wie die Welt funktioniert – beziehungsweise, wie sie funktionieren sollte. So nützlich sie auch sind – bisweilen geraten sie in Konflikt mit der Realität. Und dies, was selbst die reifsten Erwachsenen manchmal vor Herausforderungen stellt, kann für Kinder geradezu verheerend sein.

Etliche meiner Patient:innen haben ein derart folgenschweres Trauma, dass sie ihr Schema revidieren müssen: Vielleicht ist die Welt doch nicht so sicher.

Stellen Sie sich einen zehnjährigen Jungen vor, der seine Mutter an der Tür verabschiedet, weil sie einkaufen gehen will. Das tut sie dauernd. Nie passiert ihr etwas. Er hat keinen Grund zu befürchten, dass irgendwelche bösen Mächte eingreifen und ihr etwas zuleide tun. Doch eines regnerischen Abends wird sie auf dem Parkplatz des Supermarkts von einem Auto angefahren, das auf dem glatten Asphalt ins Schleudern geraten ist. Verletzt kommt sie ins Krankenhaus und wird ohne bleibende Schäden entlassen. Ihr Sohn dagegen kommt zu der Schlussfolgerung: Einkaufen zu gehen ist wohl doch nicht so sicher. Also ist es höchst gefährlich da draußen. Der Vorfall stellt sein Weltbild infrage.

Durch sein revidiertes Schema fühlt und verhält sich der Junge von nun anders als sonst. Wenn Mama ihre Einkäufe tätigen will, bekommt er Angst und fleht sie an, nicht wegzugehen. Regen und Donner empfindet er nicht mehr als normale Wettererscheinungen, sondern als echte Bedrohung. Also bleibt er lieber drinnen, als mit seinen Freunden rauszugehen und mit ihnen durch die Pfützen zu plantschen. Seine veränderten Schemata wirken sich störend auf sein normales Leben aus. Das, was da zum Vorschein kommt, das ist das Trauma.

Vermeidung: Eine Bewältigungsstrategie, die das Trauma begünstigt

Auf Angst gründende Schemata lösen also Ängste aus, die man durch Vermeidung zu verringern und damit zu bewältigen hofft. So könnte der Junge aus dem Beispiel auf seine längst genesene Mutter einreden, ja nicht einkaufen zu gehen, um sich den draußen vor der Haustür lauernden Gefahren nicht auszusetzen. So sinnvoll diese Strategie kurzfristig auch sein mag, untergräbt sie doch den natürlichen Heilungsprozess. Denn je stärker ein Kind stressverursachenden Menschen, Orten und Situationen aus dem Weg zu gehen sucht, desto größer und bedrohlicher werden sie.

Um meine Patient:innen darüber aufzuklären, welche Rolle das Vermeiden in der posttraumatischen Belastung spielt, greife ich zu einer hilfreichen Metapher: dem Angsttiger aus dem Buch *Get Out of Your Mind and Into Your Life* von Stephen Hayes (erschienen 2005; deutsch: *In Abstand zur inneren Wortmaschine,* 2007). Stellen Sie sich vor, Sie haben es sich auf Ihrem Sofa gemütlich gemacht, denken an nichts Böses, und plötzlich ist da ein Tigerbaby. Es maunzt sie hungrig an. Es sieht niedlich aus, aber irgendwie macht es Ihnen auch ein bisschen Angst, also kümmern Sie sich weiter um sich selbst. Da fällt Ihnen das Stück Fleisch ein, das im Kühlschrank liegt. Sie springen auf, holen es und werfen es auf die Straße. Das Tigerbaby rennt ihm hinterher und ist draußen. Problem gelöst.

Doch am folgenden Tag kommt der kleine Tiger wieder. Er ist schon etwas größer – wahrscheinlich weil Sie ihn mit dem köstlichen Fleisch gefüttert haben – und auch ein bisschen furchterregender. In der Tat bekommen Sie langsam Angst vor ihm und sind umso motivierter, ihn aus Ihrer Wohnung hinauszubefördern. Sie haben noch mehr Fleisch im Kühlschrank, also machen Sie das Gleiche wie am Tag zuvor: Sie holen es und werfen es vor die Tür. Der Tiger rennt hinterher, und Ihr Stresspegel sinkt. Was für eine Erleichterung, dass Sie das Problem so leicht lösen können!

Bis zum nächsten Tag. Inzwischen haben Sie Routine. Das Muster wiederholt sich, Tag ein, Tag aus, bis ein voll ausgewachsener Tiger vor Ihnen hockt und Sie anstarrt.

Das zur Tür hinausgeworfene Fleisch ist eine Metapher für das Bestreben, die von einem Gedanken oder einem äußeren Reiz ausgelöste Erinnerung an das schreckliche Erlebnis zu unterdrücken. In unserem Beispiel des zehnjährigen Jungen und seiner Mutter würde das heißen: Vielleicht schafft er es, seine Mutter drei Monate lang vom Einkaufen abzuhalten. Doch plötzlich hat sie die Nase voll und setzt sich zur Wehr. Wetten, dass es sich für den Jungen so anfühlt, als würde ein voll ausgewachsener Tiger vor ihm hocken und ihn anstarren?

Viele Faktoren haben Einfluss darauf, ob ein Kind traumatisiert wird oder glimpflich davonkommt. Zwischen der belastenden Erfahrung und der Entwicklung einer länger andauernden Traumareaktion klafft meistens eine Lücke, und wenn sie überbrückt wird, dann vor allem durch Vermeidungsverhalten.

Trauma ist ein häufig missverstandenes Phänomen

Da Sie nun ein bisschen mehr wissen über Trauma, ACEs und die Zusammenhänge zwischen beiden, möchte ich einige weitverbreitete Irrtümer korrigieren, die es zum Thema Trauma gibt.

„So etwas passiert Kindern so gut wie nie"

Eltern sind schockiert, wenn ich ihnen erkläre, dass fast zwei von drei Personen in den USA mindestens eine belastende Erfahrung im Lauf ihres Lebens machen. Man überschätzt ja oft, wie glücklich und zufrieden andere sind und hält sich für den einzigen Menschen, der Probleme hat. In Wirklichkeit jedoch hat wohl „jeder ein Päckchen zu tragen".

Und das ist nicht nur so dahergesagt. Bei der ursprünglichen CDC–Kaiser-Studie antworteten mehr als die Hälfte der Teilnehmenden, sie hätte als Heranwachsende mindestens eine belastende Erfahrung gemacht, eine von sechs Personen sogar vier. Neuere Untersuchungen zum selben Thema offenbaren ähnliche Häufigkeitsraten. So antworteten 61,55 % der 250 000 Erwachsenen, die von der American Medical Association für eine 2018 veröffentlichte Studie befragt wurden, sie hätten mindestens eine belastende Kindheitserfahrung gemacht, während ein Viertel wie bei der ursprünglichen ACE-Studie vier oder mehr ACEs angab. Seit Beginn der Corona-Pandemie 2020 hat die Anzahl der Stressoren für Kinder bekanntermaßen zugenommen.

Doch selbst diejenigen, die über die Häufigkeit von ACEs Bescheid wissen, geraten ins Staunen, wenn sie erfahren, wie viele andere dieselben schrecklichen Dinge erlebt haben wie sie – Kinder wie Erwachsene. Das hat mit der Scham zu tun, die traumatisierte Menschen altersunabhängig verspüren und die sie glauben lässt, sie müssten allein da durch. Daher ist es hilfreich, sich vor Augen zu halten, dass alle Arten von ACEs ziemlich verbreitet sind und Ihr Kind mit vielen anderen Kindern zusammen im selben Boot sitzt. Der Kasten auf Seite 33 zeigt die Daten für die sechs häufigsten ACEs, für die 1990er-Jahre und zum Vergleich die jüngeren Daten für die Jahre 2018 bis 2020.

Obwohl die einzelnen Werte für spezifische Traumata im Lauf der Zeit mal höher und mal niedriger sind, bleibt die Gefährdung durch ACEs im Gesamtwert konstant hoch.

Nun lassen sich Belastungen allerdings leider nicht vermeiden – sie sind einfach Teil des Lebens. Dessen ungeachtet bedeuten die hohen Häufigkeitsraten, dass kein Kind allein mit seinem Unglück dasteht. Wegen der weiten Verbreitung belastender Erfahrungen verfügen wir außerdem über umfangreiches Zahlenmaterial, das zeigt, dass die meisten Kinder sich von dem, was ihnen zugestoßen ist, wieder erholen und sich gut weiterentwickeln. Mehr darüber in Kapitel 2.

Die am häufigsten vorkommenden belastenden Kindheitserfahrungen

Belastende Kindheitserfahrung	CDC-Kaiser ACE-Häufigkeitsraten (1995–1997)	Aktualisierte Häufigkeitsraten (2018–2020)
Sexuelle Gewalt	24,7 % (w)* 16 % (m)	25–33 % (w) 12,5 % (m)
Körperliche Gewalt	27 % (w) 29,9 % (m)	17,53 % (w) 18,38 % (m)
Emotionale Gewalt	13,1 % (w) 7,6 % (m)	33,94 % (w) 34,92 % (m)
Substanzmissbrauch im häuslichen Umfeld	29,5 % (w) 23,8 % (m)	26,33 % (w) 28,72 % (m)
Psychische Erkrankung im häuslichen Umfeld	23,3 % (w) 14,8 % (m)	19,19 % (w) 13,71 % (m)
Trennung oder Scheidung der Eltern	24,5 % (w) 21,8 % (m)	27,8 % (w) 27,45 % (m)

*(w) steht für weiblich, (m) für männlich-identifiziert. Die Prozentsätze spiegeln die Teile der Stichprobe mit einer spezifischen Erfahrung wider (z. B.: Wenn 24,7% der Teilnehmerinnen an der ursprünglichen CDC-Kaiser-Studie sexuelle Gewalt angegeben haben, kann man daraus schließen, dass 75,3% diesen Punkt nicht angekreuzt haben).

„Durch diese Erfahrung wird das Kind dauerhaft geschädigt“

Ein weiterer Irrtum ist die Angst, das Kind könnte aufgrund seiner potenziell traumatischen Erfahrung für immer gezeichnet sein.

Richtig ist: Wahrscheinlich wird das Kind den schrecklichen Vorfall nie mehr vergessen. Doch ist es deswegen noch lange nicht vom Schicksal dazu verdammt, weniger erfolgreich, unglücklicher und unzufriedener zu sein.

Nach dem Motto „Was mich nicht umbringt, macht mich stärker“ – das meiner Meinung nicht auf alle Menschen zutrifft – spricht man zunehmend über das sogenannte posttraumatische Wachstum. Dieser Begriff, den die Psychologen Richard Tedeschi und Lawrence Calhoun Mitte der 1990er-Jahre geprägt haben, beschreibt positive, sinnstiftende Veränderungen nach einer potenziell traumatischen Erfahrung, zum Beispiel mehr Lebensfreude, ein neues Interesse für Spiritualität, ein stärkeres Selbstbewusstsein, mehr Zuversicht oder eine verbesserte Beziehungsfähigkeit.

Tatsächlich beobachte ich nach einer belastenden Erfahrung in der Regel weder große, lebensverändernde Offenbarungserlebnisse noch einen drastischen Wandel der Persönlichkeit oder Lebensanschauung. Was ich jedoch häufiger feststelle, ist eine bessere Eltern-Kind-Beziehung als Folge einer Therapie. So sagen viele Kinder, sie könnten sich im Fall einer Krise vertrauensvoll an ihre Eltern wenden und sie um Hilfe bitten.

Dass ein Trauma die psychische und körperliche Gesundheit dauerhaft schädigt, ist jedoch durchaus möglich – und passiert auch immer wieder. Das größte Risiko haben Kinder, die keine Unterstützung erhalten, denen nicht geglaubt wird, die auf Gleichgültigkeit stoßen, deren Gefühle bagatellisiert oder abgetan werden. Wenn Eltern und andere Betreuungspersonen jedoch lernen, das Chaos des Traumas kompetent zu lichten und auf das betroffene Kind einzugehen, dann kann es sein, dass dieses gestärkt und gesünder aus dem belastenden Erlebnis herauskommt.

„Alle Kinder sind nach einer belastenden Erfahrung hilfsbedürftig"

Diesen letzten Irrtum höre ich oft von Eltern, die es eigentlich nur gut meinen. Das Kind hat etwas Schlimmes erlebt, sie bringen es zur Therapie – und dann sitzt es glücklich und zufrieden bei mir, ohne ein einziges Traumasymptom erkennen zu lassen. Und wenn ich den Eltern mitteile, dass ihrem Kind nichts fehlt und es keine Behandlung braucht, glauben sie mir nicht. Sie sind überzeugt von seiner Hilfsbedürftigkeit, denn schließlich habe es doch etwas ganz Schlimmes erlebt.

Nicht selten hören sie nicht auf meine Einwände, sondern erwidern: „Aber er war doch so schreckhaft am Tag danach!" „Sind Sie sicher? Sie hatte anschließend drei Nächte hintereinander Albträume!" „Dem Kind fehlt nichts? Wie kann das sein, wenn es so etwas erlebt hat?" Seien Sie beruhigt: Erstens sind Stresssymptome unmittelbar nach einem belastenden Vorfall ein gesunder Teil des Heilungsprozesses, und zweitens muss das Kind die Situation nicht unbedingt als so schrecklich wahrgenommen haben, wie sie vielleicht klingen mag.

Wie kommt es schließlich zur Traumatisierung?

Viele Kinder machen wie gesagt negative Erfahrungen. Obwohl wiederum viele unmittelbar danach Symptome aufweisen, klingen diese oft in den folgenden Tagen und Wochen von selbst nach und nach ab. Bei manchen jedoch ist das Gegenteil der Fall: Die Symptome werden stärker.

Weshalb sind manche Kinder also traumatisiert und andere nicht?

Eine große Rolle spielt der bereits erwähnte Vermeidungsmechanismus, aber es gibt noch weitere Faktoren, die zu diesem rätselhaften Phänomen beitragen. Auf der Suche nach der weichenstellenden Ursache beginne ich immer bei den kleinen, individuellen Unterschieden im Erleben der Betroffenen.

Kleine, auch zufällige Unterschiede im Erleben

Patty und Elena gehen in die dritte Klasse und sind beste Schulfreundinnen. Beide Mädchen haben ein liebevolles Zuhause und kommen gut klar. An einem normalen Mittwoch sitzen sie gerade im Naturkundeunterricht, als es plötzlich mehrmals hintereinander knallt, wie aus einem Gewehr. Sofort erfolgen angemessene Sicherheitsmaßnahmen. Patty und Elena gehen hinter den Tischen in Deckung, Patty auf der einen Klassenzimmerseite, Elena gegenüber. Wie der Zufall spielt, landet Patty neben ihrer Lehrerin, die zum Glück eine beruhigende Ausstrahlung hat. Elena hockt neben Ethan. Der erzählt, er habe von seinen drei großen Brüdern von Amokläufern an Schulen gehört. Bestimmt sei das einer und nun würden sie alle sterben. Doch dann klärt sich die Lage auf: Ein paar schulschwänzende Teenager haben einen Straßenblock weiter mit Feuerwerk herumgeböllert. Nach der Schule erzählt Patty ihren Eltern munter von dem aufregenden Abenteuer. Elena dagegen hat Albträume und weigert sich jeden Morgen mit Händen und Füßen, zur Schule zu gehen.

Bei diesem Beispiel haben zwei Mädchen ein und dasselbe potenziell traumatische Szenario erlebt. Für Patty war es seltsam, aber nicht bedrohlich, während Elena um ihr Leben gebangt hat.

Alter

Ob ein negatives Erlebnis zum Trauma wird, hängt auch stark vom Alter und Entwicklungsstand des Kindes ab.

Bei sehr kleinen Kindern (bis zwei Jahre) spielt das Verhalten ihrer Hauptbezugspersonen nach der potenziell traumatischen Erfahrung eine große Rolle. Das Verhalten kann man situationsbedingt mehr oder weniger steuern. Wer körperlich gesund ist, ruhig bleibt und das Baby oder Kleinkind in den Arm nimmt und tröstet, wird wahrscheinlich die Entstehung von Traumasymptomen größtenteils verhindern. Eine längere Trennung, etwa durch einen Krankenhausaufenthalt nach dem Vorfall, ist für kleine Kinder hingegen äußerst belastend. Anders als größere Kinder werden sehr kleine eher von dem traumatisiert, was ihren Hauptbezugspersonen zustößt. Für sie ist das schlimmer als das, was sie am eigenen Leib erfahren, gesetzt den Fall, die Reaktion darauf ist ruhig und liebevoll (was, wie gesagt, situationsbedingt nicht immer möglich ist).

Falls Sie einmal nicht ruhig und liebevoll auf Ihr Kind eingehen konnten, machen Sie sich bitte keine Sorgen: Fast allen Eltern passiert das. Allein der Gedanke, dass Ihrem Kind etwas zustößt, ist so grauenvoll – erst recht, wenn es sich um ein so zerbrechliches Wesen wie ein Baby oder Kleinkind handelt. Manchmal reicht schon eine Schramme am Knie oder eine blutige Lippe, um die Nerven zu verlieren.

Risiko- und Schutzfaktoren

Dass Patty und Elena aus dem Beispiel oben unterschiedlich auf denselben potenziell traumatischen Vorfall reagieren, leuchtet ein: Schließlich befanden sie sich nicht exakt am selben Ort. Doch was wäre, wenn sie direkt nebeneinander gesessen und beide Ethans Gruselgeschichten zu Gehör bekommen hätten? Sie hätten es trotzdem unterschiedlich erleben können. Mit anderen Worten – es gibt noch weitere Faktoren, die die Reaktion von Kindern beeinflussen.

In der Psychologie zieht man zur Ermittlung der Anfälligkeit für psychische Störungen die sogenannten Risiko- und Schutzfaktoren heran, darunter auch die genetische Veranlagung und das Umfeld, in das man hineingeboren wird – Faktoren, auf die man keinerlei Einfluss hat.

Eine traumatische Familiengeschichte

Umfangreiche wissenschaftliche Studien, die an Kindern und Enkeln von Überlebenden des Holocaust sowie von Völkermorden in Ruanda, Nigeria, Kambodscha, Armenien und dem ehemaligen Jugoslawien durchgeführt wurden, haben ergeben, dass sich eine traumatische Familiengeschichte auf die nächsten Generationen überträgt. So traten bei den Nachkommen häufig zahlreiche psychische Störungen auf, darunter auch Posttraumatische Belastungsstörungen (PTBS). Zu den spezifischen Symptomen gehörten ein Misstrauen gegenüber der Umwelt, das fortwährende Gefühl der Bedrohung sowie Trennungsangst.

Warum das so ist – dafür gibt es verschiedene Theorien. Viele führen das generationsübergreifende Trauma zumindest teilweise auf einen biologischen Mechanismus zurück, nämlich auf einen permanent erhöhten Spiegel des Stresshormons Cortisol, der an die Folgegenerationen weitergegeben wird.

Aber auch psychische Komponenten sind mit im Spiel. Welche das sind, erklären die Psychologinnen Rachel Dekel und Hadassa Goldblatt, die zum generationsübergreifenden Trauma forschen und dazu 2008 einen Artikel veröffentlicht haben: „Is There Intergenerational Transmission of Trauma?" Sie haben zahlreiche Veröffentlichungen zum Thema ausgewertet, und ihrer darauf basierenden Hypothese zufolge kommen Eltern, die unter einer PTBS leiden, nur schwer mit schmerzhaften Emotionen zurecht. Zu ihrer Linderung projizieren sie Aggressionen, Scham- und Schuldgefühle auf die Kinder. Diese fühlen sich dann genauso wie die Eltern, mit deren Geschichte sie sich ja identifizieren. Wenn zu diesem Gefühlsballast noch ein belastendes Erlebnis *hinzukommt,* können Sie darauf wetten, dass die Anfälligkeit für die Entwicklung von ausgeprägten Traumasymptomen besonders hoch ist.

Haben sich die Eltern nach der überstandenen Katastrophe wieder regeneriert, können sie andererseits auch ihre Resilienz als eine positive Eigenschaft an die Nachfolgegenerationen weitergeben. Luciana Braga, Marcelo Mello und Jose Fiks, die an der Sao Paolo School of Medicine forschen, führten 2012 Interviews mit Nachkommen von Holocaustüberlebenden durch, die in Brasilien aufgewachsen sind. Sie fanden heraus, dass diejenigen, deren Eltern oder Großeltern das Trauma gut bewältigt hatten, ähnlich resiliente Verhaltensmuster aufwiesen.

Temperament

Die Entwicklungspsychologie definiert das Temperament von Kindern als eine angeborene Wesensart, die später in die Persönlichkeit mündet. Es ist erblich bedingt, schon früh im Leben beobachtbar und bleibt bis zum Alter stabil.

Wie war Ihr Kind, bevor es etwas Schlimmes erlebt hat? Hat es sich tendenziell schnell und heftig aufgeregt? Falls ja, könnte es etwas stressanfälliger sein. Hat es hingegen eher gelassen reagiert und sich auch durch große Veränderungen nicht aus der Ruhe bringen lassen, könnte sein Temperament ein Traumaschutzfaktor sein.

Bewältigungsfähigkeiten

Stress ist wohl etwas, dass unvermeidlich zum Leben dazugehört. Wie verhält sich Ihr Kind in den normalen Stresssituationen des Alltags? Ist Ihr Sohn etwa frustriert, weil die Schwester ihm sein Spielzeug weggeschnappt hat, gehen die Nerven mit ihm durch, fällt er wütend über sie her? Falls ja, könnte er anfälliger für die Entwicklung von posttraumatischem Stress sein. Falls er hingegen statt mit Fäusten mit Worten reagiert, erst einmal tief durchatmet oder sich von einem Erwachsenen Hilfe holt, ist das eine gute Nachricht: Diese Fähigkeiten wirken als Puffer gegen eine Traumatisierung.

Vorbilder

Kinder wissen, Erwachsene sind manchmal gestresst. Sie bekommen mit, wie etwa die Eltern mit beruflich bedingtem Termindruck oder anderen Stressfaktoren umgehen. Wie ist das bei Ihnen? Reden Sie über Ihre Gefühle, bekommen Sie Unterstützung, sorgen Sie für Bewegungsausgleich oder zählen Sie langsam bis zehn? Dann zeigen Sie Ihrem Kind, wie man mit Stress fertigwird. Auf meinem Gebiet pflegt man zu sagen: „Wir tun, was wir kennen." Auf diesen Kontext übertragen bedeutet das: Kinder imitieren die Bewältigungsfähigkeit ihrer Vorbilder. Ist es um diese nicht so gut bestellt, kann man kaum erwarten, dass ein Kind weiß, was in alltäglichen Stresssituationen zu tun ist, erst recht nicht in potenziell traumatischen Situationen.

Das Zuhause

Nach einem belastenden Erlebnis haben Kinder oft das Gefühl, dass ihr Leben aus den Fugen gerät. Können Sie mit einer festen Bezugsperson in einem stabilen Zuhause rechnen, gibt ihnen das Halt. Werden sie hingegen zwischen verschiedenen Bezugspersonen – Verwandten oder Pflegeheimen – hin- und hergeschoben, bringt sie das noch weiter aus dem Gleichgewicht. Im Zuge eines traumatischen Vorfalls wirkt Instabilität erst recht verunsichernd.

Das nähere soziale Umfeld

Hat das Kind eine besonders enge Beziehung zur Oma? Ist der Junge, das Mädchen Teil einer Clique? Jemanden zu haben, an den man sich in Krisenzeiten wenden kann, gehört zu den stärksten Schutzfaktoren, die Kinder haben und auf die Eltern und andere Bezugspersonen hoffen können. Umgekehrt sind Kinder, die das Gefühl haben, dass sie sich nach einem schlimmen Erlebnis niemandem anvertrauen können, besonders anfällig für posttraumatischen Stress. Überlegen Sie einmal: Wann fühlen Sie sich einer Krise gewachsen? Wenn Sie mit einer guten Freundin oder Ihrem Partner darüber sprechen können? Oder wenn Sie das Gefühl haben, dass Sie allein da durchmüssen?

Das weitere soziale Umfeld

Ein weiterer äußerst wirksamer Schutz gegen ein Trauma ist das Gefühl der Zugehörigkeit. Geht Ihr Kind in ein Jugendzentrum, wo man es kennt? Ist der Junge, das Mädchen Mitglied in einem Sportverein oder nimmt er / sie an einem Malkurs teil? Zwar bewahrt ein Gefühl der Zugehörigkeit nicht vor einer Traumareaktion, umgekehrt aber macht eine mangelnde Einbindung in das soziale Umfeld noch anfälliger.

Stärke und Dauer des Vorfalls

Andauernde und stark belastende Erfahrungen machen anfälliger für ein Trauma als kürzere und weniger belastende. Vergleichen Sie ein Kind, das Tag für Tag an der Schule gemobbt, regelmäßig grün und blau geschlagen und auch sonst wie der letzte Dreck behandelt wird mit einem Kind, das ein einziges Mal gegen eine Wand geschubst und bedroht wird. Beide Erfahrungen sind zweifellos furchterregend, aber die regelmäßige und heftigere Schikane erhöht bei gleichen Risiko- und Schutzfaktoren die Wahrscheinlichkeit auf spätere Probleme.

Die Reaktion der Eltern bzw. Bezugspersonen

Wenn Ihr Kind beunruhigt zu Ihnen kommt und sein Herz ausschüttet, sollten Sie geduldig zuhören und dann gemeinsam entscheiden, wie Sie am besten helfen können. Damit tragen Sie enorm viel dazu bei, dass das Kind keinen Schaden davonträgt. Wie in Kapitel 3 weiter ausgeführt wird, gehört die starke Eltern-Kind-Beziehung zu den wichtigsten Faktoren, die vor posttraumatischem Stress schützen.

Zum Abschluss und auf den Punkt gebracht

Der erste Schritt, mit dem Sie den Heilungsprozess anstoßen, besteht darin, sich einen grundlegenden Einblick ins Thema zu verschaffen: Trauma und belastende Erfahrungen. Ich hoffe, dass Sie nach der Lektüre dieses Kapitels etwas mehr Bescheid darüber wissen, was ein Trauma ist, wie es sich von anderen belastenden Erfahrungen unterscheidet und warum manche Kinder im Unterschied zu anderen traumatisiert sind. Des Weiteren hoffe ich, dass Sie nun verstehen, wie häufig potenziell traumatische Vorfälle sind und dass sich Ihr Kind trotzdem gut entwickeln kann. Damit Sie ihm auf bestmögliche Weise helfen können, erfahren Sie im nächsten Kapitel, wie Sie ihm ansehen, ob und wie stark es traumatisiert ist.

2. Ist Ihr Kind traumatisiert?

Nach einer belastenden Erfahrung ist nicht immer klar, ob ein Kind traumatisiert ist oder nicht. Da hat zum Beispiel ein zwölfjähriger Junge erlebt, dass das Haus, in dem er wohnt, abgebrannt ist. Er scheint die Katastrophe ganz gut verkraftet zu haben, er ist ja sowieso meistens eher mürrisch drauf, wirkt höchstens etwas verschlossener als sonst. Vielleicht leidet er aber nur im Stillen. Wenn jedoch ein kleines Kind in der Woche nach einem Autounfall Albträume hat und sich weigert, ins Bett zu gehen, könnte man das als ernsthafte Traumasymptome interpretieren, obwohl das Verhalten für die Situation angemessen und absolut normal ist. In den Tagen, Wochen und Monaten nach einem potenziell traumatischen Erlebnis ist immer schwer einzuschätzen, was in einem Kind vorgeht. Dabei soll Ihnen dieses Kapitel helfen.

Der Verlauf posttraumatischer Symptome

Jedes Kind ist einzigartig, und dennoch treten nach potenziell traumatischen Erlebnissen meist ganz ähnliche Verhaltensmuster auf. Wenn Sie diese Muster kennen, können Sie besser verstehen, was Ihr Kind durchmacht, warum es anders ist als sonst und welche Art von Hilfe es braucht.

Es gibt vier Arten des Verlaufs posttraumatischer Symptome: resilient, genesend, verzögert und chronisch.

- **Resilient:** Wenn nach dem potenziell traumatischen Erlebnis überhaupt Symptome auftreten, dann nur leichte, die schnell wieder abklingen.
- **Genesend:** Die Symptome sind akut und signifikant (d. h. sie treten plötzlich auf und sind anfangs relativ stark), aber allmählich erfolgt eine Genesung.
- **Verzögert:** Unmittelbar nach dem Vorfall treten mäßige akute Symptome auf, die sich mit der Zeit verschlimmern.
- **Chronisch:** Die Symptome sind gravierend und dauern an.

Die Einteilung des Symptomverlaufs in diese vier Kategorien ist noch relativ neu. Sie geht auf einen 2004 publizierten Artikel von George Bonanno zurück („Loss, Trauma, and Human Resilience: Have We Underestimated the Human Capacity to Thrive after Extremely Aversive Events?"), der sich nur auf Erwachsene bezieht.

Nun sind Kinder keine Erwachsenen, und die Muster sind bei ihnen nicht *exakt* die gleichen. So fehlt bei ihnen der verzögerte Verlauf, wie verschiedene Studien gezeigt haben.

Eine Studie, die Robyne Le Brocque und andere an der University of Queensland im Jahr 2010 durchführten, untersuchte bei Unfällen verletzte Kinder und Jugendliche im Alter von 6 bis 16. Die meisten folgten dem resilienten Verlaufsmuster und litten im Anschluss an die Verletzung und den Krankenhausaufenthalt nur unter minimalen Belastungssymptomen. Ein Drittel hatte starke posttraumatische Belastungssymptome, die in den Folgemonaten allmählich nachließen, bis zur kompletten Genesung. Bei der kleinsten Gruppe – nur zehn Prozent – waren die posttraumatischen Belastungssymptome chronisch, das heißt, noch sieben Monate später dauerhaft vorhanden.

Auf dieser Studie aufbauende Forschungsarbeiten ermittelten diese drei Verlaufsformen auch bei andersartigen potenziell traumatischen Vorfällen wie beispielsweise Naturkatastrophen. Im Unterschied zu Studien mit Erwachsenen gab es keine – beziehungsweise proportional gesehen sehr wenige – Kinder mit verzögert auftretenden Symptomen.

Warum es zu dieser Abweichung kommt, wurde bisher noch nicht erforscht, aber als Therapeutin kann ich sagen, dass es Kindern – besonders in sehr jungem Alter – von außen anzusehen ist, wenn es ihnen schlecht geht. Ihre Abwehrmechanismen sind meist nicht so weit entwickelt und so tief verwurzelt wie bei Erwachsenen, von denen manche ihre schmerzhaften Gedanken und Gefühle meisterhaft unterdrücken können. Man hat es bei Kindern gewissermaßen leichter: Man braucht sich keine Sorgen zu machen, dass in ihnen eine Zeitbombe posttraumatischer Belastung tickt, die irgendwann einmal explodieren könnte.

Für alle, die Kinder betreuen, enthalten diese Forschungsarbeiten wichtige Informationen.

Erstens sind Kinder resilienter als man denkt. Auch ohne professionelle Hilfe klingen viele Symptome, die nach belastenden Erfahrungen auftreten, im Lauf der Zeit von selbst wieder ab. Zweitens erholen sich die meisten Kinder allmählich von der Belastung und kehren in ihren ursprünglichen gesunden Zustand zurück. Eine Therapie würde ihnen zwar guttun, dringend notwendig ist sie jedoch nicht. Und drittens gibt es durchaus auch Kinder, deren Belastung chronisch ist und eine professionelle Behandlung erfordert. Eine Therapie zu brauchen und zu machen ist völlig in Ordnung. Die Betroffenen sind weder schwächer, dümmer noch unfähiger als andere. Ob es an der Genetik liegt, an den besonderen Umständen des Traumas, an zu vielen Risiko- oder zu wenig Schutzfaktoren (siehe Kapitel 1) – eine zielgerichtete traumafokussierte Therapie ist in jedem Fall von Vorteil. Doch unabhängig davon, in welche Kategorie Ihr Kind fällt – die in diesem Buch vorgestellten Fähigkeiten und Konzepte werden Ihnen helfen, den Heilungsprozess zu unterstützen.

Wie äußern sich die vier Verlaufsformen nun im Einzelnen?

Das möchte ich Ihnen anhand eines Beispiels zeigen, wo Kinder, die ein- und dieselbe traumatische Situation erlebt haben, unterschiedliche Wege gehen:

Für Kenny, Sebastian, Brian und Marcus – beste Freunde – geht die Grundschulzeit zu Ende. Sie sehen ihrem nächsten Lebensabschnitt sehr optimistisch entgegen. Doch erst einmal verschwinden sie jeder für sich in die Sommerferien. Als Kenny, Sebastian und Brian zurückkehren, erfahren sie, dass Marcus sich das Leben genommen hat. Damit sie diesen Schock besser verkraften, bekommen sie Einzelsitzungen bei einer Psychologin.

Kenny: Resilient

Als Kennys Mutter ihm erzählt, dass Marcus tot sei, will er es partout nicht glauben. „Nee, oder? Soll das ein Witz sein? Dann ist der aber krass fies!“, sagt er, gleich mehrmals hintereinander. Er braucht einige Stunden, bis die traurige Erkenntnis gesackt ist. In den Gesprächen mit der Psychologin redet er über seine Gefühle, den Schock und die Traurigkeit. Er weint auch. Bald kehrt er zum Normalzustand zurück. In der dritten Sitzung, nur wenige Woche nach der Nachricht von Marcus’ Suizid, fragt er: „Warum muss ich eigentlich immer noch hierherkommen?“

Sebastian: Genesend

Sebastian macht der Suizid ziemlich zu schaffen. Was seiner Mutter am meisten Sorge bereitet, sind seine Appetitlosigkeit und seine häufigen Albträume. Irgendwie ist er nicht mehr derselbe, da sind sich alle einig. In den ersten Sitzungen mit der Psychologin kommen all die Wut und Traurigkeit zum Vorschein, die der Verlust seines Freundes bei ihm auslöst. Er sei auch verwirrt, könne es einfach nicht begreifen, weshalb sich Marcus umgebracht hat. Einige Wochen später hat Sebastian das Ganze verarbeitet. Er ist zwar noch immer traurig, hat aber seltener Albträume und langsam wieder mehr Appetit. Und ein paar Monate später sagt seine Mutter, sie habe wohl endlich ihren Sohn zurück.

Brian: Chronisch

Als Brian das mit Marcus erfährt, ist er am Boden zerstört. Sofort kappt er alle Kontakte zu Familienangehörigen und Freunden. Er hockt viele Stunden lang allein zu Haus, verbarrikadiert sich in seinem Zimmer. In der Schule trägt er wann immer möglich Kopfhörer. Auch er geht zur Psychologin, ist jedoch sehr verschlossen und redet kaum. So herrscht in den Sitzungen die meiste Zeit über Schweigen. Mit der Zeit bilden sich markante dunkle Ringe um seine Augen, die nicht mehr weggehen. Er kann nicht einschlafen, wird immer schlechter in der Schule. Kein Fach interessiere ihn, heißt es dort.

Kenny, Sebastian und Brian gehen auf dieselbe Schule, gehören zur selben Clique, allen ist das Gleiche zugestoßen, und dennoch reagieren sie völlig unterschiedlich darauf. Jeder braucht Hilfe auf seine eigene Art.

Ist mein Kind traumatisiert?

Woher wissen Sie, zur welcher Kategorie Ihr Kind gehört? Wie so vieles im Leben, ist die Antwort darauf eine Frage der Zeit.

Wenn ich Patient:innen, die etwas potenziell Traumatisches erlebt haben, diagnostiziere, lautet meine erste Frage: Wie viel Zeit ist seither vergangen? Treten Symptome, die in den Tagen nach dem Vorfall als gesund und normal gelten, auch noch mehr als einen Monat später auf, wird das als problematisch gewertet. Ein Kind, das unmittelbar nach dem Vorfall verstört oder verängstigt wirkt, kann sich kurze Zeit später schon wieder völlig normal verhalten. Folglich darf man zur Beantwortung der Frage, ob ein Kind traumatisiert ist, nicht nur die Symptome in Betracht ziehen, sondern auch den Zeitrahmen, über den sie sich erstrecken.

Unmittelbar nach einer potenziell traumatischen Erfahrung können folgende Verhaltensweisen auftreten:

- Realitätsverleugnung und Zweifel
- Schock
- Eine Art Betäubung
- Das Gefühl der Ohnmacht
- Somatische Symptome (Kopfschmerzen, Bauchschmerzen etc.)
- Konzentrationsschwierigkeiten
- Albträume
- Appetitverlust oder -zunahme
- Ein- oder Durchschlafprobleme oder Schlafsucht

- Schreckhaftigkeit
- Vermehrt negative Gefühle wie Angst, Grauen, Wut und Schuld
- Vermehrt negative Gedanken wie „Die Welt ist kein sicherer Ort“

All diese Symptome sind – so sie gemäßigt und direkt nach einem belastenden Erlebnis auftreten – vollkommen normal und geben keinen Anlass zu Besorgnis. Bei resilienten Kindern klingen sie Tage oder Wochen später ab, ohne dass professionelle Hilfe vonnöten wäre. Bei Kindern der Genesungsgruppe werden sie häufiger, stärker und über längere Zeit hinweg auftreten und schließlich ganz verschwinden. Hier könnten einige unterstützende Maßnahmen hilfreich sein. Therapeutische Maßnahmen für Kinder mit leichten bis mittelschweren Symptomen Tage und Wochen nach dem Trauma unterscheiden sich übrigens deutlich von denen für Kinder mit chronischen Symptomen. So verwenden viele Traumatherapeut:innen bei Kindern, die gerade etwas Schlimmes erlebt haben, unterstützende Interventionen sowie die Methode des „aufmerksamen Abwartens“, d.h., sie beobachten sie im Hinblick auf eventuelle Symptome. Außerdem unterrichten sie Bewältigungsfähigkeiten. Bei Kindern mit permanenten, den Alltag beeinträchtigenden Symptomen kommt dagegen ein standardisierter Traumatherapieansatz zur Anwendung.

Vorsicht vor Überreaktionen: *Eine gut gemeinte, aber verfrühte intensive therapeutische Intervention bleibt nicht ohne Folgen. Für resiliente Kinder kann elterliches Überreagieren sogar gefährlich werden.*

Hier also eine Botschaft an alle gewissenhaften und wohlmeinenden Betreuungspersonen: Ihr Kind sofort zur Psychotherapie zu schicken gibt Ihnen zwar das Gefühl, dass Sie die Dinge in die Hand nehmen, birgt jedoch die Gefahr, dass Sie die Symptome auf diese Weise unbeabsichtigt verschlimmern. Wie Kinder über furchterregende Erlebnisse denken und was sie fühlen, hängt vom Verhalten der Erwachsenen ab. Der Fachbegriff dafür, den Mary Klinnert und Kollegen in den 1980er-Jahren prägten, lautet „soziales Referenzieren“. Dem zufolge richten Kinder ihr Verhalten an der emotionalen Körpersprache ihrer erwachsenen Bezugspersonen aus, was mit zunehmendem Alter abnimmt. Der springende Punkt ist: Wenn Erwachsene das Traumatische eines Erlebnisses hervorheben, kann das die Belastungssymptome mancher Kinder sogar noch verschärfen. Ihr Kind schaut bewusst oder unbewusst zu Ihnen auf. Wenn Sie sich verhalten, als ob eine Situation gefährlich oder furchterregend ist, dann wird es entsprechend damit umgehen. Richten Sie sich nach Ihrem Kind: Ist es nicht beunruhigt, dann brauchen Sie es auch nicht zu sein.

Stellen Sie sich einmal Folgendes vor: Ein Cousin Ihrer Tochter wurde auf grausame Art getötet. Sie nehmen Ihre eigenen posttraumatischen Belastungssymptome wahr und sind überzeugt, dass die unerwartete Todesnachricht sämtliche Angehörige traumatisiert. Aber Ihre Tochter kannte ihren Cousin kaum, fühlt sich ihm so gut wie gar nicht emotional verbunden. Durch seinen Tod ändert sich für sie kaum etwas. Wenn Sie nun eiligst eine Therapie organisieren und das Mädchen ständig dazu drängen, über den Verlust und seine damit zusammenhängenden Gefühle zu reden, wird es schließlich denken: „Krass – das ist ja ein Riesending, da kriege ich richtig Angst!", statt: „Den habe ich glaube ich letztes Jahr an Erntedank gesehen … War das nicht der mit der lauten Lache?"

Und wenn die Symptome länger als ein paar Tage oder Wochen andauern? Oder wenn sie nicht schwach, sondern stark ausgeprägt sind? Wenn die Symptome chronisch sind oder das Sozialleben, den Alltag zu Hause und die schulischen Leistungen beeinträchtigen? Dann ist die Zeit für professionelle Hilfe gekommen.

Umgekehrt gibt es natürlich auch Eltern, die das Ganze für „keine große Sache" halten und mit den überraschenden Belastungssymptomen des Kindes nichts anfangen können. Stellen Sie sich diese Situation vor: Sie gehen an einem kalten Winterabend mit Ihrer sechsjährigen Tochter den Hund ausführen. Sie rutschen auf dem Eis aus, verletzten sich am Kopf und verlieren eine Minute lang Ihr Bewusstsein. Ihr Nachbar, ein Arzt, kommt Ihnen zu Hilfe und bleibt bei Ihrer Tochter, während Sie sich in der nächsten Notfallstation behandeln lassen. Wie sich herausstellt, haben Sie eine leichte Gehirnerschütterung und können rechtzeitig nach Hause, um Ihre Tochter ins Bett zu bringen. Was für eine komische Geschichte, sagen sie und haken das Kapitel für sich ab. Aber seitdem scheint etwas mit Ihrer Tochter nicht zu stimmen, ständig fleht sie Sie an, bloß nicht mit dem Hund Gassi zu gehen.

Bei einer Therapie wird Ihr Kind in der Regel als Erstes auf Symptome durchgecheckt, um zu sehen, ob es die Kriterien für eine PTBS oder eine andere trauma- oder belastungsbedingte Störung erfüllt. Welche das sind, beschreibe ich im Folgenden. Kommt Ihnen etwas davon bekannt vor?

Trauma- und stressbedingte Störungen

Falls Ihr Kind etwas Schreckliches erlebt hat und Sie wie so viele andere Eltern auch Dr. Googles Gratissprechstunde besuchen, stoßen Sie dort auf diagnostische Begriffe wie Posttraumatische Belastungsstörung (PTBS), akute Stressreaktion und Reaktive Bindungsstörung. Da die Diagnose maßgeblich über die Auswahl des Behandlungsverfahrens entscheidet, sollte sie nur nach einer fachgemäßen Untersuchung erfolgen, und dafür reicht Dr. Google nicht. Wenn man das Trauma aus der Sicht der Psychologie verstehen möchte, kann es nicht schaden, wenn man sich mit den diagnostischen Begriffen auskennt. Hinter jedem steckt jeweils eine differenzierte Erklärung für die Ursachen des Traumas und die bestmögliche Behandlung.

Posttraumatische Belastungsstörung (PTBS)

Eine PTBS ist eine psychische Störung infolge eines potenziell traumatischen Erlebnisses. Da sie zuerst bei Soldaten festgestellt wurde, assoziieren die meisten damit Krieg und Militär. Es können aber alle Menschen ungeachtet ihres Berufs oder Alters die Kriterien für eine Diagnose mit Posttraumatischer Belastungsstörung erfüllen, wenn sie Dinge wie oben beschrieben erlebt oder miterlebt haben.

Für die fachgerecht gestellte Diagnose mit PTBS muss die betroffene Person

- selbst eine belastende Situation erlebt haben (z. B. als Fahrerin oder Beifahrerin in einem schweren Autounfall);
- eine belastende Situation miterlebt haben (z. B. als Zeuge eines schweren Autounfalls in nächster Nähe);
- erfahren haben, dass sich jemand aus der Familie oder dem Freundeskreis in einer belastenden Situation befunden hat (z. B. die Nachricht erhalten, dass ein guter Freund einen schweren Autounfall hatte und nun in Lebensgefahr schwebt) oder
- anderweitig mit dem belastenden Erlebnis zu tun gehabt haben (z. B. als diensthabende Polizistin).

Auf kleine Kinder (sechs Jahre und jünger) werden nur die ersten drei Kriterien angewandt, wobei stärker ins Gewicht fällt, wenn es sich um die Hauptbezugsperson handelt. Ein kleines Kind, das, wie in dem Beispiel mit dem Cousin (siehe Seite 45 f.) einen Verwandten, den es nur selten zu Gesicht bekommt, bei einem Unfall verliert, wird wahrscheinlich nicht nennenswert davon erschüttert. Weitaus größer wird seine Angst sein, wenn es seine Hauptbezugsperson ist, die es jeden Morgen weckt, ihm Frühstück macht und es nach der Schule zu Hause begrüßt, und nun nach einem schweren Unfall eine Woche im Krankenhaus bleiben muss.

Außer der belastenden Situation umfassen die Kriterien folgende Symptomgruppen:

- Intrusive Symptome, etwa in Form von mit dem Trauma in Zusammenhang stehenden wiederkehrenden Albträumen, Flashbacks oder repetitive zwanghafte Gedanken. Bei kleinen Kindern (sechs Jahre und jünger) kommt dies häufig im Spiel zum Ausdruck (z. B. wenn sie den belastenden Vorfall immer wieder nachspielen);
- vermeidende Symptome, etwa in Form von Verhaltensweisen, mit denen Menschen, Orte und Dinge, die das Kind an den furchterregenden Vorfall erinnern, umgangen werden, sowie die Weigerung, über wichtige Einzelheiten zu sprechen oder sich daran zu erinnern;
- Erregungssymptome, etwa in Form von Schreckhaftigkeit, Nervosität, Konzentrationsschwierigkeiten, Schlafstörungen und Reizbarkeit;
- auffällige Gedanken und Gefühle, etwa in Form eines negativen Selbstbilds oder einer negativ gefärbten Wahrnehmung der Umwelt sowie häufiges Auftreten von Angst, Entsetzen, Wut, Scham oder Schuldgefühlen.

Bei der Diagnosestellung wird auch berücksichtigt, wenn das Kind in der Schule, zu Hause und in seinen sozialen Beziehungen Beeinträchtigungen aufgrund der Symptome erlebt.

Kommen Ihnen alle oder einige dieser Symptome bekannt vor? Falls ja und falls der belastende Vorfall länger als einen Monat zurückliegt, könnte Ihr Kind eine PTBS haben.

Akute Belastungsstörung (ABS)

Diese ebenfalls traumabedingte Störung hat viele Symptome mit der PTBS gemeinsam, wird jedoch schon in den ersten Tagen und Wochen nach dem Vorfall und nicht wie die PTBS bei länger als einen Monat andauernden Symptomen diagnostiziert. Ein grundlegender Unterschied zur PTBS ist der, dass bei der ABS eher Dissoziationen auftreten. Diese kennzeichnen sich zum Beispiel dadurch, dass man nicht weiß, wo man ist oder das Gefühl hat, sich vom Körper zu lösen. Die Häufigkeit einer ABS bei Menschen, die sich in einer potenziell traumatischen Situation befunden haben, variiert stark und liegt zwischen 6 bis 33 Prozent, je nach Art der Situation. So zeigen die Zahlen des US-amerikanischen *National Center for PTSD,* dass ABS häufiger nach zwischenmenschlicher Gewalt und seltener nach Unfällen oder Naturkatastrophen ist.

Anpassungsstörung

Überschneidungen mit der PTBS weist auch die Anpassungsstörung auf. Bei Letzterer fehlt jedoch das Kriterium einer belastenden Ausnahmeerfahrung. Auch weniger außergewöhnliche Erfahrungen wie größere Lebensveränderungen oder Brüche können belastend sein und bei Kindern Stresssymptome verursachen, beispielsweise ein Umzug, die Geburt eines Geschwisters oder der Tod hochbetagter oder schon seit Langem pflegebedürftiger Großeltern.

Reaktive Bindungsstörung (RBS)

Diese ernsthafte Störung tritt nach lang anhaltendem Trauma auf, meist in Form von Misshandlung oder Vernachlässigung. Mit RBS diagnostizierte Kinder haben sich in der Regel schon sehr früh im Leben in einem schwer traumatisierenden Umfeld befunden. Sie haben gelernt, dass Bindungsbeziehungen nicht sicher sind. Infolgedessen lehnen sie den in Stresssituationen von Bezugspersonen angebotenen Trost womöglich ab. Diese Diagnose wird eher selten gestellt, meist bei Adoptiv- oder Pflegekindern, die von ihren biologischen Eltern oder im Heim früh und massiv traumatisiert wurden.

Nicht näher bezeichnete Traumastörung bzw. Reaktion auf eine schwere Belastung

Manche Kinder weisen Traumasymptome auf, die in keine der oben beschriebenen diagnostischen Schubladen passen. Dauern sie schon eine Weile an und beeinträchtigen sie das Leben des Kindes, wäre diese Diagnose angebracht.

Wann sollte man sich professionelle Hilfe holen?

Um einzuschätzen, ob professionelle Hilfe nach einer belastenden Erfahrung notwendig ist, können Sie sich an den Kriterien der folgenden beiden Gruppen orientieren. Die Antwort lautet ja, wenn alle Symptome der Gruppe A *permanent* vorhanden sind und noch dazu eines der Gruppe B. Professionelle Hilfe ist auch dann ratsam, wenn Ihr Kind selbst darum bittet, obwohl es keines der hier genannten Symptome aufweist, oder wenn Sie andere starke Verhaltensauffälligkeiten bemerken.

Gruppe A

- ☐ Übererregtheit: Schreckhaftigkeit, Konzentrationsschwierigkeiten, Reizbarkeit, veränderte Ess- und Schlafgewohnheiten
- ☐ Vermeiden: von an den Vorfall erinnernden Menschen, Orten, Dingen und Situationen
- ☐ Wiedererleben: Albträume, Flashbacks, plötzliche mit dem Vorfall zusammenhängende unangenehme Erinnerungen oder aufdringliche Vorstellungen (Intrusionen), das Gefühl, nicht im eigenen Körper zu sein (Dissoziation)
- ☐ Negative Gedanken und Gefühle: traurig, furchtsam, wütend, schuldbeladen, schamerfüllt oder pessimistisch; auf sich selbst („Ich werde nie wieder klarkommen") oder auf andere Menschen bezogen („Überall lauern Gefahren")

Gruppe B

Die genannten Symptome beeinträchtigen die Betreffenden

- ☐ zu Hause (mehr Streitigkeiten mit Geschwistern / Eltern / Bezugspersonen, zunehmende Abkapselung und Rückzug von gemeinsamen Aktivitäten)
- ☐ in ihrem Sozialleben (mehr Streitigkeiten mit Freund:innen, Desinteresse an Kontakt zu anderen und gemeinsamen Unternehmungen)
- ☐ in der Schule (Zunahme von Klassenbucheinträgen wegen Störung des Unterrichts und Fehlverhalten sowie von geschwänzten Schulstunden, Verschlechterung der Noten)
- ☐ in ihrer Fähigkeit, im Alltag für sich selbst zu sorgen (Essen, Schlafen, Körperhygiene)

Die letzten vier Punkte (= Gruppe B) habe ich deswegen mitaufgeführt, weil manche Menschen immer wieder minimale Stresssymptome verspüren, die sie jedoch nicht weiter beunruhigen. Schreckhaftigkeit ist ein Beispiel. Stellen Sie sich vor, Sie und zwei Kollegen sitzen im Büro und arbeiten. Es ist still. Plötzlich kracht es laut. Der eine Kollege nimmt keine Notiz davon, so konzentriert ist er, aber der andere schaut wie ein verängstigtes Kaninchen, reißt die Augen weit auf, erstarrt zur Salzsäule, wird käseweiß im Gesicht. Sie selbst sind zusammengezuckt, ihr Herz klopft ein wenig, doch nachdem Sie registriert haben, dass nur ein Stapel Ordner umgekippt ist, sind Sie im Nu wieder bei der Sache. Keine dieser Reaktionen, auch nicht der übertriebene Schrecken Ihres Kollegen, weist auf ein Trauma hin. Viele Menschen gehen mit mindestens ein oder zwei posttraumatisch anmutenden Symptomen durchs Leben, ohne dass sie traumatisiert sind. Anders sähe es aus, wenn man nach einem lauten Geräusch derart erschrocken ist, dass man sich für den Rest des Tages nicht mehr auf die Arbeit konzentrieren kann. Das könnte auf ein ernst zu nehmendes Problem hinweisen.

Letztendlich laufen alle psychologischen Diagnosen oder Kategorien zur fachgemäßen Behandlung von Traumata auf eine Kernfrage hinaus: Sind im Alltag beeinträchtigende Symptome vorhanden? Können Sie diese Frage in Bezug auf Ihr Kind beantworten, dann haben Sie den ersten entscheidenden Schritt getan, um zu verstehen, ob es – neben der elterlichen Fürsorge – zusätzlich professioneller Hilfe bedarf.

Altersbedingte Unterschiede

Bei Kindern mit gleichen Symptomen oder Verlaufsformen ist unbedingt das Alter zu berücksichtigen. Für jedes Alter sind unterschiedliche Symptome typisch: Sehr kleine Kinder werden anhänglich und ängstlich, Teenager ziehen sich zurück und neigen zu riskantem, impulsivem Verhalten. Sehen Sie im Folgenden, wie die einzelnen Altersgruppen sich je nach Entwicklungsstadium im Detail voneinander unterscheiden.

Säuglinge und Kleinkinder unter zwei Jahren

Ab der Geburt bis etwa zum zweiten Lebensjahr gehört Trennungsangst zu den typischen Traumasymptomen. Entweder zeigt sie sich erstmals oder sie ist höher als sonst – weil die Hauptbezugsperson abwesend ist oder weil außer ihr auch fremde Menschen dabei sind. Das Baby ist quengelig, schreit und weint viel, schläft schlecht, ist beim Füttern oder Stillen problematisch und klammert sich an, auch wenn es zu Hause und allein mit seiner Bezugsperson zusammen ist.

Hier ein Beispiel: Die Mutter von Charlie, 18 Monate, muss für einen Monat zu ihrer Mutter ziehen, die in einem anderen Bundesstaat lebt und pflegebedürftig ist. Charlie wird optimal von seinem Vater und dessen Eltern betreut. Es fehlt dem Kind an nichts, weder an Essen noch an Streicheleinheiten, und trotzdem macht ihm die Trennung von seiner Mutter zu schaffen. Denn bis zu diesem Zeitpunkt hat Charlie noch nicht viel Zeit mit seinen Großeltern väterlicherseits verbracht. Jeden Morgen, wenn sein Vater zur Arbeit geht, verwandelt sich der unbeschwerte kleine Racker in ein tobendes Schreikind, das vor lauter Brüllen schon ganz heiser ist.

Von zwei bis sechs Jahren

Kinder dieser Altersgruppe brechen leicht in Tränen aus, klammern sich mehr als sonst an und wollen weder mittags noch abends schlafen, d. h., sie stehen immer wieder auf, stehlen sich nachts zu ihren Eltern ins Bett, bekommen vor der Schlafenszeit einen Wutanfall. Sie sind leicht reizbar und fallen in frühere Verhaltensmuster zurück, machen beispielsweise ins Bett, obwohl sie schon längst aufs Töpfchen beziehungsweise die Toilette gehen, lutschen am Daumen oder verwenden Babysprache.

Hier ein Beispiel: Dev, fünf Jahre alt, freut sich schon seit Wochen auf seinen Schwimmunterricht, gerade auch, weil er den Lehrer sehr gern mag. Doch übernimmt ein anderer, unerfahrener Lehrer den Kurs, und Dev ist entsetzt. Als der Lehrer in der ersten Stunde seine Hände unter Devs Bauch legen will, taucht der Junge unter Wasser weg und schlägt wild um sich. Erst nach zehn Sekunden schafft es der Lehrer, ihn zu bändigen. Er schlingt die Arme um ihn, woraufhin Dev sich heftig übergibt. Seine Mutter, die bisher zugeschaut hat, kommt herbeigerannt, schimpft auf den Lehrer und rauscht mit ihrem Sohn von dannen. Diesen Lehrer, verspricht sie ihm, brauche er nie mehr wiederzusehen. Damit hofft sie, ihn getröstet zu haben, aber noch Monate später weigert er sich, in seinem Kinderzimmer zu schlafen. Jede Nacht schleicht er sich in das Schlafzimmer seiner Eltern und legt sich dort auf den Fußboden. Jeder Versuch, ihn zurück in sein Zimmer zu bringen, scheitert an seinen massiven Wutanfällen.

Von sieben bis zwölf Jahren

Typisch für diese schon größeren Kinder sind somatische Symptome (Kopfschmerzen, Bauchweh), veränderte Schlafgewohnheiten (sie schlafen mehr oder weniger als sonst, wollen nicht ins Bett gehen, haben Albträume), Rückzug von Gleichaltrigen und / oder Familienangehörigen, verstärkte Anhänglichkeit, Gereiztheit und / oder Aggressivität, Schreckhaftigkeit bei plötzlichen oder lauten Geräuschen, veränderte Essgewohnheiten (sie essen deutlich mehr oder weniger als für gewöhnlich).

Hier ein Beispiel: Becca, neun Jahre alt, wird in der Schule von zwei älteren Kindern schikaniert und geschlagen. Nach drei Monaten eskaliert die Situation. Sie stoßen Becca im Fußballstadion von der Zuschauertribüne, und sie bricht sich den Arm. Obwohl die Schuldigen sofort einen Verweis bekommen, klagt Becca jeden Morgen vor dem Frühstück über starke Bauchschmerzen und behauptet, sie könne nicht in die Schule.

Jugendliche

Teenager neigen eher zu somatischen Symptomen (Kopfschmerzen, Bauchweh), Selbstverletzungen (Schneiden), Substanzmissbrauch, impulsivem Verhalten (sie fahren Auto bei überhöhter Geschwindigkeit oder ohne sich anzuschnallen), veränderten Schlaf- und Essgewohnheiten (zu viel oder zu wenig, Gewichtzu- oder abnahme) sowie Konzentrationsschwierigkeiten, besonders in der Schule.

Hier ein Beispiel: Jani, 17 Jahre alt, war am Wochenende auf einer Party. Ein Typ versuchte, sie zu vergewaltigen, wurde jedoch von anderen daran gehindert. Seitdem ist Jani völlig fertig. Ihren Freundinnen versichert sie, es sei „alles gut", aber denen entgeht nicht, dass Jani wie ausgewechselt ist. Einige Wochen später bringt sie schockierenderweise eine mit Wodka gefüllte Wasserflasche mit zur Schule und betrinkt sich.

Je älter Kinder werden, desto reifer und von der Person her komplexer werden sie. Entsprechend verändern sich auch ihre Traumasymptome. Anders als bei Vorschulkindern weiß man ohnehin oft nicht, was mit Teenagern los ist. Was wie eine Traumareaktion wirkt, ist meist das für dieses Alter typische und normale Verhalten, beispielsweise in Form von impulsiven Entscheidungen. Der Umgang mit Teenagern erfordert Geduld – für den mit traumatisierten finden Sie spezielle Tipps in Kapitel 10.

Zum Abschluss und auf den Punkt gebracht

So viele Kriterien – außerdem die Symptome und noch dazu die Alters- und Zeitfaktoren! Alle im Kopf zu behalten kann überfordern. Machen Sie sich keine Sorgen! Wenn ich entscheiden sollte, welche Botschaft es sich wirklich zu merken lohnt, dann wäre es diese: Bleiben die Symptome Ihres Kindes über längere Zeit bestehen und beeinträchtigen sie es in seinem Alltag, ist die Zeit für professionelle Hilfe gekommen. Falls Sie noch nicht sagen können, ob die Symptome über längere Zeit bestehen bleiben und Ihr Kind leidet oder Sie nicht genau wissen, ob ihm eine Therapie guttun würde, könnte eine Beratung nicht schaden. Wenn es nicht regelmäßig zur Therapie gehen will oder der Meinung ist, dass alles okay ist, dann zwingen Sie es nicht – das würde nach hinten losgehen. Wenn Sie immer noch besorgt sind, sollten Sie selbst einen Termin machen, etwa bei einer psychosozialen Beratungsstelle. Dort wird man Ihnen erklären, was Sie tun und wie Sie Ihrem Kind am besten helfen können.

Kinder jeder Altersstufe können resilient sein. Meiner Erfahrung nach ist eine starke Eltern-Kind-Beziehung der vielversprechendste Faktor für Resilienz und Heilung. Die einfache Tatsache, dass Sie dieses Buch hier lesen, bedeutet, dass Ihr Kind Ihnen wirklich am Herzen liegt und Sie ihm helfen wollen – und damit sind Sie bereits auf dem richtigen Weg. Mehr über die Eltern-Kind-Beziehung sowie konkrete und leicht umsetzbare Informationen dazu, wie Sie sie so gestalten können, dass sie heilsam ist, gibt es im nächsten Kapitel.

3. Sie sind die beste Hilfe für Ihr Kind

Nach der Lektüre von Kapitel 1 und 2 werden Sie nun wahrscheinlich klarer sehen, ob Ihr Kind tatsächlich von einer belastenden Erfahrung traumatisiert ist oder nicht. Außerdem kennen Sie die Risiko- und Schutzfaktoren, die in den Heilungsprozess mit hineinfließen. Ihr Kind macht seelisch gerade eine Menge durch, und was sich im Einzelnen in ihm abspielt, lässt sich meist nicht genau sagen. Doch das wichtigste Fazit für Sie ist, dass eine starke Eltern-Kind-Beziehung den Traumaheilungsprozess am zuverlässigsten unterstützt. Diese Erkenntnis ist nicht nur das Ergebnis meiner persönlichen Erfahrung als Psychologin – sie ist auch durch die wissenschaftliche Forschung belegt. Wenn Sie nach einem potenziell traumatischen Vorfall an der Beziehung zu Ihrem Kind arbeiten, legen Sie damit nicht nur den Grundstein für den Heilungsprozess, sondern bewahren es auch vor den negativen Auswirkungen zukünftiger Traumatisierungen.

Eine Anmerkung gleich vorweg: Beziehungsarbeit ist gar nicht so leicht. Immer kommt etwas dazwischen, einerseits Ihre eigenen beruflichen und familiären Verpflichtungen, andererseits die vielen schulischen und außerschulischen Aktivitäten Ihres Kindes. Deswegen erhalten Sie in diesem Kapitel nicht nur einen detaillierten Einblick, inwieweit Beziehungsarbeit den Heilungsprozess unterstützen kann, sondern auch konkrete und leicht umsetzbare Tipps für den Aufbau der dazu nötigen Fähigkeiten, zum Beispiel indem Sie sogenannte Qualitätszeit mit Ihrem Kind verbringen, sich in seinen Zustand hineinversetzen, es loben, ihm aktiv zuhören und auch Spaß mit ihm haben. All diese Dinge tun nicht nur Ihrer Beziehung gut, sondern unterstützen auch den Heilungsprozess Ihres traumatisierten Kindes.

Die Wichtigkeit der Bindung

Eines Morgens im Frühling beschloss mein Mann, unsere 18 Monate alte Tochter in dem roten Bollerwagen, den wir ihr gerade geschenkt hatten, spazieren zu fahren. Er zog sie hinter sich her, wurde immer schneller, rutschte aus und stürzte. Der Wagen kippte um, unsere Kleine fiel heraus und stieß sich den Kopf. Sie schrie nach Mama. Ich eilte zu ihr. Doch statt sich mir zuzuwenden, damit ich sie in die Arme nehmen und küssen konnte, zeigte sie energisch auf den Boden, stemmte sich auf allen vieren auf, tippte mit dem Kopf sachte auf den Boden und blickte mich vielsagend an. Ohne Worte suchte meine Süße mir genau zu erklären, was passiert war, und damit ich auch ja verstand, was sie Furchtbares erlebt hatte, wiederholte sie die Bewegung ein paar Mal. Tröstend fasste ich ihre Erfahrung in Worte, worauf sie einen großen Seufzer ausstieß und sich beruhigte.

Diese Fähigkeit, Schwierigkeiten zu bewältigen, fasste mein Mentor, der Psychologe Jon Allen, mit folgendem Satz sehr treffend zusammen: „Die beste Art, mit emotionalem Schmerz umzugehen, besteht wohl darin, sich mit den Menschen in Kontakt zu setzen, mit denen wir uns sicher verbunden fühlen." Die stärkste Bindung haben Kinder häufig zu ihrer Hauptbezugsperson. Wenn Sie das sind, dann befinden Sie sich in der bestmöglichen Lage, um Ihrem Kind aus seiner Traumatisierung herauszuhelfen. Sie brauchen weder ein außergewöhnliches Einfühlungsvermögen noch eine therapeutische Ausbildung. Sie brauchen nur eine sichere und zuverlässige Bindungsbeziehung.

Bindung und Trauma

Bindung ist im Wesentlichen die emotionale Verbundenheit zu anderen Menschen: zwischen Eltern und Kind – auf die sich dieses Kapitel konzentriert –, aber auch zwischen Partner:innen, engen Freund:innen und sogar zwischen Kolleg:innen. Das Bedürfnis nach Bindung beschränkt sich also nicht auf die Kindheit, sondern bleibt ein Leben lang bestehen. Der Kontakt zu einem Menschen, dem wir uns verbunden fühlen, ist die beste Medizin gegen Schmerzen. Dass es das Gehirn vor Stress schützt, wenn eine solche Bindungsperson einem die Hand hält, zeigt eine 2006 vom Neurowissenschaftler James Coan und Kollegen durchgeführte Studie an glücklich verheirateten heterosexuellen Paaren. Den Frauen wurde mitgeteilt, sie würden leichte Elektroschocks bekommen. Während der Prozedur hielt ein Teil der Probandinnen die Hand ihres Mannes, eine zweite Gruppe die eines Unbekannten und eine dritte gar keine. Die Ergebnisse waren eindeutig. Wie Sie vielleicht schon richtig vermuten, ging es den Frauen, deren Mann ihre Hand hielt, am besten, das heißt, ihr Gehirn wies die schwächste Gefahrenreaktion auf, während diese bei den Frauen, die gar keinen Beistand erfuhren, am stärksten ausfiel. Aber es lag nicht nur am Handhalten. Bei größerer Zufriedenheit in der Ehe fiel auch die Stressreaktion geringer aus. Fazit: Trost und Verbundenheit zur Hauptbezugsperson zu spüren stärkt die Fähigkeit zur Stresstoleranz.

Nun ist der Stress, den traumatisierte Kinder erfahren, zweifellos größer als der von erwachsenen Versuchsteilnehmerinnen, die Elektroschocks bekommen und damit einverstanden und vorbereitet sind. Traumatisierte Kinder brauchen erst recht eine verlässliche und bereitwillig angebotene Hand, die sie festhalten können. Wie Sie in Kapitel 1 erfahren haben, ist das Selbst- und auch das Weltbild eines Kindes, das etwas potenziell Traumatisches erlebt hat, erschüttert. Indem Sie ihm beistehen und für es da sind – ihm sozusagen die Hand reichen –, kommunizieren Sie ihm: Du bist in dieser verwirrenden und furchterregenden Zeit nicht allein. Du hast eine stabile Vertrauensperson, die dich versteht, dich beschützt und dir beisteht.

Auf welche Weise hilft nun eine sichere Bindung gegen die Traumasymptome?

- Da das Kind in seiner Notsituation nicht allein ist, wird diese leichter bewältigbar.
- Statt sich isoliert zu fühlen und sich zu schämen, wird das Kind Verständnis erfahren und sich angenommen wissen.
- Sie sind für Ihr Kind eine vertrauenswürdige Autoritätsfigur, die es durch den Heilungsprozess geleitet, ihm Unterstützung gewährt und Hoffnung einflößt.
- Indem Sie schützende Grenzen ziehen und Ihrem Kind ein Gespür von Sicherheit und Geborgenheit vermitteln, können Sie zukünftigen Traumatisierungen vorbeugen.

Aber wie gelangen Sie an diesen Punkt, an dem Ihr Kind nach Ihrer ausgestreckten Hand Ausschau hält und sie ergreift? Ich sagte es bereits: Wahrscheinlich sind Sie schon auf dem richtigen Weg, da Sie sich die Mühe gemacht und ein Buch über die Beelterung traumatisierter Kinder gekauft haben! Versetzen Sie sich in die Zeit zurück, als Ihr Kind noch ein Baby war. Egal ob Sie nun die Mutter, der Vater oder eine andere Bezugsperson sind – sind Sie ihm nicht beigesprungen, wenn es schrie? Haben Sie ihm nicht eine saubere Windel angelegt, es gefüttert oder einfach auf den Arm genommen und getröstet? Falls ja – super! Genau so entwickelt sich eine sichere Bindungsbeziehung. Merkt das Kind über die Tage, Monate und Jahre, dass seine Hilfeschreie zufriedenstellend beantwortet werden, lernt es: Es kann sich darauf verlassen, dass immer jemand für es da ist. Noch vor seinem ersten Geburtstag wird es Vertrauen in die Beziehung zu seiner Hauptbezugsperson entwickeln und sich, wenn es auf Hilfe angewiesen ist, an sie wenden.

Leider macht nicht jedes Kind diese Erfahrung. Die Gründe dafür sind ganz unterschiedlich. Manche Eltern sind nach der Geburt schlicht vom Stress überfordert, von der Umgewöhnung an ihr neues Leben, vielleicht auch, weil ein älteres Geschwister seine Ansprüche geltend macht oder weil sie selbst beruflich eingespannt sind. Unter diesen Umständen spürt der Säugling, dass seine Bedürfnisse nur gestillt werden, wenn er einen Riesenaufstand macht und auf höchstem Dezibellevel brüllt, bis er blau anläuft. Hier würde man von einem *unsicheren* Bindungstyp sprechen. Das Baby wird unruhig oder verhält sich ambivalent, wenn es darum geht, auf seine Bedürfnisse aufmerksam zu machen. Ebenso könnte es aber auch das Gefühl bekommen, dass sein Schreien anderen zu viel wird. Mütter leiden unter postnataler Depression, Väter schrecken vor ihrer Verantwortung mit all den neuen Aufgaben zurück und machen jedes Mal, wenn das Baby seinen Kummer zum Ausdruck bringt, innerlich zu. Im schlimmsten Szenario wird das Kind für sein Schreien misshandelt. Auch hier wird sich ein unsicherer Bindungsstil entwickeln, der jedoch etwas anders ausfällt. Statt sich an Mama oder Papa zu wenden, wenn ihm etwas zustößt, wird das Kind sich für „den Alleingang" entscheiden.

Was die Bildung der Beziehung fördert

Was tun Sie, wenn Ihr Kind nicht sicher gebunden ist? Oder wenn es eine gute Kindheit hatte und sich nun als Teenager immer weiter von Ihnen distanziert? Oder wenn Sie das Kind für sicher gebunden hielten, es sich nach dem potenziell traumatischen Vorfall nun aber von Ihnen abwendet? Der Bindungsstil lässt sich nicht so leicht verändern. Dennoch können Sie einiges dafür tun, damit er sicherer wird. Auf diese Weise wird Ihr Kind sich bestärkt fühlen, auf Sie zuzugehen und seine kleine Hand ausstrecken, wenn es etwas Schlimmes erlebt hat und von belastenden und schmerzhaften Gedanken und Gefühlen geplagt wird. Dafür können Sie beziehungsbildende Maßnahmen ergreifen.

Qualitätszeit

Diese beziehungsfördernde Maßnahme lege ich Eltern und Bezugspersonen traumatisierter Kinder immer als Erstes ans Herz.

Viele Eltern wissen nicht, wie sie ihrem Kind das Gefühl der Geborgenheit vermitteln. Was kann man zum Beispiel tun, wenn ein Kind – wie ich das in meiner Praxis oft erlebe – nach einem traumatisierenden Vorfall, obwohl er am helllichten Tag passiert ist, auf einem Mal Angst im Dunkeln hat. Weil es die nicht haben mag, will das Kind nicht allein sein. Also stürmt es mitten in der Nacht ins Schlafzimmer der Eltern und verlangt, bei ihnen zu schlafen oder dass jemand in seinem Zimmer übernachtet. In Wahrheit aber ist es nicht das fehlende Licht, sondern im Dunkeln *allein* zu sein, was ihm Angst bereitet. Wenn Mama oder Papa da ist, ist es im Dunkeln weniger gruselig. Ihre Anwesenheit wirkt beruhigend.

Ganz unabhängig, wodurch Ihr Kind traumatisiert wurde – es ist wahrscheinlich verunsichert, beunruhigt, traurig oder entnervt. Sie können dem Trauma etwas den Stachel nehmen, indem Sie Qualitätszeit mit dem Kind verbringen, d. h. ihm eine Weile Ihre ganze Aufmerksamkeit schenken und sich dann nur mit ihm beschäftigen, etwa kuscheln oder spazieren gehen. Wie gesagt: eine Weile, nicht 24 Stunden am Tag. Das können Sie gar nicht leisten und ist auch nicht das Ziel. Wenn Sie aber ein wenig Qualitätszeit in den normalen Alltagsablauf einschieben, weiß Ihr Kind, dass Sie bei ihm sind, wenn es Sie am meisten braucht, und kann das Gefühl verinnerlichen. Dabei ist die emotionale Anwesenheit noch viel wichtiger als die physische. Sie muss für das Kind spürbar sein – was gar nicht so leicht zu erreichen ist.

Wenn das Trauma mit einer Bindungsfigur zu tun hat

Traumata werden öfter von Eltern, Betreuer:innen oder anderen Bindungsfiguren verursacht, als man denkt, zum Beispiel in Form von Missbrauch. Potenziell traumatische Erfahrungen, die mit den Menschen zu tun haben, die einem am nächsten stehen – Mama wird bei einem Autounfall verletzt oder Papa hat einen bösartigen Tumor –, schmerzten am meisten. Besonders schlimm ist es für die Allerkleinsten, die ja am stärksten darauf angewiesen sind, dass man sich um sie kümmert. Durch den drohenden oder tatsächlichen Verlust einer Hauptbezugsperson nimmt ihr Bindungssystem großen Schaden. Die gute Nachricht? Wie die Bindungsforschung immer wieder zeigt, können sich Kinder trotzdem gesund und zufriedenstellend weiterentwickeln, Hauptsache, sie haben wenigstens eine sichere Bindung, ob zur Mutter, zum Vater, einer Verwandten, den Pflege- und Adoptiveltern oder einer anderen erwachsenen Bezugsperson. Alles, was sie brauchen, ist die Garantie, dass jemand konstant und zuverlässig für sie da ist.

Was ist Qualitätszeit?

Qualitätszeit ist Zeit, die erfüllt ist. Womit?

Das kann wirklich alles Mögliche sein.

Sie können zum Beispiel zusammen puzzeln, Sportwettkämpfen zuschauen oder – wie bei dem Patienten aus dem Einführungskapitel – Minigolf spielen. Entscheidend ist nicht das Was, sondern das Wie: mit uneingeschränkter Aufmerksamkeit für die andere Person. Im Familienzusammenhang heißt das: für den Partner oder die Partnerin, für den Bruder, die Schwester oder eben für das Kind. Man verbringt Zeit zu zweit und tut etwas, das beiden wichtig ist und als erfüllend empfunden wird. Genau das unterscheidet Qualitätszeit von anderen Arten von Begegnungen. Wie auch die Erziehungsforschung immer wieder zeigt, beeinflusst ja nicht die Quantität der gemeinsamen Zeit die Kindesentwicklung am stärksten, sondern die Qualität. Daher kann Qualitätszeit auch gemeinsames Fernsehen sein, solange es wirklich im Miteinander geschieht, man also zusammen überlegt, was wohl als Nächstes kommt, an denselben Stellen lacht und so weiter. Wenn Sie mit Ihrer Tochter vor dem Fernseher sitzen, dabei aber immer wieder auf Ihr Handy starren, dann ist das keine gemeinsame Erfahrung, weil Ihre Tochter eigentlich allein guckt und nicht spürt, dass Sie anwesend sind.

Der größte Vorteil der Qualitätszeit: Sie erzeugt ein starkes Gefühl der Verbundenheit und vertieft damit die Eltern-Kind-Beziehung. Dieses Gefühl der Verbundenheit hilft Kindern bei belastenden Erlebnissen und hat auch sonst zahlreiche psychosoziale Vorteile für sie: Es

- stärkt ihr Selbstwertgefühl;
- macht sie selbstbewusst, sodass sie sich besser gegen sexuelle Übergriffe zur Wehr setzen können;
- senkt ihr Risiko für späteren Drogen- und Alkoholmissbrauch;
- verbessert ihre schulische Leitung und
- fördert ihre soziale Kompetenz.

Wie Sie in den Kapiteln 4 bis 10 lesen werden, haben belastende Situationen negative Auswirkungen auf Kinder und erzeugen später Probleme – allgemein, innerhalb der Familie, mit Beziehungen und in der Schule. Durch eine stabile und zuverlässige Bindungsbeziehung sind Kinder gut dagegen gewappnet.

Eine enge Bindungsbeziehung wirkt sich nicht nur vorteilhaft aus auf die psychosoziale Entwicklung, sondern auch auf die spätere Gesundheit. So gilt als wissenschaftlich erwiesen, dass bei Kindern, die sicher gebunden sind, mitfühlend betreut werden und weniger Konflikte zu Hause erleben, die Ausschüttung von Stresshormonen niedriger ist. Erfolgt diese aber über längere Zeit, ist das, wie in Kapitel 1 bereits gesagt wurde, mit schlechteren Prognosen verbunden. Zum einen betrifft das den zwischenmenschlichen Bereich – eine höhere Wahrscheinlichkeit für Schulabbrüche, kriminelle Handlungen, Gewalttätigkeit, Alkohol- und Drogenmissbrauch –, zum anderen die Gesundheit, etwa in Form einer erhöhten Anfälligkeit für Herzkrankheiten, psychische Störungen und eines frühen Todes. Doch ganz so düster sind die Aussichten nicht: Stellen Sie sich eine starke Eltern-Kind-Beziehung wie eine Impfung gegen die negativen Auswirkungen eines Traumas vor. Es gibt zwar keine Prophylaxe gegen alle physischen, psychischen und sozialen Folgen nach einer belastenden Erfahrung, aber doch einen Schutz, der ihren Einfluss schwächt. Toll, dass etwas so Unspektakuläres wie Qualitätszeit in der Kindheit die Grundfesten für ein gesundes Leben legt!

Gemeinsame Zeit in Qualitätszeit verwandeln

Wie können Sie nun aber Qualitätszeit mit Ihrem Kind verbringen? Als Erstes brauchen Sie etwas, das Ihr Kind ausgesprochen gern tut. Bei schönem Wetter könnten Sie an den Strand oder an einen See gehen und im Wasser plantschen. Bei schlechtem Wetter oder wenn Sie noch anderweitig zu tun haben, reicht es vielleicht nur für eine Runde mit dem Hund. Überlegen Sie ruhig eine Weile, welche Aktivitäten Ihnen beiden Spaß machen und, vergessen Sie nicht, dass es nicht so sehr darauf ankommt, was Sie tun, solange Sie wirklich beide voll dabei sind. Hier ein paar Beispiele:

- Kuchen backen
- basteln
- einander vorlesen
- Videogames spielen
- Fahrrad fahren
- gärtnern
- die Wohnung verschönern
- Urlaubspläne schmieden
- in den Botanischen Garten oder in den Zoo gehen
- Yoga
- Brettspiele
- Filme schauen
- Sport treiben oder eine Sportveranstaltung besuchen
- ehrenamtliche Arbeit
- Joggen

Dass Qualitätszeit etwas Gutes ist, klingt einleuchtend. Tatsächlich tun sich viele Eltern schwer damit. Als das Kind noch ganz klein und pflegeleicht war, als seine Geschwister noch nicht auf der Welt waren oder als man beruflich weniger zu tun hatte, da war es einfacher. Und – man gibt es nicht gern zu – es gibt Phasen, in denen man lieber nicht mit dem Kind allein ist. Das ist nachvollziehbar und ganz normal. Trotzdem ist es wichtig, einen Weg zu finden, wie Sie etwas zusammen machen können, sodass Sie beide etwas davon haben und sich daran erfreuen.

Kleinkinder

Wie sinnvoll ist es, Kleinkinder in den Botanischen Garten zu schleppen oder Backexperimente mit ihnen zu veranstalten? Das kann ganz schön anstrengend und nicht unbedingt lohnenswert sein. Unter Sechsjährige sind jedoch begeistert, wenn man einfach nur ein paar Minuten intensiv mit ihnen allein spielt. Ziehen Sie sich etwas Bequemes an, setzen Sie sich mit Ihrem Kind auf den Boden und folgen Sie seiner Kreativität, wo immer sie Sie hinführen mag.

Einmal arbeitete ich mit einer alleinerziehenden Mutter von zwei Grundschulkindern. Alle drei waren traumatisiert, da der Vater eine Gefängnisstrafe wegen sexueller Nötigung verbüßte. Amy, eine intelligente und kompetente Frau, tat ihr Bestes, um ihre Familie einigermaßen gut beieinanderzuhalten. Nach zehn Jahren als Hausfrau musste sie sich nun wieder einen Job suchen und all die körperlich und seelisch fordernden Aufgaben einer alleinerziehenden Mutter jonglieren. Sie war vollkommen erschöpft. Jedes Mal, wenn ihre Kinder ausrasteten, einander schlugen oder frech zu ihr waren, fühlte sie Ärger und Wut in sich aufsteigen. Mal für sich zu sein war ihr sehnlichster Wunsch – und sie hatte es ja auch wirklich nötig! Daher schaute sie ganz entgeistert, als ich ihr vorschlug, Qualitätszeit mit ihren Kindern zu verbringen. Für sie hörte es sich an, als solle sie mit zwei besonders hungrigen weißen Riesenhaien schwimmen gehen.

Nach einem Blick auf ihr Tagespensum fanden wir Möglichkeiten, wie sie mit jedem Kind einige Momente einzeln verbringen konnte, und sie ließ sich immerhin auf einen Versuch ein. Mit ihrer Tochter fing sie an, Kuchen zu backen, und es dauerte nicht lange, bis sie sich schon auf das Ausprobieren neuer Rezepte freuten. Mit ihrem Sohn ging sie gleich nach Schulschluss in den Park, den Pudel ausführen. Ein paar Wochen später erzählte sie mir, dass ihr zu ihrer großen Überraschung die Qualitätszeit sehr viel Spaß bereite und die Traumasymptome seitdem nachgelassen hätten. Die Kinder prügelten sich seltener und wurden nicht mehr so oft frech. Als zunehmend Ruhe in die Familie einkehrte, fand Amy auch mehr Gelegenheiten für die wohlverdiente Zeit für sich selbst.

Vorsicht vor zu viel des Guten

So wünschenswert Qualitätszeit ist – wenn Sie zu viel des Guten tun, überfordern Sie das Kind. Stellen Sie sich eine missmutige Teenagerin vor, die mit ihrer Mutter vor dem Fernseher sitzt und von dieser ständig mit Fragen über die Handlung bombardiert wird. Den Übereifrigen unter Ihnen schlage ich vor, in Gedanken die Hände unter die Oberschenkel schieben und die Füße stillzuhalten. Mithilfe dieses Bildes können Sie sich bremsen, damit Sie nicht zu viel persönlichen Einsatz in die Qualitätszeit stecken. Schließlich sollte sich die gemeinsam verbrachte Zeit wie eine angenehme Umarmung anfühlen und nicht wie eine Boa constrictor, die einem die Luft abdrückt.

Mentalisieren

Mentalisieren ist, wenn man sich in die Bewusstseinszustände und -inhalte anderer Menschen hineinversetzt beziehungsweise über die eigenen nachdenkt, mit dem Ziel, die anderen und sich selbst besser zu verstehen, im Sinne von Decartes: „Ich denke, also bin ich." Mentalisieren dient der Vertiefung von Beziehungen und wurde von Anthony Bateman und Peter Fonagy zu einer eigenen Therapieform weiterentwickelt (mehr darüber in Kapitel 11). Mit einfachen Worten: Man ist neugierig auf das, was sich im Kopf abspielt, im eigenen und in dem anderer. Auf das Thema dieses Buchs übertragen bedeutet es: Sie versetzen sich in die Lage Ihres Kindes, fühlen sich ein in sein Innenleben. Seien Sie neugierig, aber auch respektvoll und vor allem behutsam.

Meistens mentalisieren wir ohnehin schon, werden jedoch von starken Emotionen oder unangenehmen Gedanken abgelenkt. Wenn Sie zum Beispiel sehr frustriert sind über das Verhalten Ihres Kindes, dann interessieren Sie sich kaum für seine Beweggründe. Frustration und andere negative Gefühle blockieren die Mentalisierungsfähigkeit. Man ist so mit sich selbst beschäftigt, dass man nicht mehr offen für die anderen ist und sich nicht in sie hineinversetzen mag.

Das Vertrackte daran ist, dass das verwirrende, frustrierende oder ärgerliche Verhalten traumatisierter Kinder häufig von ihrem seelischen Leid herrührt. Gerade dann brauchen sie ihre Hauptbezugsperson am nötigsten – aber gerade dann hat diese absolut kein Verständnis, sondern möchte eigentlich nur schimpfen und dichtmachen.

Yasmin geht in die zehnte Klasse und ist der Fußballstar ihrer Schule. Ihre Eltern investieren viel Zeit und Geld in ihr Hobby, kutschieren sie zu Trainings und Spielen und kaufen ihr trotz finanzieller Engpässe die teuersten Sachen, damit sie optimal ausgerüstet ist. Als sie erfahren, dass der Scout einer Sportuni zum Jahresendspiel kommen wird, sind sie begeistert. Doch zu ihrem Schrecken und Ärger lässt sich Yasmin an dem bewussten Tag nicht im Stadion blicken. Und zwar weil ihr Freund, so erfahren sie von den Eltern einer Mitspielerin, ausgerechnet kurz vor diesem entscheidenden Spiel mit Yasmin Schluss gemacht habe.

Eine nichtmentalisierende Reaktion: Kaum sind Yasmins Eltern wieder zu Hause, da stürzen sie sich schon auf ihre Tochter und halten ihr vor, wie sie sich nur diese einmalige Chance vermasseln könne, wie egoistisch, wie dumm von ihr! So viel hätten sie für sie geopfert, um ihr das zu ermöglichen, und nun das! Wegen ihrer kurzsichtigen Entscheidung, nicht am Spiel teilzunehmen, sehe es nun düster aus für sie. Während der Schimpftirade weicht Yasmin dem Blick ihrer Eltern aus und weint. Am nächsten Tag verbunkert sie sich in ihrem Zimmer, will nichts essen und mit niemandem reden.

Eine mentalisierende Reaktion: Die Eltern sprechen Yasmin auf den Beziehungsabbruch an und fragen sie behutsam, ob sie deswegen nicht am Spiel teilgenommen habe. Sie äußern Verständnis. Es sei nachvollziehbar, wenn sie sich zurückgewiesen fühle und nun traurig sei. Statt ihr wütend Vorwürfe zu machen, bekunden sie ihr Interesse an Yasmin. Diese fühlt sich von ihren Eltern nicht in die Enge getrieben, herabgesetzt und beschuldigt, sondern unterstützt, und so fängt sie an zu erzählen. Wie sich herausstellt, wollte sie eigentlich selbst Schluss machen, schon seit Monaten. Aber sie wagte es nicht, weil ihr Freund damit drohte, ein Nacktfoto von ihr zu posten. Und dann postete er das Foto trotzdem, ausgerechnet an Yasmins großem Tag. Sie sagt, sie fühle sich so sehr gedemütigt, sie schäme sich und wisse nicht, was sie nun tun solle. Sie habe Angst gehabt, seine Freunde könnten sie im Stadion fertigmachen, das hätte sie nicht ausgehalten, vor lauter Stress hätte sie ganz schlecht gespielt und sich vor dem Sportscout blamiert. Das habe sie nicht gewollt. An diesem Abend überlegt Yasmin zusammen mit ihren Eltern, wie sie sich am besten gegen den Exfreund wehren kann.

Wie Sie an dem Beispiel sehen, macht Mentalisieren nicht nur gesprächsbereit, sondern vertieft auch die Bindungsbeziehung. Da sich Yasmin durch die aufgeschlossene und einfühlsame Haltung ihrer Eltern unterstützt fühlt, kann sie frei darüber sprechen, wie sich die Sache wirklich zugetragen hat. Und so löst sich die anfängliche Fehlinterpretation ihrer Eltern in Wohlgefallen auf.

Wenn Ihr Kind etwas tut, das Sie frustriert oder verwirrt, dann begegnen Sie ihm lieber mit Neugier und Mitgefühl als mit Wut und Vorwürfen. Damit vermitteln Sie ihm: Ich will dich nicht bestrafen, sondern verstehen. Es wird sich Ihnen dann nahe fühlen und sich eher öffnen. Abgesehen davon, dass es die Beziehung vertieft, wenn das Kind offen über ein potenziell traumatisches Erlebnis reden kann, sind Sie in der Lage, ihm zu helfen. So auch bei Yasmin: Sie erzählt ihren Eltern monatelang nichts von dem miesen Verhalten ihres Exfreundes und kommt gar nicht auf den Gedanken, dass sie ihr helfen könnten. Erst als die Eltern Bescheid wissen, können sie ihre Tochter schützen und eine stärkere Traumatisierung abwenden.

Lob

Zwischenmenschliche Beziehungen profitieren von angemessenem Lob, unter anderem deswegen, weil das gelobte Verhalten sich mit größerer Wahrscheinlichkeit wiederholen wird. Wenn Sie Ihr Kind also regelmäßig für Verhaltensweisen loben, die Sie gut finden, dann werden sie ihm in Fleisch und Blut übergehen. Und wenn Ihnen sein Verhalten gefällt, dann werden Sie mehr Freude an der gemeinsam verbrachten Zeit haben und Ihr Kind damit anstecken.

Angemessen loben – wie geht das? Stellen Sie sich vor, Ihre Tochter spielt im Kinderzimmer mit ihrem kleinen Bruder. Großzügig lässt sie ihn ihre heiß geliebten Magnetbausteine benutzen. Dies könnte ein günstiger Moment sein, das Mädchen zu loben. „Wie lieb von dir!" würde zwar gut ankommen, aber präziseres und konkreteres Lob wäre noch besser, etwa nach diesem Muster: „Toll, wie du mit deinem Bruder deine Bausteine teilst!" Durch diese positive Verstärkung wird Ihre Tochter wahrscheinlich öfter Dinge mit ihrem Bruder teilen, besonders in Ihrer Gegenwart, sodass Sie beide stolz sind und sich einander verbunden fühlen.

Regelmäßiges, gezieltes Lob macht Kinder selbstbewusst, und das wiederum stärkt und vertieft die Beziehung zu ihren Eltern. Es vermittelt ihnen, dass sie sich richtig verhalten und die Menschen, von denen sie am meisten abhängen, das gut finden.

Aber die beziehungsfördernde Wirkung von Lob ist nicht der einzige Grund, weshalb ich es in diesem Kapitel erwähne. Potenziell traumatische Erlebnisse können das Bild, das Kinder von sich selbst und ihrer Umwelt haben, zutiefst erschüttern. Da sie sich nicht mehr als so kompetent erfahren wie vordem, sinkt ihr Selbstwertgefühl. Wenn sie dann immer wieder die Botschaft empfangen, dass sie das, was sie gerade machen, gut hinkriegen, dann gibt ihnen das Stabilität und verhilft ihnen zu einem positiven Selbstbild.

Aktives Zuhören

Eines der ersten Dinge, die man in der psychotherapeutischen Ausbildung lernt, ist aktives Zuhören. Es ist wichtig, weil die Erzählenden so wissen, dass man sich wirklich mit ihnen befasst, dass man ihnen Aufmerksamkeit schenkt und sie verstehen will. Spricht eine Patientin über ein schreckliches Erlebnis, das ihr große Angst eingejagt und sie sehr belastet hat, sage ich zum Beispiel: „Das klingt, als hätten Sie sich sehr gefürchtet." Dadurch weiß sie, dass sie meine Aufmerksamkeit hat, und fühlt sich verstanden. Außerdem fällt es ihr dann leichter, mehr von sich zu erzählen, wodurch emotionale Nähe zwischen uns entsteht.

Es wäre natürlich großartig, wenn Sie die verletzlichen Gefühle Ihres Kindes gewohnheitsmäßig rückspiegeln könnten. Doch gerade die behält es ja leider eher für sich. Sie können aber auch in emotional weniger aufgeladenen Situationen aktiv zuhören und trotzdem die Beziehung fördern. Sagt Ihre Tochter beispielsweise, sie könnte nicht mit dem Hund Gassi gehen, weil ihr eine Mathehausaufgabe im Nacken sitzt und sie die vorher erledigen will, könnten Sie folgendermaßen darauf eingehen: „Die Matheaufgabe macht dir richtig Stress – so hört sich das jedenfalls an. Da willst du sie wohl lieber gleich vom Tisch haben."

Kleinen Kindern aktiv zuzuhören können Sie üben. Beispielsweise beim gemeinsamen Spiel, wenn Ihr Kind seine Stofftiere auf ein Wägelchen setzt, könnten Sie sagen: „Du fährst jetzt deine Teddys und Hündchen spazieren." Dadurch fühlt es sich verstanden und weiß, es hat Ihre Aufmerksamkeit.

Vorsicht: Was Kinder aller Altersstufen überhaupt nicht mögen, ist exaktes, papageienhaftes Nachahmen. Fassen Sie Ihre Rückspiegelung besser in eigene Worte. Sie wollen dem Kind ja nicht vermitteln, dass Sie es imitieren, sondern dass Sie es verstehen. Und wen würde es nicht ärgern, nachgeäfft zu werden?

Ein weiterer Vorteil des aktiven Zuhörens besteht darin, dass Ihr Kind Ihnen rückmelden kann, falls Sie danebenliegen. Möglicherweise haben Sie das, was es gesagt hat, nicht richtig verstanden oder falsch interpretiert. Bekommt es etwas gespiegelt, das es gar nicht gemeint hat, kann es Sie korrigieren und Ihnen so helfen, es besser zu verstehen.

Das aktive Zuhören vermittelt das Gefühl, gehört zu werden und Aufmerksamkeit zu bekommen. Ihr Kind merkt, es ist wichtig und Sie sind für es da. Deswegen ist es eine wunderbar beziehungsbildende Methode, die Sie durchaus auch in neutralen Situationen wie beim Spielen oder während der Hausaufgaben anwenden können. Das Gefühl, dass die Hauptbezugsperson zugänglich ist und einfühlsam reagiert, festigt einen sicheren Bindungsstil, der gerade für traumatisierte Kinder von so unschätzbarem Wert ist. Wenn sie wissen, dass ihnen verständnisvoll zugehört wird und sie gut aufgehoben sind, werden sie nach und nach aus der Reserve kommen und anfangen, über Gedanken oder Gefühle zu reden, die sie ansonsten wahrscheinlich eher verschwiegen hätten.

Freude

Auch wenn man in den sozialen Medien oft einen ganz anderen Eindruck bekommt – Eltern zu sein ist nicht immer eitel Wonne. Angefangen bei den schlaflosen Nächten, die einem das Baby bereitet, über die Sauberkeitserziehung des Kleinkinds bis zu den zermürbenden Machtkämpfen mit Pubertierenden – Kinder großzuziehen kostet literweise Schweiß, Blut und Tränen. Aber es macht auch glücklich und bereitet Freude. Kinder müssen spüren, dass man sie liebt und gerne Zeit mit ihnen verbringt. Sie gewaschen und gefüttert ins Bett zu bringen, um dann, endlich allein, die Ruhe zu genießen, reicht nicht. Besser ist es, die Freude, die immer mal wieder spontan im Umgang mit ihnen aufkommt, demonstrativ zu zeigen.

Das ist wie bei der Qualitätszeit: Finden Sie etwas, das Sie beide mögen, tun Sie es gemeinsam und fassen Sie Ihre Freude daran in Worte: „Wie gerne ich mit dir Kekse backe!" Mehr ist gar nicht nötig, Hauptsache, es klingt aufrichtig. Sie können es sich auch zur Angewohnheit machen, was in vielen Familien inzwischen üblich ist: Jeden Abend am Esstisch über alles Gute und Schlechte zu reden, was der Tag gebracht hat, und darauf zu achten, dass Sie das, was Sie mit dem Kind gemeinsam getan haben, hin und wieder als Highlight herausstellen.

Kindern offen zu zeigen, dass man Freude an ihnen hat, vermittelt ihnen, dass sie liebenswert sind und geliebt werden. Das stärkt sowohl ihr Selbstwertgefühl als auch die Erwachsenen-Kind-Beziehung.

Traumatisierte Kinder haben häufig das Gefühl, mit ihnen stimmt etwas nicht, als wären sie irgendwie mit einem Mangel behaftet (siehe den Abschnitt über Schemata in Kapitel 1). Wer die verbreitete Auffassung verinnerlicht hat, dass „guten Menschen Gutes passiert und schlechten Menschen Schlechtes", und eine schlechte Erfahrung macht, hält sich irrtümlicherweise für „schlecht". Indem Sie Ihrem Kind demonstrativ zeigen, dass es Ihnen Freude bereitet (und Ihre Zeit, Ihr Verständnis und Ihr Lob wert ist), stärken Sie sein Selbstbewusstsein und ebnen ihm damit den Weg zur Heilung von seinem Trauma.

Was man beim Aufbau einer sicheren Bindung vermeiden sollte

Während Qualitätszeit, Mentalisieren, Lob, Spiegeln und Freude förderlich sind für eine sichere Bindung zum Kind, gibt es andererseits auch Kommunikationsweisen, die diese Entwicklung im Keim ersticken.

Unbegründete Vorschriften

Niemand bekommt gerne Befehle erteilt. Kleinkinder, Teenager oder Erwachsene – die meisten sträuben sich dagegen, wenn man ihnen direkt sagt, was sie tun sollen, selbst dann, wenn es ihnen eigentlich nichts ausmacht, es zu tun. Natürlich brauchen unsere Kids Vorschriften – etwa die, sich im Auto anzuschnallen –, aber unangenehm finden sie sie trotzdem, erst recht, wenn sie sich gegängelt fühlen. Kommandos rufen Widerstand hervor. Wie kann man solche Anweisungen also erträglicher machen? Indem man sie begründet: „Wir schnallen uns im Auto an, damit uns nichts passiert." *Logisch nachvollziehbare Begründungen sind ein Zeichen des Respekts.* Egal, ob Sie die Eltern eines Kleinkinds oder einer Pubertierenden sind – begründen Sie Ihre Anweisung nach Möglichkeit und seien Sie vor allem auch bei Kindern in der „Warum?"-Phase nachsichtig.

Und bitte: Streichen Sie den Satz „weil ich das halt gesagt habe" aus Ihrem Vokabular. Das ist keine Begründung, und nicht begründbare Vorschriften sind möglicherweise überflüssig.

Erhält ein Kind eine ganz Flut von Anweisungen, vermittelt ihm das den Eindruck: Man hält mich für unselbstständig und unfähig. Für traumatisierte Kinder ist das geradezu Gift, kratzt es doch an ihrem sowieso schon angeschlagenen Selbstwertgefühl. Wahrscheinlich ziehen sie sich dann noch weiter zurück. Machen Sie Ihrem Kind also am besten nur wirklich notwendige und gut begründete Vorschriften. Indem Sie ihm mehr Freiraum lassen, zeigen Sie ihm, dass Sie ihm vertrauen und es für seine Bereitschaft schätzen.

Sarkasmus

Lob, das auf einen dummen Fehler folgt (zum Beispiel: „Das hast du ja mal wieder super hingekriegt!"), klingt sarkastisch und ist Ausdruck von Spott oder Unzufriedenheit. Wie auch immer Sarkasmus kommuniziert wird, ob aggressiv oder passivaggressiv: Er fühlt sich nicht gut an. Bezeichnenderweise geht der Begriff Sarkasmus auf das altgriechische Verb „zerfleischen" zurück.

Abgesehen davon, dass ein sarkastischer Ton unangenehm ist, entwertet man damit auch ehrlich gemeintes Lob, besonders gegenüber kleineren Kindern, weil sie solche Doppeldeutigkeiten noch nicht durchschauen können.

Sarkasmus mag ja manchmal auch witzig sein – nett ist er jedoch trotzdem nicht, und ein Kind, das sich in einer verwundbaren Lage befindet, braucht keine Extraschläge unter die Gürtellinie, erst recht nicht von einer (oder der einen) Person, die eigentlich immer auf seiner Seite stehen sollte.

Kritik an der Person statt am Verhalten

Gelegentliches Feedback tut allen Menschen gut, auch Kindern, solange es konstruktiv ist und darauf abzielt, Orientierung für das Verhalten zu geben. Persönlich gemeinte Kritik hingegen ist nicht hilfreich, weil sie dem Kind suggeriert, dass es ein schlechter Mensch oder mit einem Mangel behaftet ist. Formulieren Sie Kritik am besten immer so, dass Ihr Kind sich das nicht so Herzen nimmt.

Stellen Sie sich folgende Situation vor: Sie betreten das Zimmer Ihres Sohns und finden dort einen Teller mit einem fliegenbedeckten Pizzarest. Essen tagelang offen im Zimmer herumstehen lassen? Widerlich! Geht gar nicht! Dieses Verhalten darf nicht unkommentiert bleiben. Aber was ist eigentlich mit Ihrem Sohn? Wissen Sie, weshalb er die Pizza überhaupt liegen gelassen hat? Er hat etwas getan, das Sie widerlich finden, aber das macht ihn noch nicht zu einem widerlichen Menschen.

Alles, was in diesem Abschnitt beschrieben wurde, sind Dinge, die man bei Kindern, die etwas potenziell Traumatisches erlebt haben, tunlichst unterlassen sollte, weil ihr wackliges Selbstbild, ihr angeschlagenes Selbstbewusstsein, dadurch noch weiter in Mitleidenschaft gezogen wird.

Abgesehen davon, dass Sie damit dem Selbstwertgefühl Ihres Kindes schaden, erzeugen Sie Distanz, Ärger und Misstrauen. Achten Sie also darauf, diese Dinge wirklich zu unterlassen. Falls es Ihnen schwerfällt, mit Ihrer Gewohnheit zu brechen, sarkastisch zu werden oder „weil darum!“ zu sagen, ist dies vielleicht ein Zeichen dafür, dass Sie von einer Beratung oder Therapie profitieren könnten. Denn kein Verhalten taucht einfach so aus dem Nichts auf. Wahrscheinlich haben Sie es von irgendwo übernommen. Und es wieder zu verlernen, ist leichter gesagt als getan.

Zum Abschluss und auf den Punkt gebracht

Kind zu sein ist manchmal wie eine Entdeckungsfahrt auf hoher See. Die Welt ist voller Geheimnisse – wer weiß, was einen am Horizont erwartet? Man hat ja noch nicht so viel erlebt und kennt sich nicht aus. Jeder Tag birgt neue Wunder. Das Leben ist pure Freude, solange die Sonne scheint und der Wind in die Segel bläst. Doch schon brauen sich dunkle Wolken zusammen, das Meer schlägt hohe Wellen. Plötzlich ist die Welt voller Gefahren – hier lauern Ungeheuer. Dann brauchen die kleinen Entdeckungsreisenden einen sicheren Hafen, den sie ansteuern können. Und der sind Sie, liebe Leser:innen. Eltern und andere Betreuungspersonen dienen Kindern als sichere Basis, die ihnen Halt gibt und sie in allen möglichen Unwettern beschützt. Gerade für diejenigen, die schon eines überlebt haben, ist es wichtig zu wissen, dass jemand für sie da ist. Der Aufbau einer sicheren Bindungsbeziehung – die für Ihr Kind so verlässlich beschaffen ist, dass es sich in Krisenzeiten getrost an Sie wenden kann – ist eine ganz entscheidende Hilfe im Traumaheilungsprozess.

Aufbauen können Sie eine solche heilsame Beziehung mithilfe von Qualitätszeit, Mentalisieren, Lob, aktivem Zuhören und Freude bei gleichzeitigem Verzicht auf Sarkasmus, unbegründeten Vorschriften sowie auf die Person abzielende Wertung und Kritik.

Teil II

Womit Sie es zu tun haben

4. Verhaltensauffälligkeiten

Mark, ein neun Jahre altes Einzelkind, spielte im Vorgarten, als ein großer streunender Hund ihn angriff. Zu seinem Glück kam ihm jemand zu Hilfe, jagte den Hund davon und rief den Rettungsdienst. Obwohl Mark tiefe Bisswunden hatte, die genäht werden mussten, erholte er sich schnell. Seine körperlichen Verletzungen heilten, und bald sah er wieder wie vorher aus, als wäre nichts gewesen – zumindest äußerlich. Innerlich hatte er sich verändert. Mark hatte immer eine enge, größtenteils konfliktlose Beziehung zu seinen Eltern gehabt, doch nach dem Vorfall mit dem Hund ging er ihnen zunehmend aus dem Weg. Wann immer sie seine Nähe suchten, ließ er sie abblitzen. Schlugen sie ihm einen Familienausflug vor, schnauzte er sie an, sie sollten ihn gefälligst in Ruhe lassen. Einmal betrat der Vater ohne zu klopfen das Zimmer seines Sohns und bekam ein Buch an den Kopf geworfen. Völlig außer sich brüllte er Mark an, er sei „frech“ und „völlig von der Rolle“. Der schrie zurück, er würde von zu Hause abhauen, und fing an, seinen Rucksack packen. Seine Mutter, die alles leise schluchzend mitanhörte, dachte: „Ich verliere mein Kind!“

Verhaltensauffälligkeiten und posttraumatischer Stress

Wie in Kapitel 3 bereits angerissen wurde, verhalten sich traumatisierte Kinder häufig anders als sonst, zum Beispiel wie Yasmin (siehe Seite 63 f.) oder wie Mark. Was ihnen sonst immer Spaß gemacht hat, tun sie nicht mehr oder sie reagieren aggressiv. Tatsächlich aber handelt es sich um Bewältigungsmechanismen. Die Kinder fühlen sich bedroht, sie leiden unter unangenehmen Emotionen und wollen sich schützen. Wütend zu werden und andere abzuschrecken, laut und heftig um sich schlagend zu weinen, sich umgekehrt einzuigeln oder auf eine frühere Entwicklungsstufe zurückzufallen sind also (zunächst jedenfalls) gesunde Reaktionen. Sie geschehen weder bewusst noch willentlich.

Dieses seltsame, schwer einzuordnende Verhalten mitanzusehen, entmutigt und frustriert Eltern. Sie begreifen überhaupt nicht, was los ist. Doch seien Sie versichert: Ihr Kind begreift noch weniger als Sie, und es hat Angst. Trösten Sie sich mit dem Wissen, dass seine Reaktionen normal sind und Sie sie mithilfe der in diesem Buch enthaltenen Informationen und Ratschläge besser verstehen und abfedern werden.

Mögliche Verhaltensauffälligkeiten

Meist sind Kinder in den ersten Tagen, manchmal aber auch erst Wochen oder Monate nach einem belastenden Vorfall auffällig anders als sonst. Wahrscheinlich möchten Sie sofort eingreifen und Ihr Kind wieder „zurechtrücken". Doch Sie müssen zuerst wissen, womit Sie es zu tun haben und weshalb sich traumatisierte Kinder so verhalten.

Manchmal geschieht es plötzlich, wie aus heiterem Himmel: Ihr Kind reagiert heftig und reflexartig. Jemand klopft Ihrem Sohn auf die Schulter, und er zuckt unweigerlich zurück. Oder Ihre Tochter sieht etwas, das sie an das Trauma erinnert, und läuft davon. (Mehr über diese sogenannten Trigger und ihre physiologischen Prozesse erfahren Sie weiter unten und in Kapitel 5.)

Manchmal jedoch verändert sich das Verhalten langsam und schrittweise, und auch eher seelisch als körperlich. Die Kinder reagieren emotionaler oder impulsiver als sonst, fallen auf eine frühere Entwicklungsstufe zurück, neigen zu geringfügigem oder grobem Fehlverhalten, ziehen sich innerlich zurück oder meiden bestimmte Orte, Dinge und Menschen (mehr dazu in den Kapiteln 6 bis 10). Unabhängig davon, welche Verhaltensänderungen Sie an Ihrem Kind wahrnehmen, sollten Sie nicht gleich darauf reagieren, sondern erst einmal die Ursache dafür kennen. Meist handelt es sich um Selbstschutz.

Trigger

Trigger sind Reize, die den Körper an eine frühere Bedrohung erinnern. Obwohl der Begriff „getriggert werden" durch inflationären Gebrauch eine verzerrte Bedeutung angenommen hat und beispielsweise dazu dient, um jemanden als überempfindlich abzustempeln, bezeichnet er ursprünglich nichts anderes als einen physiologischen Instinkt. Diesen unbewusst ablaufenden Prozess müssen Sie verstehen, wenn Sie Ihrem Kind Halt geben und Unterstützung gewähren wollen.

Meinen Patient:innen erkläre ich das so: Stell dir vor, du zeltest irgendwo mitten im Wald und siehst einen Bären. Sofort fängt dein Herz an, laut zu hämmern. Du schnappst nach Luft. Deine Hände kribbeln und schwitzen, vielleicht wird dir kalt. All das passiert, weil dein Körper sich bereit macht, gegen den Bären zu kämpfen oder wegzulaufen. Vielleicht wirst du aber auch ganz starr und stellst dich tot, in der Hoffnung, dass der Bär keine Gefahr wittert und dich in Ruhe lässt. Diese physiologischen Prozesse sind das Werk des sympathischen Nervensystems: Seine Stressreaktion – die Kampf-Flucht-Erstarrungsreaktion – sichert uns Menschen seit vielen

Jahrtausenden das Überleben. Was, meinst du, passiert mit einem Menschen, der beim Anblick eines Bären keinen Stress bekommt? Er landet in dessen Magen, klar!

Ein Traumatrigger hat die gleiche Wirkung wie ein Bär, nur ohne Gefahr. Das ist, als würdest du mehrere Wochen nach deinem Campingurlaub im Garten chillen, und plötzlich nimmst du aus dem Augenwinkel etwas Großes, Braunes, Pelziges wahr. Der Wald ist weit weg. Kein Bär wird sich in deinen Garten verirren, das ist absolut unmöglich, und dein Verstand weiß das auch. Dein Körper fühlt sich aber trotzdem bedroht und reagiert darauf genau wie im Wald: Dein Herz klopft wie wild, du fängst an zu zittern und zu schwitzen. Im nächsten Moment allerdings entpuppt sich der Bär als Nachbarkind, das sein neues Halloweenkostüm ausprobiert. Nur dein Herz ist nicht so schnell, es braucht noch eine ganze Weile, bis es sich wieder beruhigt – und du dich auch. So ist das, wenn man getriggert wird.

Es geschieht automatisch. Es beginnt mit der Amygdala, der Angstzentrale des Gehirns. Sie schickt eine Warnung an den Hypothalamus, der für die Ausschüttung der dringend notwendigen Stresshormone zuständig ist. Sobald die im Umlauf sind, wacht das autonome Nervensystem auf und löst weitere Stresshormone aus, die überall im Körper Veränderungen bewirken.

Diese Veränderungen äußern sich folgendermaßen:
- Die Atmung beschleunigt, wobei mehr Luft ein- als ausgeatmet wird, um hellwach zu machen.
- Das Gesichtsfeld weitet sich, um Gefahren in der Umgebung besser wahrzunehmen.
- Das Gehör wird geschärft, um Gefahren besser hören zu können.
- Die Schmerzwahrnehmung wird unterdrückt, um trotz Verletzungen kämpfen, fliehen oder still liegen zu können.
- Die Haut schwitzt und kühlt ab, da das Blut in die großen Muskelgruppen fließt, die zum Kämpfen, Weglaufen und Stillliegen notwendig sind.
- Der Puls geht schneller, um die großen Muskelgruppen mit mehr Sauerstoff zu versorgen und sie für die Gefahrenreaktion fit zu machen.

Es muss nicht unbedingt die Begegnung mit einem vermeintlichen Bären sein. Meist sind es ganz alltägliche Dinge, die das autonome Nervensystem triggern, zum Beispiel
- ein unerwartetes Schulterklopfen in einem Raum, in dem man allein zu sein glaubt;
- ein rücksichtsloser Autofahrer, der einem die Vorfahrt nimmt;
- die nicht angeleinte Dogge des Nachbarn, die auf einen zugerannt kommt;
- der Anblick eines hinfallenden Kindes auf dem Spielplatz;
- ein großes Insekt direkt vor der eigenen Nase.

Auch Erwachsene erleben in diesen Schrecksekunden das volle Symptomprogramm. Am wahrscheinlichsten geschieht das in Folge eines Traumas. So kann jemandem, der vor einem Bankautomaten überfallen wurde, noch Monate später beim Geldabheben der kalte Schweiß ausbrechen.

Ich kann nicht oft genug betonen, dass die Stressreaktion ein gesunder und angemessener Überlebensinstinkt ist, ohne den unsere Spezies es nicht geschafft hätte, viele Jahrtausende zu überleben.

Was ist dann aber das Problem?

Bei Menschen mit einer Traumageschichte, erst recht mit akuten posttraumatischen Belastungssymptomen und zumal bei Kindern, die sich emotional sowieso nicht so gut beherrschen können, gerät das Schutzsystem durcheinander, und die Dinge laufen aus dem Ruder. Man wittert überall Gefahren, ist ständig auf der Hut und immer höchst vorsichtig. Das ist anstrengend und ermüdend. Die erhöhte Reaktionsbereitschaft geht auf Kosten der Aufmerksamkeit für Alltägliches wie Schule, Beruf, Familie und Freundschaften.

Die wichtigste Erkenntnis: Trigger sind als Teil der normalen Traumafolgen bei Kindern für die häufigsten Verhaltensänderungen verantwortlich. Es handelt sich um automatische, physiologische Prozesse, mit der unsere Biologie uns einerseits schützt, die andererseits aber das Leben von Kindern völlig auf den Kopf stellen können. Wie Sie Ihrem getriggerten Kind am besten helfen, damit zurechtzukommen und sich wieder zu beruhigen, erfahren Sie in Kapitel 5.

Erhöhte Emotionalität und regressives Verhalten

In der Einleitung zu diesem Kapitel haben Sie bereits erfahren, dass die meisten Verhaltensänderungen, die nach einer potenziell traumatischen Erfahrung auftreten, im Grunde ganz gesund sind, weil die Kinder sich auf diese Weise vor traumatischem Stress schützen. Diese Strategien sind jedoch unterschiedlich effektiv.

Eine sehr erwachsene Strategie wäre, sich in einer Notsituation direkt Hilfe zu holen, die Gefühlsstürme in Worte zu fassen und Gedanken laut auszusprechen. Beispiel: „Heute vor einem Jahr ist Onkel Ben bei einem Autounfall gestorben. Das macht mich traurig. Ich fänd es gut, wenn wir heute Abend alle zusammenkommen könnten, um unsere schönsten Erinnerungen an ihn auszutauschen." Doch selbst die abgeklärtesten Erwachsenen, die zu mir in die Therapie kommen, sind dazu nicht unbedingt immer in der Lage – und traumatisierte Kinder erst recht nicht.

Am authentischsten drücken Kinder ihre Gefühle und Bedürfnisse hochemotional aus. Sie brechen schnell in Tränen aus, machen ins Bett oder reden wie ein Baby, obwohl sie über diese Entwicklungsstufe längst hinaus sind.

Wissen Sie noch, was in Kapitel 3 über die Bindung stand? Wenn ein sicher gebundenes Baby Hunger hat, eine frische Windel braucht, ihm etwas zu viel wird oder es aus anderen Gründen in Not gerät, schreit es nach seiner Hauptbezugsperson, und wenn diese zu seiner Rettung eilt, sich um seine Bedürfnisse kümmert und es tröstet, dann empfindet es das für gewöhnlich als Belohnung.

Das Weinen von Babys wie von älteren Kindern enthält dieselbe Botschaft: Ich brauche Hilfe! Da die Traumareaktion größtenteils unbewusst abläuft, kann man kaum erwarten, dass die Bedürfnisse verbal geäußert werden. Die Betroffenen stehen ja ganz furchtbar unter Stress, und da ist ihr (buchstäblicher) Hilfeschrei der bestmögliche und gesündeste Ersatz für die fehlenden Worte.

Merkt das Kind, dass die Hilfe ausbleibt und Weinen nicht das erwünschte Ergebnis erzielt, bemüht es sich noch stärker. Es schreit lauter und länger und lutscht wie früher zum Trost am Daumen. Damit drückt es sein Verlangen nach Zuneigung, Liebe und Fürsorge aus. Wer dieses Verhalten missversteht, denkt: „Ach, die will nur Aufmerksamkeit und erpresst mich jetzt. Am besten, ich beachte sie gar nicht, dann hört sie von selbst auf."

Und in der Tat – Kinder hören dann irgendwann auf zu weinen, denn nichts hat so viel Einfluss auf ihr Verhalten wie der Entzug von Aufmerksamkeit. Die Bedürfnisse jedoch bleiben weiterhin unerfüllt. Ein gestresstes Kind, das beispielsweise den Tod eines ihm nahestehenden Menschen betrauert und mit seinen Gefühlen alleingelassen wird, gerät in eine schier unerträgliche Notsituation. Daher sollte man Gedanken wie „Der macht das nur, um Aufmerksamkeit zu bekommen – einfach ignorieren!" umformulieren in: „Er macht das, um mir mitzuteilen, dass er in diesem Moment ein bisschen mehr Unterstützung braucht."

Sich Sorgen zu machen, wenn ein unbeschwertes Sonnenscheinkind plötzlich ununterbrochen weint oder wenn ein Kleinkind, das schon aufs Töpfchen geht, sich wieder regelmäßig einnässt, ist verständlich und völlig normal. Bedenken Sie aber, dass diese Art von erhöhter Emotionalität ein vorübergehender und natürlicher Teil des Heilungsprozesses ist. Wie Sie Kinder in diesen Phasen unterstützen können, erfahren Sie in Kapitel 6.

Geringfügiges Fehlverhalten

Wutanfälle, Quengeln, Babysprache und Bockigkeit zählen für mich als geringfügiges Fehlverhalten. Dieses tritt nach potenziell traumatischen Erfahrungen häufig auf, neben dem groben Fehlverhalten (z. B. Ausrasten, Zerstören von Gegenständen, körperliche Aggression). Da die Unterscheidung zwischen beiden meines Erachtens wichtig ist, behandle ich sie im Einzelnen nacheinander.

Viele Erwachsene glauben, dass Kinder, die sich respektlos verhalten, strengerer Regeln und zudem Strafen bedürfen, die ihnen das schlechte Benehmen abgewöhnen. Es ist zwar möglich, das Verhalten mithilfe strikter Vorgaben zu manipulieren, doch die darunter liegenden Bedürfnisse bleiben weiterhin unerfüllt. De facto verschlimmert sich der Zustand eines traumatisierten Kindes nur noch weiter, wenn man es dazu zwingt, sich anders zu verhalten, ohne auf die eigentlichen Gründe des unerwünschten Verhaltens einzugehen.

Traumabewältigung ist, als wollte man einen fest aufgeblasenen Ball unter Wasser drücken. Diese Metapher stammt aus der traumafokussierten kognitiven Verhaltenstherapie (TFKVT, mehr darüber in Kapitel 11). Ich verwende sie seit meiner Ausbildung, oft auch im Gespräch mit Eltern traumatisierter Kinder. Denn egal, wie alt man ist – wer etwas Schreckliches erlebt hat, will schmerzhafte Gedanken, Gefühle und Erinnerungen möglichst unterdrücken. Und das ist gar nicht so leicht, weil sie wie der Wasserball immer wieder hochspringen. Auf Dauer hält man diese Kraftanstrengung nicht durch. Jederzeit können unterdrückte Gedanken und Gefühle gewaltsam wieder „hochploppen". Bei Kindern äußert sich das beispielsweise so, dass sie, obwohl sie normalerweise ganz „pflegeleicht" und gutmütig sind, schon beim kleinsten Anlass einen Wutanfall bekommen, Widerworte geben oder nicht das tun, was man ihnen sagt. Je stärker man sich gegen diese Gefühle – die Wasserbälle – stemmt, damit sie unten bleiben, desto überraschender und heftiger schießen sie hervor.

So ärgerlich oder frustrierend selbst geringfügiges Fehlverhalten sein kann – es ist ein Ausdruck versagender Abwehrmechanismen. Daran sollten Sie denken, wenn Ihr Kind aufmüpfig ist oder explodiert. In diesem Moment wird ihm alles zu viel, der Ball schießt aus dem Wasser. Die Trotzreaktion sagt weniger über Sie und Ihre Erziehungsfähigkeiten aus als vielmehr etwas über die Schwierigkeiten Ihres Kindes im Kampf gegen seine übermächtigen traumabedingten Gedanken und Gefühle. Gezielte Empfehlungen, wie Sie Ihr Kind sicher durch diese heiklen Momente hindurchgeleiten und sein Verhalten positiv beeinflussen können, erhalten Sie in Kapitel 7.

Rückzug und Vermeidung

Wenn geringfügiges Fehlverhalten wie ein aus dem Wasser schießender Ball ist, dann ist Rückzug beziehungsweise Vermeidung mit dem Wunsch zu vergleichen, die schmerzhaften Gedanken und Gefühlte ja nicht an die Oberfläche zu lassen. Was tut man, wenn etwas unangenehm oder problematisch ist? Man geht ihm aus dem Weg und „taucht ab". Von allen Verhaltensauffälligkeiten nach einer potenziell traumatischen Erfahrung ist der Rückzug noch am ehesten nachvollziehbar und wie die anderen Mechanismen auch gesund, anfangs jedenfalls. Was passiert? Ihr Kind wird plötzlich durch irgendetwas an das Trauma erinnert, die Erinnerung ist unangenehm. Ihr Kind weicht dem Auslöser der Erinnerung aus und fühlt sich besser. Kurzfristig. Doch dann ist die Angst wieder da, und je mehr Ihr Kind ihr zu entkommen versucht, desto stärker wird sie – denken Sie an den Angsttiger aus dem zweiten Kapitel.

Weil Sie das Leid Ihres Kindes kaum mitansehen können, geben Sie der Versuchung nach und erlauben ihm, alles, was ihm Angst einjagt, sein zu lassen. Das hat jedoch zur Folge, dass sich die Traumasymptome verschlimmern und der Lebensradius Ihres Kindes immer weiter zusammenschrumpft. Einmal das Fußballspiel oder ein Familienessen ausfallen zu lassen mag ja noch angehen. Wenn man es jedoch jedes Mal tut, wird das zu einer Gewohnheit, die sich nicht mehr so leicht abschütteln lässt. Schlimmer noch – die Angst kann sich verallgemeinern.

Erinnern Sie sich noch an Mark vom Kapitelanfang? Der im Vorgarten spielte und von einem großen, aggressiven Hund angefallen wurde? Eigentlich mag er Hunde gern, doch seitdem meidet er alle, die genauso aussehen wie der, der ihn gebissen hat. Jedes Mal, wenn er so einen sieht, rennt er davon, versteckt sich und ist erleichtert. In der Nachbarschaft gibt es einen Hund, der nur halb so groß ist wie der, der Mark gebissen hat. Er ist überhaupt nicht aggressiv, nur sehr lebhaft, laut und verspielt. Menschen begrüßt er am liebsten, indem er freudig an ihnen hochspringt. Eines Tages geht der Nachbar mit dem Hund Gassi, als Mark gerade zur Tür herauskommt. Mit einmal Mal fühlt der Junge sich unwohl und verschwindet zurück ins Haus. Im Lauf der Zeit meidet er alle Hunde und gerät schon bei ihrem bloßen Anblick in Panik. Irgendwann will er überhaupt nicht mehr raus zum Spielen. Das Streben nach Sicherheit ist zu einem Verhaltensmuster geworden.

Wenn sich Ihr Kind zurückzieht und die Flucht ergreift, folgt es einfach seinem Instinkt. Es tut das, was es für richtig hält. Doch wie wir wissen, schadet das dem Heilungsprozess. Also sollten Sie Ihrem Kind helfen, die Reize, die es an das Trauma erinnern, auszuhalten. Gleichzeitig dürfen Sie es aber nicht überstrapazieren. Wie dieser komplizierte Tanz genau geht, das erfahren Sie in Kapitel 8.

Grobes Fehlverhalten

Je weiter wir auf dem Kontinuum der Verhaltensauffälligkeiten voranschreiten, desto notwendiger wird professionelle Hilfe. Emotionalität, regressives Verhalten, Rückzug und geringfügiges Fehlverhalten erfordern nicht unbedingt eine Therapie, auch wenn sie natürlich guttut. Dringend angeraten ist sie bei massiven Verhaltensauffälligkeiten wie grobem Fehlverhalten und hochriskanten impulsiven Handlungen.

Wo liegt nun aber die Grenze zwischen geringfügigem und grobem Fehlverhalten? Meiner Meinung nach an dem Punkt, wo die Unversehrtheit von Menschen, Tieren und Gegenständen in Gefahr ist. Beide Arten von Fehlverhalten beruhen auf einem stärkeren Bedürfnis nach Fürsorge infolge eines Traumas, doch grobes Fehlverhalten beginnt beinahe immer mit starker Wut. Wenn Ihr Kind immer wieder ausrastet (beispielsweise den Laptop seiner Schwester kaputtmacht, ein Loch in die Wand schlägt und den Hund tritt), löst das bei Ihnen wahrscheinlich eine ebenso heftige Reaktion aus. Der Anblick eines aggressiven, gewalttätigen oder geradezu brutalen Kindes ist auch wirklich furchterregend. Viele Eltern haben das Gefühl, in seiner Gegenwart wie auf Eiern zu gehen. Sie tun alles, um ihr Kind ja nicht zu verärgern.

Besser als auf Eiern zu gehen ist es (langfristig jedenfalls), wenn Sie Ihrem Kind erklären, woher seine Wut kommt, damit es selbst sie verstehen kann. Wie fast immer gibt es auch hier selten nur eine Erklärung für diese vulkanartigen Ausbrüche, vielmehr kommen mehrere Faktoren zusammen, die dazu führen: Schlafstörungen, eine erhöhte Gereiztheit, zunehmend negative Gedanken und Gefühle, dazu eine mangelnde verbale Ausdrucksfähigkeit begünstigen das häufige Ausagieren von Aggressionen. Möglicherweise handelt es sich aber auch um eine automatische Reaktion auf Trigger.

Das „Committee on Child Maltreatment Research, Policy, and Practice for the National Research Council“ kam 2014 in Bezug auf diese Symptome zu dem Schluss, dass ein unbehandeltes Kindheitstrauma die Fähigkeit der Betroffenen untergräbt, ihre Emotionen gut regulieren zu lernen. Anderen Studien zufolge könnten auch genetische Faktoren zur Entwicklung von Symptomen beitragen. Und für über längere Zeit und in ihrer häuslichen Umgebung durch Gewalt und Aggression traumatisierte Kinder werden Gewalt und Aggression allmählich zur normalen Ausdrucksform. Wie man mit solchen extremen Verhaltensauffälligkeiten umgeht, erfahren Sie in Kapitel 9.

Impulsives Verhalten

Aus meiner Erfahrung als Therapeutin weiß ich, wie entsetzt Eltern auf riskantes, impulsives Verhalten ihres Kindes reagieren. Eine Patientin war gemobbt worden und schämte sich deswegen, und zwar so sehr, dass sie nicht darüber reden konnte. Um ihrem Schmerz auch ohne Worte Ausdruck zu verleihen, ritzte sie sich aus einem Impuls heraus in die Arme und Beine. Irgendwann fielen einem Lehrer die oberflächlichen Wunden auf und er rief die Eltern an. Diese nahmen sich sofort frei, fuhren zur Schule, holten ihre Tochter ab und machten den frühestmöglichen Termin bei mir. Bei dem Erstgespräch sagten sie, sie seien überzeugt, ihre Tochter stehe kurz davor, sich das Leben zu nehmen. Natürlich waren sie zu Recht beunruhigt, doch ich konnte ihnen versichern, dass das Verhalten ihrer Tochter nicht auf Selbstmordgefahr schließen ließ und ihr geholfen werden könnte.

Manchmal sind, neben gesteigerter Emotionalität und regressivem Verhalten, auch impulsive Handlungen, zum Beispiel Selbstverletzungen, hochriskanter Sex, Drogen- und Alkoholmissbrauch, wie bei der Patientin oben, ein Schrei nach Hilfe.

Aber niemand verhält sich impulsiv und riskant, weil er sich nur Unterstützung wünscht. Es gibt noch weitere Gründe dafür.

Der Grund, nicht ständig an den Tod zu denken, ist sogar recht gesund. Wenn ein Teenager sich jedes Mal, wenn er an Selbstmord denkt, bewusst (oder unbewusst) mithilfe einer Dating-App ablenkt, ist das beunruhigend, und man sollte es auf jeden Fall ernst nehmen. Es ist jedoch zweifelsfrei besser als die Alternative.

Größere Kinder und Teenager tun alles Mögliche, um nur ja nicht den Anschluss an die anderen zu verlieren, und ahmen sie nach. Lassen sich die anderen aus der Mädchenclique Ihrer Tochter den Fußknöchel tätowieren, dann will sie das auch, weil es ihr Gefühl der Gruppenzugehörigkeit stärkt.

Impulsives Verhalten hilft auch, wenn man den eigenen Körper nicht mehr spürt und sich wie betäubt fühlt. Deswegen rasen manche traumatisierte Jugendliche mit dem Auto durch die Gegend oder stehlen im Supermarkt.

Für gewöhnlich hat impulsives Verhalten mehr als einen Grund, doch laut Forschung dient es am häufigsten der emotionalen Regulierung. So taten 90 Prozent von den sich selbst verletzenden, aber nicht suizidalen Teilnehmenden an einer Studie das zur Beruhigung ihrer intensiven negativen Gedanken und Gefühle.

Hier ein Beispiel: Eine Vierzehnjährige wurde von einem jungen Mann vergewaltigt. Jetzt soll sie vor Gericht gegen ihn aussagen. Das bereitet ihr so schreckliche Angst, dass sie sich weinend in ihrem Zimmer verkriecht und sich gar nicht beruhigen kann. Sie bekommt keine Luft mehr und glaubt sich einem Nervenzusammenbruch nahe. Es ist dasselbe Gefühl der Ohnmacht wie bei der Vergewaltigung. Sie zieht die Schreibtischschublade auf, greift sich die Schere und schneidet sich damit leicht in die Haut ihres Unterarms. Da ihre Aufmerksamkeit nun auf die Schmerzempfindung gerichtet ist, setzt beinahe augenblicklich Entspannung ein und das Gefühl, in einem eigentlich äußerst turbulenten Moment wieder die Kontrolle zu haben.

Wer einen Suizidversuch hinter sich hat oder den Wunsch äußert, sich umzubringen, leidet unter unerträglichen seelischen Schmerzen und will dem ein Ende setzen. Es kann aber auch ein verzweifelter Hilfeschrei sein. In beiden Fällen sollten Sie die wichtige Botschaft heraushören und beherzigen: Ich kann so nicht weiterleben.

Hat ein Kind versucht, sich mit relativ harmlosen Mitteln das Leben zu nehmen (etwa mit einer ganz leichten Überdosis von Melatonintabletten), sagen seine Eltern oft verärgert, es wolle doch „bloß Aufmerksamkeit bekommen". Ihnen würde ich entgegnen: „Zum Glück teilt Ihr Kind Ihnen mit, dass es Ihre Aufmerksamkeit und Ihre Unterstützung braucht. Ganz gleichgültig, wie tödlich der Versuch gewesen ist – nehmen Sie ihn ernst und kümmern Sie sich um eine Therapie."

Über diese beiden Empfehlungen hinaus werde ich in diesem Buch nicht weiter auf das Thema Suizidversuch eingehen, denn dies ist immer ein Fall für die Therapie oder die Psychiatrie. Im Anhang ab Seite 183 gibt es eine Liste mit Ressourcen und Adressen, an die Sie sich wenden können. Informationen zum Umgang mit riskantem, impulsivem Verhalten finden Sie in Kapitel 10.

Zum Abschluss und auf den Punkt gebracht

Merken Sie sich Folgendes: Ein Trauma kann die Fähigkeit unserer Kids überstrapazieren, erfolgreich durchs Leben zu navigieren. Harmlose Stressfaktoren, die zuvor nicht der Rede wert waren oder höchstens ein wenig Unmut erzeugt hätten, können hysterische Tränenausbrüche oder rasende Wut auslösen. Vergessen Sie nicht, dass Ihr Kind ungeachtet seines atypischen Verhaltens weder lebenslang beschädigt ist noch Sie damit ärgern will. Kinder, die etwas Traumatisches erlebt haben, sind bestrebt, dieses Erlebnis so gut wie möglich zu verarbeiten und sich vor weiteren Traumata oder seelischen Schmerzen zu schützen. Wir sind für unsere Kinder verantwortlich, und deshalb müssen wir in jedem Fall auf sie eingehen, ihnen zusätzliche Unterstützung und die Aufmerksamkeit gewähren, die sie zu ihrer Heilung brauchen. Wenn Sie diese Botschaft beherzigen, werden Sie sich trotz aller Verhaltensänderungen besser um Ihr Kind kümmern können, sodass es sich mit seiner posttraumatischen Belastung nicht alleingelassen, sondern gut aufgehoben fühlt.

5. Traumatrigger

In diesem Kapitel erfahren Sie, was Trigger sind, wie sie sich im Alltag äußern, wie man angemessen auf sie reagiert, was es bedeutet, getriggert zu werden, weshalb traumatisierte Kinder getriggert werden und wie man sie dann am besten unterstützt. Wie in Kapitel 4 erklärt wurde, sind Traumatrigger unvermutet auftretende Reize, die körperliche Erinnerungen an furchterregende Erfahrungen auslösen. Selbst wenn das, was bei Ihrem Kind ursprünglich zu dem Trauma geführt hat, längst nicht mehr da ist, können irgendwelche Alltagsdinge bei ihm physiologische Veränderungen hervorrufen: Sein Atem geht schneller, es schwitzt, sein Herz klopft heftig. Dadurch kommen die Traumasymptome nicht zur Ruhe, sondern werden immer wieder von Neuem entfacht und versetzen Ihr Kind in Angst und Schrecken.

Wie Sie ebenfalls aus Kapitel 4 wissen, sind Verhaltensauffälligkeiten eigentlich relativ gesunde Bewältigungsmechanismen, da sie die Betroffenen vor Traumasymptomen schützen. Wurde ein Kind beispielsweise von einem anderen schikaniert und dadurch traumatisiert, dann kann es passieren, dass es durch die bloße Anwesenheit des Angreifers getriggert wird und vor ihm davonläuft, um sich vor weiteren Schikanen in Sicherheit zu bringen. Und vielleicht wird dann eine Mitschülerin, die nicht so sensibel reagiert, an seiner Stelle zum Opfer.

Hört das mit den Getriggert-Werden nicht auf, schadet das dem Kind, weil sein Leben immer enger wird. Stellen Sie sich das so vor: Würde Ihr Körper bei jedem harmlosen Reiz, zum Beispiel einem plötzlichen lauten Geräusch, von Stresshormonen überflutet, dann würden Sie jeden Tag Qualen leiden.

Wer ständig getriggert wird, hat zudem mehr negative Gedanken und Gefühle und tendiert vielleicht zu den im vorigen Kapitel beschriebenen Verhaltensauffälligkeiten (rastet beispielsweise aus oder igelt sich ein), um mit dem Zustand zurechtzukommen. Deswegen braucht Ihr Kind Hilfe im Umgang mit Triggern. Weniger Stressfaktoren erleichtern sein Leben und den Heilungsprozess.

Schauen wir uns nun einige konkrete Beispiele für Traumatrigger bei verschiedenen Altersstufen an:

Der fünfjährige Santi und seine Mutter hatten vor zwei Monaten einen Autounfall. Alle Beteiligten kamen mit leichten Verletzungen davon, doch Santi gibt seiner Mutter Anlass zur Sorge, weil er nicht mehr derselbe ist. Er steigt in kein Auto mehr und fleht sie an, ihn zu Fuß zur Schule zu begleiten, und sie gibt immer nach. Außer eines Morgens, als es gewittert. Da besteht sie darauf, ihn zu fahren. Sofort klagt er über Kopfschmerzen. Sie legt ihm die Hand auf die Stirn. Die ist kühl, aber schweißbedeckt. Sie verfrachtet ihn ins Auto, beim Anschnallen dreht und windet er sich. Irgendwo ertönt eine Hupe, er schreit. Seine Mutter schnauzt ihn an, er solle sich beruhigen und sich nicht wie ein Baby verhalten. Vor der Schule angekommen, steigt er aus, ohne sie auch nur eines Blickes zu würdigen. Als sie ihn nach der Schule wieder abholen kommt, spricht seine Klassenlehrerin sie an und erzählt ihr, Santi sei den ganzen Tag über ungewöhnlich still gewesen.

In diesem Fall sind Autofahrten und lautes Hupen die an den schrecklichen Unfall erinnernden Trigger. Da Santi sie sich für gewöhnlich vom Leib halten kann, ist sein Stress umso größer, wenn das einmal nicht möglich ist. Die achtlose Reaktion seiner Mutter auf sein getriggertes Verhalten begünstigt wahrscheinlich weitere posttraumatische Belastungssymptome in Form von Rückzug und Vermeidung, die seine Lehrerin als schlechte Laune interpretiert.

Die 14 Jahre alte Brittani wird bei einem Punkkonzert beim Tanzen vor der Bühne versehentlich niedergetrampelt. Sie kommt mithilfe ihrer Freund:innen zwar wieder auf die Beine, aber ihr ganzer Körper schmerzt. Sie hat ein blaues Auge, eine gebrochene Rippe und unzählige blaue Flecken. Die Verletzungen werden medizinisch behandelt, und als sie geheilt sind, denkt Brittani, es ginge ihr wieder gut. Ein paar Wochen später geht sie mit ihrer Familie zum Stadtfest, wo es in diesem Jahr viel voller ist als sonst. Sie stellt sich in eine lange Warteschlange vor dem Zuckerwattestand. Mit einem Mal empfindet sie die vielen Menschen um sich herum als erdrückend, bekommt Beklemmungen. Ihr Herz rast, und sie sucht verzweifelt nach dem nächsten Ausgang.

Das Gefühl, in einem Menschengewimmel zu stecken und nicht rauszukönnen, erinnerte Brittani körperlich an den schrecklichen Vorfall bei dem Konzert.

Der zwölfjährige Jacob muss wegen einer schweren Lebensmittelvergiftung in die Klinik. Der Krankenpfleger will ihm einen intravenösen Zugang für eine Infusion legen, hat aber Schwierigkeiten, die Vene zu finden, weil der Junge dehydriert ist. Immer wieder sticht er daneben. Jacob bekommt Angst, er dreht und windet sich, so lange, bis er schließlich von mehreren Mitgliedern des Pflegeteams fixiert wird. Das ist eine so furchtbare Erfahrung für ihn, dass er noch ein Jahr später keinen Fuß in eine Arztpraxis setzen mag. Und wenn seine Eltern es schaffen, ihn mit vorzeitigen Geburtstagsgeschenken dorthin zu locken, zappelt er kreidebleich, mit angstgeweiteten Augen und eiskalten Händen, unruhig im Wartezimmer herum.

Jacob kann das Horrorerlebnis im Krankenhaus nicht abschütteln. Sein Körper warnt ihn auf diese Weise vor der Wiederholung.

Was tun Sie, wenn Ihr Kind getriggert wird?

Wenn Kinder getriggert werden, vergisst man nur zu leicht, dass ihr Verhalten Teil eines unbewusst und automatisch ablaufenden physiologischen Prozesses ist. Sie sind aber weder „zu sensibel" noch wollen sie Ihre „Grenzen austesten". Es gibt verschiedene Möglichkeiten, die Häufigkeit und Intensität der Trigger zu verringern.

Grundlegende Reaktionen: Vor allem einfühlsam und verständnisvoll

Achtsam sein

Dass Santis Mutter bei dessen Traumareaktion der Geduldsfaden reißt, ist nachvollziehbar. Sein Geschrei auf dem Rücksitz ist wirklich nervtötend, zumal sie ja selbst von dem Autounfall betroffen ist. Wenn sie ihre Frustration jedoch an ihm auslässt, verschlimmert das womöglich die Situation nur noch weiter. Die Gefühle getriggerter Kinder kleinzureden oder über sie hinwegzugehen wirkt auf diese wie eine Schuldzuweisung. Infolgedessen schämen sie sich ihrer belastenden Emotionen und halten sie in Zukunft vor ihren Eltern verborgen. Daher ist es wichtig, nicht reflexartig zu reagieren. Holen Sie stattdessen tief Atem, nehmen Sie sich Zeit und überdenken Sie die Situation achtsam.

Anbieten, darüber zu sprechen

Bieten Sie Ihrem Kind an, über seine Gefühle zu sprechen, geben Sie ihm (wenn es das möchte) den Raum dafür und loben sie es anschließend für seine Offenheit. Stellen Sie Fragen wie zum Beispiel „Wie war das für dich?" und kommentieren Sie das Verhalten Ihres Kindes, etwa so: „Mir ist aufgefallen, dass du nervös geworden bist, als der Hund dir zu nahe kam." So würde Brittanis Vater etwa Folgendes sagen: „Puh, das war richtig eng in der Schlange vor der Zuckerwatte, was?"

Unterstützung gewähren

Machen Sie Ihrem Kind nach dem Gespräch klar, dass Sie an seiner Seite stehen. Manchmal hilft eine Umarmung, manchmal Zuspruch. Probieren Sie verschiedene Varianten aus und schauen Sie, was am besten passt. Jacobs Mutter zum Beispiel versucht es mit verbaler Unterstützung und sagt im Wartezimmer: „Ich bin ja da, ich lass dich nicht allein."

Angst als normal darstellen

Sie brauchen nicht so zu tun, als ob Sie alles stoisch ertragen. Falls Sie einmal selbst Angst haben oder nervös sind – etwa vor Ihrer nächsten Präsentation in der Firma –, dann stehen Sie ruhig dazu und erklären Sie es Ihrem Kind auf altersgerechte Weise. Santis Mutter zum Beispiel würde ihrem Sohn sagen, dass sie sich in der ersten Zeit nach dem Unfall nur ungern hinters Steuer wagt.

Wenn die grundlegenden Reaktionen nicht anschlagen

Sie haben die oben genannten Ratschläge beherzigt, und dennoch lassen die intensiven Traumatrigger nicht nach? Oder sie treten im Gegenteil sogar noch häufiger auf? Dann ist therapeutische Hilfe angezeigt. Damit diese gut anschlägt und auch zu Hause weiterwirkt, können Sie zwischen den Sitzungen Folgendes tun.

Feste Gewohnheiten etablieren

Sich an einen bestimmten Tagesablauf zu halten wirkt auf traumatisierte Kinder stressmindernd und steigert ihr Wohlbefinden. Trigger tauchen oft wie aus heiterem Himmel auf, und dem kann eine feste Tagesstruktur entgegenwirken. Außerdem bekommen Kinder ein gewisses Gefühl der Kontrolle und Planbarkeit, wenn sie wissen, was sie am Tag erwartet.

Der Sache auf den Grund gehen

Ein Kind erkennt nicht unbedingt, was seine traumatische Erfahrung, die in der Vergangenheit liegt, mit seinen Beschwerden in der Gegenwart zu tun hat. Sie als erwachsene Person können den Zusammenhang aber herstellen. Behalten Sie Ihr Kind im Auge und schreiben Sie auf, wenn es getriggert wird, und sollten sich diese Situationen häufen, führen Sie Tagebuch.

In einer Sitzung bei mir bemerkte eine Mutter einmal im Beisein ihrer Tochter, diese würde immer Dienstagabend auf ihr Handy schauen und aus unerklärlichen Gründen in eine Art Untergangsstimmung verfallen. Gemeinsam überlegten wir, wieso es ausgerechnet dann passierte und nicht an den anderen Wochentagen. Dann rückte die Tochter damit heraus, dass am Dienstag der Fußballabend an der Schule war, wo sie eigentlich immer gern hinging. Aber neulich sei ein Spieler sexuell übergriffig geworden, und seitdem hielt sie sich fern davon. Das ärgerte sie doppelt, denn erstens entging ihr dadurch eine Gruppenunternehmung, an der ihr eigentlich viel lag, und zweitens fühlte sie sich von ihren Freundin:innen verraten, die weiterhin hingingen. Wenn sie sich dann auf dem Handy die fröhlichen Posts anschaute, triggerte das unweigerlich Erinnerungen an die Spieler, auch an den, der sie bedrängt hatte.

Der Tochter war nicht bewusst, dass und wodurch sie getriggert wurde. Wenn Sie sich jetzt einmal in die Rolle der Mutter versetzen würden, könnten Sie hier ein Muster erkennen und sich überlegen, wie Sie Ihr Kind an Dienstagabenden künftig unterstützen können. Die Therapeut:in in Ihre Erkenntnisse einzuweihen wäre auch eine gute Idee.

Einen Geheimcode verabreden

Einmal hatte ich eine Patientin, die von einem Nachbarjungen krankenhausreif geschlagen worden war. Die Polizei wurde eingeschaltet, stellte die Ermittlungen jedoch ein, und der mutmaßliche Täter kam straffrei davon. Für das Opfer hingegen war der Fall nicht abgeschlossen. Dauernd lief dem Mädchen der Täter über den Weg, zum Beispiel beim Einkaufen, und jedes Mal bekam es Panik. Ihre Mutter verstand diese Panikattacken nicht. Sie suchte ihre Tochter zu beruhigen und lenkte unbeabsichtigt nur noch mehr Aufmerksamkeit auf sie, die sich am liebsten in der Ecke hinter den Konservendosen verkrochen hätte. Stattdessen zerrte ihre Mutter sie vor die Tür. In unserer Therapiesitzung verabredeten wir einen Geheimcode, den sie immer dann verwenden würde, sobald sie den Jungen irgendwo sah.

Das können Sie auch tun. Wählen Sie irgendein Wort, zum Beispiel „Tomate“ oder ein anderes Signal, und stellen Sie gemeinsam eine Art Rettungsplan auf. Wird Ihr Kind weiterhin getriggert (etwa durch einen Knall), obwohl es sich in Sicherheit befindet, hilft es ihm, wenn es keine ausführliche Erklärung für den komplizierten Prozess in seinem Inneren abzugeben braucht, sondern sich mit einem einzigen simplen Wort ausdrücken kann.

Biohacking

Hinter diesem etwas provokanten, aber zunehmend populären Begriff verbergen sich Methoden, wie man Körper und Geist so manipulieren kann, dass sie besser funktionieren, wie zum Beispiel die seit Langem in der Psychotherapie verwendete Stressregulierung in Form von geläufigen Übungen, die der Entspannung und der Erdung dienen. Sie sind einfach, aber überraschend effektiv, und manche eignen sich durchaus auch für Kinder, weil diese so lernen, in Triggersituationen ihre parasympathische Reaktion (also ihr „Kühlsystem“) zu aktiveren.

Dabei sollten Sie unbedingt Folgendes beachten: Erstens passt nicht jede Technik für jede Person. Wählend Sie ein oder zwei aus, die Ihr Kind gern macht und die ihm leichtfallen. Zweitens lernt man in Triggersituationen nicht gut. Damit Ihr Kind im Notfall problemlos und zuverlässig auf die Methode zugreifen kann, muss es sie regelmäßig üben. Drittens brauchen Kinder zum Lernen eine ruhige Umgebung, in der sie sich geborgen fühlen. Empfindet Ihr Kind den Ort als bedrohlich, sollten Sie woanders hingehen oder zu Hause bleiben. So würde ich mit dem Mädchen aus dem letzten Beispiel nirgendwo hingehen, wo sie dem Täter begegnen könnte.

Und schließlich geht es nicht allein um effektive Methoden. Das Wichtigste ist, dass Sie hier mit Ihrem Kind etwas zusammen machen und so die Beziehung fördern. Alle Strategien, die im Folgenden beschrieben werden, kann man sehr gut auch allein durchführen. Für das Kind ist es jedoch besser, sie mit denjenigen zu üben, zu denen sie eine sichere Bindung haben.

Hier nun einige Beispiele für eingängige „Biohacking“-Strategien, die helfen, wieder festen Boden unter den Füßen zu bekommen und sich zu beruhigen.

5-4-3-2-1

Mit dieser Übung kann man sich, egal wie alt man ist, wieder in den gegenwärtigen Augenblick versetzen, und zwar ohne über Vergangenes nachzugrübeln oder sich Sorgen um die Zukunft zu machen. Beides löst bei Erwachsenen wie Kindern Stress aus. Hier eine schrittweise Anleitung:

1. Sagen Sie Ihrem Kind, es soll sich umschauen und fünf Dinge nennen, die es **sehen** kann. Geben Sie zum besseren Verständnis ruhig ein paar Beispiele: „Ich sehe deine grünen Schuhe, den Bilderrahmen, meine alte Teetasse, den Kaktus und den Wuschelteppich.“
2. Dann soll es vier Dinge nennen, die es **spüren** kann. Beispiele: „Ich spüre mein weiches T-Shirt, meine feuchten Haare auf den Schultern, meine Brille auf der Nase und den juckenden Mückenstich an meinem Knie.“
3. Dann soll es drei Dinge nennen, die es **hören** kann. Beispiele: „Ich höre den Klang meiner eigenen Stimme, das hupende Auto draußen und das Summen des Ventilators.“
4. Dann soll es zwei Dinge nennen, die es **riechen** kann. Beispiele: „Ich rieche die Kerze und mein Parfüm.“
5. Und zum Schluss soll es eine Sache nennen, die es **schmecken** kann. Beispiel: „Ich kann die Zahnpasta schmecken, die ich vorhin benutzt habe.“

Sobald Ihr Kind die fünf Schritte gelernt hat, können Sie sie mit ihm zusammen überall dort ausführen, wo es getriggert wird: im Auto, zu Hause, im Freien, im Restaurant, im Supermarkt, bei Verwandten oder bei Freunden. Tun Sie das so lange mit Ihrem Kind zusammen, bis es allein klarkommt. Viele meiner kleinen Patient:innen machen 5-4-3-2-1 im Stillen, wenn sie in der Schule oder bei einem Ausflug Panik bekommen.

Körperscan

Wie 5-4-3-2-1 eignet sich der Körperscan nicht nur für alle Altersstufen, sondern verbindet ebenfalls mit der Gegenwart und wirkt deshalb stressmindernd. Kindern können Sie die folgenden Anweisungen vorlesen. Jugendliche (siehe Kasten S. 90), die es vielleicht nicht so spannend finden, sich hinzulegen und Ihnen zuzuhören, können den Körperscan ganz leicht allein mithilfe von Internetvideos machen. Erweist sich der Körperscan als hilfreich, erstellen Sie eine Tonaufnahme der Anweisungen, damit Ihr Kind auch dann darauf zugreifen kann, wenn Sie nicht da sind. Eine gute Übungszeit ist vor dem Zubettgehen, wenn Ihr Kind sowieso schon gemütlich daliegt und weniger abgelenkt ist.

Der Körperscan: Anleitung

Setz dich auf einen Stuhl, mit den Händen auf den Oberschenkeln. Oder leg dich auf den Rücken (z. B. auf ein Sofa oder Bett), die Arme neben deinem Körper. Schließ die Augen. Atme tief durch die Nase ein … und wieder aus durch den Mund.

Achte mal auf deine Hände. Kannst du sie spüren? Wie fühlen sie sich an? Stell dir vor, wie dein Atem durch die Arme hindurch bis in die Fingerspitzen hineinfließt, und dann lass ihn langsam wieder hinausströmen.

Und nun richte deine Aufmerksamkeit auf deine Arme. Wie fühlen sie sich an? Atme wieder tief durch die Nase ein und schick deinen Atem die Arme hinunter.

Wie fühlt sich dein Kopf an? Was spürst du in deinem Nacken? Merkst du auch deine Schultern? Stellt dir vor, du holst tief Atem durch die Nase und er füllt deinen ganzen Kopf aus, auch das Gesicht, dann den Hals, den Nacken und die Schultern. Und dann atmest du durch den Mund wieder aus.

Richte deine Aufmerksamkeit nun auf die Mitte deines Körpers. Was spürst du in deiner Brust, in deinem Zwerchfell, in deinem Magen? Hol tief Atem durch die Nase und stell dir vor, wie du ihn bis in deinen Bauchnabel schickst. Und dann atmest du schön langsam durch den Mund aus.

Wie sieht es mit deinen Beinen aus? Was empfindest du in deinen Oberschenkeln? Deinen Knien? Deinen Unterschenkeln? Hol tief Atem durch die Nase und stell dir vor, wie du ihn der ganzen Länge nach durch deine Beine schickst. Atme aus durch den Mund.

Und schließlich konzentrierst du dich auf deine Füße und deine Zehen. Wie fühlen sich die an? Hol tief Atem durch die Nase und stell dir vor, wie du ihn die Beine hinunter bis in die Fußspitzen schickst. Und dann atmest du schön langsam durch den Mund wieder aus.

Rebellische Pubertierende

Bei einem getriggerten Kind schlagen Sie mit Entspannungsübungen sogar gleich zwei Fliegen mit einer Klappe, weil Sie damit nicht nur seine körpereigene Entspannungsfähigkeit aktivieren, sondern mit Ihrer Anwesenheit und Nähe auch sein inneres Chaos beruhigen. Ein Teenager hingegen wird sich wahrscheinlich erst gar nicht darauf einlassen, denn dies würde seinem für diese Entwicklungsphase nur natürlichem Unabhängigkeitsbestreben zuwiderlaufen (mehr dazu in Kapitel 10). So lautet mein Rat an die Eltern: Wenn Ihre pubertierenden Kinder dagegen rebellieren, gemeinsam mit Ihnen zu üben, dann zwingen Sie sie nicht. Wenn sie offen sind für Übungen wie den Körperscan oder progressive Muskelentspannung, dabei aber lieber allein sind – betrachten Sie das als Erfolg. Je mehr Sie Teenager zu etwas zwingen wollen, desto stärker werden Sie sich gegen Sie und Ihre Methoden sperren, sowohl demonstrativ ablehnend als auch subtil widerwillig.

Zwerchfellatmung

Eine Übung, die ich besonders gern in der Therapie anwende, ist die Zwerchfellatmung, auch tiefe Bauchatmung genannt. Getriggerte Kinder atmen schneller. Ihre Atemzüge sind nicht lang und entspannt, sondern kurz und flach, und reichen nur bis in die Brust hinein, was die Kampf-Flucht-Erstarrungsreaktion des sympathischen Nervensystems noch stärker aktiviert. Beschleunigter Atem macht also mehr Angst, nicht weniger. Dagegen hilft die Zwerchfellatmung. Damit sie gut funktioniert und effektiv ist, beachten Sie bitte die folgenden zwei Regeln:

1. Es sollte immer durch die Nase ein- und durch den Mund ausgeatmet werden. Das ist wichtig, da man bei Angst mehr Sauerstoff einatmet, als man wieder ausatmet. Vielleicht kennen Sie das ja, wenn jemand aus Nervosität hyperventiliert und dann eine Zeit lang in eine Tüte hineinatmet, um den Sauerstoffgehalt im Blut zu verringern. Durch die Nase ein- und durch den Mund wieder auszuatmen hat den gleichen Effekt: Es geht mehr Sauerstoff heraus als herein.

2. Es sollte nicht in die Brust, sondern weiter unterhalb in die Zwerchfellregion geatmet werden, d.h. in den Bereich oberhalb des Bauchnabels. Zeigen Sie Ihrem Kind, wo das ist. Legen Sie ihm ein Stofftier (oder irgendetwas anderes) auf den Bauch, damit es beobachten kann, wie es sich im Atemrhythmus auf und ab bewegt. Am besten machen Sie es vor. Übertreiben Sie ruhig, dann ist es deutlicher.

Auch diese Übung passt für alle Altersstufen. Sie wird zudem in der Geburtsvorbereitung eingesetzt und eignet sich auch als tägliches Einschlafritual, weil Ihr Kind dadurch zur Ruhe kommt. Da sie sehr beliebt ist, ist es normalerweise die erste Übung, die ich zeige. Wenn Sie sie zum ersten Mal machen, belassen Sie es vorerst bei einer Minute. Sobald sich Ihr Kind daran gewöhnt hat und sich wohlfühlt, können Sie sie auf zwei oder drei Minuten verlängern.

Jugendliche werden wahrscheinlich lieber ihr Handy nehmen und eine Meditations-, Atem- oder Entspannungs-App nutzen (siehe auch die Liste mit Ressourcen am Ende des Buchs).

Achtsames Gehen

Für gewöhnlich betrachten wir das Gehen als ein Mittel zum Zweck: um vorwärtszukommen. Wenn wir es aber achtsam tun, hilft uns das bei der Bewältigung schwieriger Situationen. Wie bei den anderen vorgestellten Entspannungsmethoden zeigt man sie am besten vor der Konfrontation mit dem Trigger. So könnten Sie zum Beispiel regelmäßig zweimal die Woche achtsam mit Ihrem Kind von der Schule nach Hause gehen.

Die Übung eignet sich für alle Altersstufen, wobei jüngere sie zusammen mit anderen Kindern oder Erwachsenen machen und ältere auch allein.

- Fragen Sie Ihr Kind, wie sich sein Körper anfühlt. Schwer und träge oder leicht und voller Energie? Fühlt er sich warm an, weil die Sonne scheint? Oder kühl, weil es regnet und windig ist?
- Sprechen Sie darüber, wie es ist, einen Schritt vor den anderen zu setzen.
- Was sieht Ihr Kind? Vielleicht ein Haus mit einer lustigen Tür? Spannende Bäume? Interessante Straßenschilder?
- Was hört Ihr Kind? Raschelndes Laub? Autohupen?
- Kann es etwas riechen?

Progressive Muskelentspannung

Bei der natürlichen Stressreaktion spannen sich die Muskeln an. Um eine Tiefenentspannung zu erreichen, werden einzelne Muskelgruppen bewusst angespannt und wieder locker gelassen. Bei Drei- bis Achtjährigen nutzt man die Fantasie der Kinder, ältere ziehen vielleicht Videos und Apps vor.

Wie bei den anderen Methoden sollte Ihr Kind auch mit dieser bereits vertraut sein, wenn es in Ihrer Abwesenheit von einem Trigger konfrontiert wird. Stellen Sie sich einen Schüler vor, der während des Unterrichts getriggert wird, vor lauter Panik aber seine Bauchmuskeln nicht findet, oder ein Mädchen, das in einem fremden Haus übernachtet und zitternd vor Angst das erste Mal versucht, ihre Zehenspitzen in Richtung Schlafsackende zu biegen.

Kinder üben die progressive Muskelentspannung am besten zu Hause: beim Chillen nach der Schule, während einer Pause von den Hausaufgaben oder vor dem Schlafengehen. Da aber die Sequenz nicht länger als fünf Minuten dauert, kann man sie im Grunde an jedem beliebigen Ort machen, ganz unauffällig: im Auto, im Schwimmbad, auf dem Schulhof oder in der Cafeteria.

Jugendliche, die vielleicht weniger geneigt sind, sich an eine bestimmte Abfolge zu halten, können auch einfach so ihre Hauptmuskelgruppen mehrere Sekunden lang anspannen und wieder loslassen.

Progressive Muskelentspannung: Anleitung

Stell dir vor, du willst dir vor dem Schlafengehen die Zähne putzen, aber die Zahnpastatube ist fast leer. Damit du das letzte Bisschen herauskriegst, musst du richtig doll quetschen. Nimm die Tube in deine linke Hand und drück zu, so fest du kannst! Ein bisschen Zahnpasta ist schon zu sehen. Drück noch fester! Da – das reicht. Jetzt kannst du wieder locker lassen. (Anschließend machen Sie das Gleiche mit der rechten Hand.)

Stell dir vor, wir hätten bei einem Pantomimespiel das Wort „sauer" gezogen und müssten es so darstellen, dass die anderen es erraten. Wie machen wir das? Wir verziehen das Gesicht zu einer Grimasse. Wir kneifen es ganz fest zusammen, als hätten wir eine Zitrone im Mund. Hey, das sieht schon ganz gut aus! Feste, feste, feste! Ja, so ist es gut, jetzt hast du den anderen gezeigt, wie sauer aussieht.

Stell dir vor, die Sonne scheint und du liegst auf einer Wiese. Plötzlich hörst du ein Bellen. Du schaust auf und siehst einen Bernhardiner (oder irgendeinen anderen großen Hund) mit Karacho auf dich zugestürmt kommen, so schnell, dass dir gar keine Zeit bleibt, ihm auszuweichen und aufzuspringen. Gleich springt er dir auf den Bauch! Also machst du dich so hart wie ein Brett, spannst alle Muskeln an, damit es nicht wehtut, wenn er über dich drüber trampelt. Da ist er auch schon! Zack – das sind die Vorderpfoten! Wamm – die Hinterpfoten! Bleib noch einen Moment so. Toll machst du das! Jetzt ist es vorbei. Du kannst dich entspannen.

Nun stehst du auf warmem, weichem Sand – zum Beispiel am Strand – und willst deine Füße einbuddeln, ohne deine Hände oder irgendetwas anderes zu Hilfe zu nehmen. Mit aller Kraft gräbst du deine Zehen in den Sand und spannst dabei deine Beine an. Gut machst du das! Immer tiefer schieben sich deine Zehen hinein. Spürst du sie? Sehen kannst du sie jedenfalls nicht mehr, sie sind schon ganz verbuddelt. Prima! Und jetzt kannst du deine Zehen wieder herausziehen und dich entspannen.

Visualisierung

Wie die anderen Methoden dient auch die Visualisierung zur Entspannung und dazu, seine Mitte wiederzufinden. Überdies vereint sie aber die besten Elemente aus allen Übungen. Geleiten Sie Ihr Kind in der Vorstellung an einen Ort, der Ruhe und Frieden ausstrahlt, und wenn es dort angekommen ist, erkundigen Sie sich nach seinen Sinnesempfindungen. Jugendliche, die ihre Sinnesempfindungen lieber für sich behalten wollen und sich vielleicht ausgefragt fühlen, könnten aufschreiben oder mit dem Handy aufnehmen, was sie riechen, hören, spüren, sehen und schmecken.

Therapeut:innen folgen meist einem bestimmten Skript, zum Beispiel dem Folgenden, das ich normalerweise verwende.

Visualisierung mit Kleinkindern

Als Erstes suchen wir uns einen sicheren Ort. Stell dir vor, wir sind am Meer oder an einem See. Der Wind bläst dir die Haare nach hinten. Wir ziehen die Schuhe aus und bohren unsere Zehen in den Sand. Er fühlt sich warm an und weich. Wir setzen uns hin und schauen auf das schöne klare Wasser, die sich kräuselnden Wellen mit weißen Schaumkronen. Kein Mensch ist hier, nur wir beide. Wir legen uns hin, auf den Rücken, atmen tief durch die Nase ein und durch den Mund wieder aus. Wir schauen in den Himmel, da ist keine einzige Wolke, nur strahlendes Blau. Die Luft ist frisch, und es riecht gut hier. Wir lauschen den Wellen, sie plätschern vor sich hin, kommen ganz nahe an uns heran, eine nach der anderen.

Jugendliche machen solche Visualisierungen wahrscheinlich lieber allein und nutzen dafür Apps oder Podcasts (siehe Tipps am Ende des Buchs).

Das Gelernte im alltäglichen Umgang mit Triggern anwenden

In der Theorie klingen diese Methoden wirklich toll, aber in der Praxis gilt es Einiges zu beachten, bevor man sie im Alltag einsetzt, etwa dass man sie Kindern nicht beibringen sollte, wenn sie sich inmitten einer Triggersituation befinden und ihr denkendes Gehirn vorübergehend Sendepause hat. Würde man mit Santi (siehe Beispiel Seite 82 f.) im Auto 5-4-3-2-1 üben wollen, wäre das ziemlich kontraproduktiv, weil er in diesem Moment nicht gut lernen könnte. Deswegen übt seine Mutter das mit ihm, wenn sie ihn zu Fuß von der Schule abholt oder zu Hause, vorausgesetzt, er ist einigermaßen bei Laune. Dann kommt sie an ihn heran, kann seine Gefühle rückbestätigen und mit ihm eine neue Übung ausprobieren.

In dem folgenden Szenario sitzen die beiden zu Hause:

MOM: Ich laufe gerne mit dir zur Schule. Aber heute Morgen hat es einfach zu stark geregnet.
SANTI: Ich hasse das Auto! Ich gehe nur noch zu Fuß.
MOM: Das verstehe ich ja – geht mir genauso. Kann es sein, dass du heute Morgen im Auto ganz schön viel Angst hattest?
SANTI: Ja, Autofahren ist total ätzend! Es könnte ein Unfall passieren.
MOM: Ich weiß ja, Spatz. Es macht dir Angst. Nach dem, was uns neulich passiert ist, ist das auch völlig normal. Wenn ich Angst habe, spiele ich ein Spiel, das 5-4-3-2-1 heißt. Es entspannt mich. Als Erstes nenne ich ganz schnell fünf Dinge, die ich sehen kann. In diesem Moment sehe ich meine weiße Tasse, deine knallorangenen Schuhe, meine große Handtasche, das grüne Gras draußen vor dem Fenster und unseren runden Esstisch. Und du? Welche fünf Dinge kannst du gerade sehen?
SANTI: Ich sehe meinen Rucksack, deine blaue Brille, den Boden, meine Hände und den Teller da.
MOM: Super machst du das! Als Nächstes achte ich auf vier Dinge, die ich spüren kann. In diesem Moment spüre ich den weichen Stoff von meinem Kleid, das Armband an meinem Handgelenk, einen juckenden Mückenstich und die Kuschelsocken an meinen Füßen. Und du? Welche vier Dinge kannst du spüren?
SANTI: Die Zahnspange, wie sie an meine Lippen drückt, meine Shorts, mein T-Shirt und meine neuen Schuhe.
MOM: Toll! Und nun spitze ich die Ohren und horche auf drei Dinge, die ich hören kann. Da ist das Brummen des Ventilators hier drinnen, das Rattern eines Rasenmähers in der Ferne und das Zwitschern der Spatzen auf den Bäumen vor unserem Haus. Und welche drei Dinge kannst du gerade hören?
SANTI: Auch den Rasenmäher. Und den Müllwagen und auch den Ventilator.

MOM: Und jetzt versuchen wir, zwei Dinge zu riechen. Was ich gerade riechen kann, sind die Blumen, die vor uns auf dem Tisch stehen, und dein Haarshampoo. Und du?

SANTI: Ich kann mein Haarshampoo nicht riechen. Dafür rieche ich deins und auch die Blumen.

MOM: Ja, die riechen wir beide. Und als Letztes versuche ich etwas zu schmecken, aber nur eine Sache. Ich habe noch den Geschmack von dem Kaugummi im Mund, den ich vorhin gekaut habe. Und du?

SANTI: Ich schmecke nichts.

MOM: Ja, das ist auch schwierig. Ich kann dir aber etwas zum Schmecken geben. Willst du ein Minzbonbon? Prima. Du hast das so gut hingekriegt mit dem 5-4-3-2-1, dass wir das jetzt jedes Mal machen können, wenn wir nervös sind, uns Sorgen machen oder Angst haben. Es wirkt so beruhigend.

Acht Tage später regnet es wieder in Strömen, und die Mutter will Santi zur Schule fahren. Beim Losfahren wirft sie einen Blick in den Rückspiegel und sieht, wie Santi nervös wird und herumzappelt. Das kennt sie schon: Es braucht nur ein Bremsenquietschen oder Hupen, und er rastet aus.

MOM: Santi, du bis ja nervös.

SANTI: (Keine Antwort)

MOM: Nicht wahr – das ist richtig gruselig, Auto zu fahren, nach dem Unfall neulich. Wie wär's mit einer Runde 5-4-3-2-1? Magst du? Ich fang an.

Jacobs Mutter wiederum überlegt sich etwas Nettes für die Zeit unmittelbar nach dem Arzttermin. Da ihr Sohn so gerne Eis isst, könnten sie hinterher in seine Lieblingseisdiele gehen. Diese visualisiert sie, als Jacob im Wartezimmer nervös wird:

„Okay, wir machen jetzt die Augen zu und stellen uns vor, wie wir bei La Dolce Vita am Park Eis essen gehen. Da ist die lange weiße Theke mit den vielen Eissorten: Haselnuss, Pistazie, Stracciatella – alle sehen so lecker und kremig aus. Und nicht zu vergessen die Toppings: einfach traumhaft! Was haben wir? Die poppigen Regenbogenstreusel, Gummibärchen und Schokokrossis – die magst du ja am liebsten. Sehen auch extraknusprig aus heute. Am Ende der Theke steht die Vitrine. Da sind Eisblumen auf dem Glas, und dahinter stehen die köstlichen Eistorten. Jetzt atme tief durch die Nase ein. Riechst du, wie süß die Waffeln duften? Mmmmh. Um dich herum hörst du andere Kids lachen. Sie freuen sich, dass sie hier sind.

Der Vater von Brittani, die ja schon älter ist, plant, sich mit ihr in eine Menschenmenge zu begeben, vor der sie Angst hat. Um sie seelisch darauf vorzubereiten, sagt er: „Das könnte ganz schön voll werden heute Abend. Solltest du merken, dass du nervös wirst, gib mir ein Zeichen, zum Beispiel so, mit einem Kopfnicken. Dann gehen wir zur Toilette und machen eine Atemübung oder wir gehen irgendwo hin, wo es weniger voll ist, und kaufen uns etwas zu essen." Vielleicht lässt sich Brittani nicht darauf ein – zumindest hat sie aber den Vorschlag gehört. Falls sie später Panik bekommt und dem Ausgang zustrebt, könnte ihr Vater Blickkontakt mit ihr aufnehmen, mit einer fragenden Geste auf die Armbanduhr zeigen und ihr damit signalisieren, dass er ihr bei Bedarf zur Seite steht und ihr hilft, sich zu beruhigen. Diese diskrete, unauffällige Vorgehensweise kommt bei Jugendlichen in der Regel besser an als das demonstrativ fürsorgliche An-die-Hand-Nehmen, wie es etwa Santis Mutter tut.

Je stärker Ihr Kind unter Stress steht, desto schwieriger wird es, die Methoden anzuwenden. Deswegen darf man sie nur in unverfänglichen oder wenig belastenden Situationen üben – also auf gar keinen Fall bei Alarmstufe Rot. Was ist aber, wenn genau das geschieht, wenn Ihr Kind so sehr in Bedrängnis gerät, dass es sich unmöglich auf die Beruhigungsmethode konzentrieren kann? Stellen Sie sich Santi vor, der von seiner Mutter zur Schule gefahren wird. Was würden Sie an ihrer Stelle tun, wenn jemand hinter Ihnen auf Ihr Auto auffährt? Das Beste, was Sie machen könnten, wäre, ihm körperlich nahe zu sein und ihm (wenn das gefahrlos möglich ist) ihre ganze Aufmerksamkeit zu schenken. Bleiben Sie bei ihm, bis er sich beruhigt hat, aber ohne eine der oben genannten Übungen anzuwenden – Ihre beruhigende Gegenwart wirkt besser als jede Entspannungsmethode.

Zum Abschluss und auf den Punkt gebracht

Der Körper des Menschen fasziniert mich immer wieder, besonders aber, da ich ja Psychologin bin, unser Gehirn. Ohne dass wir es merken, tut es alles, um uns zu schützen. Werden wir getriggert, arbeiten Geist und Körper als Team im Interesse unserer Sicherheit. Aber genau wie überfürsorgliche Eltern können sie zu viel des Guten tun und selbst die resilientesten Traumaüberlebenden in die Knie zwingen. Mithilfe der in diesem Kapitel vorgestellten Methoden können Sie Ihr Kind zuversichtlich an den Triggern vorbeinavigieren. Machen Sie ihm deutlich, dass es ganz normal reagiert. Und dass es etwas gibt, das Sie gemeinsam tun können, damit es ihm besser geht.

Teil III

Mit Verhaltens-auffälligkeiten umgehen

6. Wenn Kinder hochemotional und für ihr Alter unreif reagieren

Ich habe das Privileg, therapeutisch mit Menschen zu arbeiten, die beruflich Tag für Tag ihr Leben aufs Spiel setzen, weil sie einem SEK angehören, bei Geiselnahmen und Entführungen verhandeln oder sich ehrenamtlich in einer Wasserrettungsorganisation engagieren. Ihre Tätigkeit hat sie im Lauf der Jahre körperlich und geistig immens gestärkt. Sie werden mit Schießereien und Wirbelstürmen fertig – taffer kann man eigentlich nicht sein. Aber auf ihre Posttraumatische Belastung – ob sie nun berufsbedingt ist oder nicht – sind sie nicht vorbereitet, denn sie ist äußerst heimtückisch.

Traumata zu überleben und zu bewältigen ist kein Spaziergang, auch nicht für harte Kerle. Wie schwer das dann für die kleinen Stöpsel sein muss, die quasi gerade erst Laufen gelernt haben, können Sie sich denken. Wer sich sowieso noch nicht so gut beherrschen kann und dann noch dazu traumatisiert wird – durch einen Autounfall, körperliche Misshandlung oder eine tödliche Krankheit –, hat es doppelt schwer.

Immer wieder treffe ich auf Eltern, die alarmiert sind, wenn das nette und gut angepasste Verhalten ihres Sprösslings nach einem Trauma bröckelt. Kein Wunder, schließlich hat das Kind etwas Schreckliches erlebt, das ihm immer noch zu schaffen macht. Man weiß das. Aber wie geht man am besten damit um? Das weiß man nicht unbedingt. Was tut man denn, wenn eine Bagatelle wie die morgendliche Autofahrt zur Schule plötzlich Anlass für Tränen gibt oder wenn ein Sonnenscheinkind zum Quengler mutiert? Es ist nicht so leicht mitanzusehen, wenn eigentlich zufriedene Kinder „anstrengend" werden oder robuste dünnhäutig reagieren. Denn wie werden sie ihr Leben meistern, wenn sie unausgeglichen und schwach sind?

Wie die anderen bereits besprochenen Aspekte der Traumareaktion gehört auch Emotionalität ganz normal zum Heilungsprozess dazu. Es handelt sich um eine durchaus gesunde Art der Stressbewältigung. „Anstrengende" Kinder verhalten sich so, weil sie eben mehr Unterstützung brauchen.

Nach einer traumatischen Erfahrung schreien Kinder buchstäblich nach Nähe und Verbundenheit. Wenn Ihr Kind nach Ihnen verlangt, sollten Sie das als Kompliment verstehen. Die Beziehung zwischen ihnen beiden scheint gut zu sein. Ihr Kind empfindet Sie als einen sicheren Ort, der ihm in schwierigen Momenten Unterschlupf und heilsamen Trost gewährt.

Kinder, die die Beherrschung verlieren, lösen Unbehagen aus. Es ist jedoch viel besser, wenn sie ihren Kummer emotional ausdrücken, als wenn sie ihn in sich vergraben. Haben sie jedoch das Gefühl, nicht um Hilfe schreien zu dürfen, werden Sie sich zurückziehen und ihre Gefühle unterdrücken, sie schlimmstenfalls mit Alkohol und anderen Drogen zu betäuben versuchen oder sogar ihr Leben gefährden.

Um noch einmal das Bild aus Kapitel 4 aufzugreifen: Manche Kinder lassen ihren traumabedingten emotionalen Schmerz wie einen aufgeblasenen Strandball auf dem Wasser treiben, während andere, die sich das nicht trauen und ihn stattdessen unter Wasser gedrückt halten, im Stillen leiden, bis es nicht mehr geht, sie ihn nicht mehr im Griff halten können und er leider völlig querschießt.

Manche Therapeut:innen bezeichnen diese hohe Emotionalität als „regressives Verhalten", das heißt, als einen Rückfall auf eine frühere Entwicklungsstufe. Dieser in jedem Lebensalter normale Abwehrmechanismus gegen starken Stress äußert sich bei Kindern in Form bereits abgelegter Verhaltensweisen wie Weinen, Quengeln, Daumenlutschen, Bettnässen oder Trennungsangst. Ein derart regressives Verhalten haben Sie vielleicht auch in anderen Situationen beobachten können, die zwar positiv, aber gleichzeitig auch belastend sind, beispielsweise nach der Geburt eines Geschwisters oder bei der Einschulung.

Alle regressiven Verhaltensweisen sind Teil des normalen, natürlichen Traumaheilungsprozesses. Und trotzdem sind Erwachsene davon genervt. Verständlich, denn jede neue Entwicklungsstufe ist ein hart erkämpfter Meilenstein. Wie viele fleckige, ruinierte Teppiche und Kleidungsstücke pflastern den Weg bis aufs Töpfchen? Da ist es niederschmetternd, den Fortschritt derart krachend in die Brüche gehen zu sehen. Vielleicht ist da auch die Angst, dass sich Ihre Kids nie mehr weiterentwickeln, in ihrem Wachstum behindert sind und immer hinterherhinken werden. Keine Sorge, das ist absolut nicht der Fall.

Einmal hatte ich eine siebenjährige Patientin, die schon seit fünf Jahren keine Windeln mehr brauchte und nach einer belastenden Erfahrung – sie war von ihrem Klavierlehrer sexuell missbraucht worden – mehrmals in die Hose gemacht hatte. Ihre Eltern waren außer sich. Bevor sie zu mir kamen, hatten sie überlegt, ihre Tochter aus der Schule zu nehmen und einen besonderen Förderunterricht für sie zu organisieren. Ich konnte sie zum Glück von dieser Idee abbringen, und so begannen wir eine regelmäßige Einzeltherapie mit zusätzlichen Coachingsitzungen für die Eltern, damit sie besser mit dem regressiven Verhalten ihrer Tochter umgehen konnten. Einige Monate später konnte diese nicht nur wieder normal auf die Toilette gehen, sondern schnitt mit Bestnoten in der Schule ab und war sogar in der Lage, vor Gericht gegen den angeklagten Täter auszusagen.

Regressives Verhalten ist ein Signal, dass Kinder Schwierigkeiten mit der Regulierung ihrer emotionalen Erregung haben und Unterstützung brauchen. Es ist eine nonverbale, unter Umständen auch völlig unbewusste Art der Kommunikation.

Außerdem sind Kinder in der Regel hochmotiviert, Fortschritte – und nicht etwa Rückschritte – zu machen. Können Sie sich noch daran erinnern, wie Sie das erste Mal Ihre Schnürsenkel binden konnten? Wollten Sie später, dass es jemand anders für Sie tut? Wahrscheinlich nicht. Wahrscheinlich wollten Sie sogar allen anderen die Schuhe schnüren, um mit Ihrer neuen tollen Schleifenbindekunstfertigkeit anzugeben! Ich sage dies nur zu Ihrer Beruhigung, damit Sie sich keine Sorgen machen, wenn Ihr Kind ein paar Schritte in seiner Entwicklung zurückgeht – mit allergrößter Wahrscheinlichkeit ist dies ein Zeichen, dass es mehr Unterstützung braucht.

Vorsicht: Ich kann nicht genug betonen, dass regressives Verhalten ein Bedürfnis nach mehr Unterstützung signalisiert. Doch damit ist nicht gemeint, dass diese Unterstützung von ihrem Umfang oder ihrer Dauer her grenzenlos sein sollte. Manchmal hört das regressive Verhalten einfach nicht auf. So höre ich ganz oft, dass Kinder nach einem schrecklichen Erlebnis unbedingt im Bett der Eltern schlafen wollen. Das ist eine heikle Angelegenheit. Einerseits möchte man ihnen, weil es sie tröstet, entgegenkommen. Andererseits ist es gerade in Bezug auf den Schlaf wichtig, Grenzen zu setzen. Vorübergehend (also für ca. zwei Wochen) ist das in Ordnung. Sonst könnte unbeabsichtigt die Botschaft vermittelt werden, dass im Kinderzimmer irgendwelche Gefahren lauern und man nur im Beisein der Eltern in Sicherheit ist. Hier sollte Klarheit herrschen. Auf Seite 128 erfahren Sie konkret, wie Sie Ihr Kind schrittweise wieder daran gewöhnen können, die Nacht im eigenen Bett durchzuschlafen.

Wenn Ihr Kind oft traurig und sehr anhänglich ist, können Sie es optimal unterstützen, indem Sie sich an folgende psychologische Prinzipien halten:

Reden Sie darüber

Im Gespräch mit Eltern hochemotional reagierender Kinder zitiere ich oft einen Satz aus der Science-Fiction-Serie *Raumschiff Enterprise*. Keine Angst, weder „Beam mich hoch, Scotty“ noch „Volle Schubkraft voraus!“, sondern: „Was fühlen Sie, Mr Spock?“

Das Zitat stammt aus einer Szene, in der der superintelligente Spock sich von seinem Computer testen lässt. Der Halb-Vulkanier kann die schwierigsten Fragen zu Wissenschaft, Technologie und Philosophie richtig beantworten und stellt damit die Genialität seines logischen Verstands unter Beweis. Aber da er auch zur Hälfte Mensch ist, fragt sein Computer ihn: „Was fühlen Sie, Mr Spock?" Denn nichts zeigt so deutlich, wie leistungsfähig und gesund ein menschliches Gehirn ist, als die Fähigkeit zur Beantwortung der Frage, was man fühlt.

Wir wissen, wie schwer es Kindern fällt – erst recht, wenn sie traumatisiert sind –, ihre schmerzhaften Erfahrungen in Worte zu fassen. Kinder, die weinen können, können ihre Gefühle leichter zeigen als die, die gar keinen Zugang dazu haben. Wenn Gefühle hochkommen, heißt das, die Kinder sind in Kontakt mit ihnen. Von unserer Seite braucht es dann vielleicht noch etwas sprachliche Unterstützung, damit sie verbalisieren können, was in ihnen vorgeht.

Letztendlich geht es darum, dass Kinder die „Spock-Frage" beantworten und sagen können: „Ich bin traurig", „Ich habe Angst", „Ich fühle mich einsam", „Mir wird alles zu viel".

Kennen Sie den Spruch von dem Zauberwort namens Bitte? Es gibt noch ein anderes Zauberwort, mit dem Kinder die Tür zu ihren Gefühlen öffnen können, und das lautet: „Wie fühlst du dich?" Die Frage funktioniert genau wie „Sesam öffne dich" und verhilft Kindern zu den Worten, mit denen sie ihre Gefühle beschreiben können.

Vorsicht: Wiederholen Sie die Frage nicht zu oft, sonst klingt es wie ein Verhör.

Machen Sie Gespräche über Gefühle zur Gewohnheit

Als Prophylaxe gegen aufdringliche und nervige Fragen empfehle ich, das Gespräch über Gefühle zu einem täglichen Ritual zu machen. Alle sitzen, etwa beim Abendessen, am Tisch und erzählen der Reihe nach, wie es ihnen am Tag ergangen ist. Kleine Kinder könnten sagen, was sich „warm und kuschelig" angefühlt hat und was „kalt und stachlig". „Warm und kuschelig" wäre für Erwachsene: „Ich habe heute eine aufwändige Präsentation gehalten, und als mein Chef mich dafür gelobt hat, war ich stolz." Und „kalt und stachlig": „Ich bin heute in einen Hundehaufen getreten, das war richtig widerlich, und ich habe mich geärgert." Falls solche Gespräche beim Abendessen nicht gut ankommen, können Sie sie auch vor dem Einschlafen führen. Die meisten Kinder werden das als angenehmen Aufmerksamkeitsbonus empfinden.

Wenn Sie selbst Gedanken und Gefühle äußern und damit zeigen, dass es völlig normal ist, sind Sie Ihrem Kind ein gutes Vorbild.

Mit größeren Kindern, denen „warm und kuschelig", „kalt und stachlig" zu babyhaft erscheint, können Sie andere Begriffe verwenden, beispielsweise „Rosen" (für angenehme Dinge), „Dornen“ (für unangenehme Dinge) und „Knospen“ (für Dinge, auf die man sich freut). Mit Teenagern können Sie stattdessen direkt über die „Höhe- und Tiefpunkte“ des Tages sprechen.

Fassen Sie Gefühle auch bei anderen Gelegenheiten in Worte

Sie brauchen nicht bis zum Abendessenritual zu warten, um mit Ihrem Kind über Gedanken und Gefühle zu reden, sondern können es auch spontan tun, wann immer es auffällig emotional wird. Wenn eine Fünfjährige beispielsweise eine Stunde lang mit großer Sorgfalt Dominosteine hintereinander aufstellt, die Reihe aus Versehen zum Einstürzen bringt und sich furchtbar darüber aufregt, wird es sie trösten, wenn jemand zu ihr sagt: „O nein! Alle Dominosteine sind umgefallen, obwohl du noch gar nicht fertig warst. Da wäre ich aber frustriert! So was Blödes!” (Über die Funktion der wertschätzenden Bestätigung: siehe nächsten Abschnitt.) Damit bekommt sie die Möglichkeit, über ihre Frustration zu sprechen. Außerdem erweitert es ihren Wortschatz zur Verbalisierung von Gefühlen.

Hier geht es jedoch nicht darum, Ihr Kind dazu zu bringen, über sein Trauma zu reden. Es könnten dann drastische Empfindungen und Gefühle wie Entsetzen und Traurigkeit hochkommen, die den Rahmen eines Familienabendessens sprengen und in der Therapiesitzung oder zumindest unter vier Augen besser aufgehoben sind. Ebenso wenig sollten Sie Ihrem Kind starke Ängste unterstellen, die zu verarbeiten wären. Denn vielleicht geht es ihm so wie den meisten Kindern, die eine traumatische Erfahrung gemacht haben und, wie Sie aus Kapitel 2 wissen, gar nicht unter Symptomen leiden.

Das Ziel besteht vielmehr darin, dass das Kind behutsam lernt, mit wachsender Selbstverständlichkeit in Worte zu fassen, was in seinem Inneren vorgeht. Sie wollen keine Erkenntnisse über sein erlittenes Trauma gewinnen, sondern nur den Grund für seine Wut erfahren, zum Beispiel: weil ein Mitschüler ihm den Bleistift geklaut hat. Fangen Sie klein an und lassen Sie Ihr Kind erst einmal krabbeln, bevor es zu laufen anfängt.

Das ist toll, weil Sie Einblicke in die Welt Ihres Kindes erhalten und es gleichzeitig einladen, über seine Gefühle nachzudenken und seine Gedanken Tag für Tag auszusprechen. Diese Gespräche bieten Ihnen außerdem die großartige Gelegenheit zur praktischen Anwendung des nächsten Prinzips.

Subjektives Empfinden verdeutlichend widerspiegeln und anerkennen (validieren)

Tom ist 15 und freut sich schon seit Monaten auf die Sommerferien. Jedes Jahr fährt er mit seiner Familie im Wohnmobil in einen Naturpark. Vor lauter Begeisterung spricht er den ganzen Frühling von nichts anderem. Doch einige Wochen bevor die Familie sich auf den Weg macht, hat Toms Freund Terrance einen furchtbaren Verkehrsunfall und ist nun querschnittsgelähmt. Das nimmt Tom sehr mit. Niemand dürfe mehr Auto fahren, verlangt er, auch nicht im Urlaub. Sein Vater sucht ihn zu beschwichtigen und sagt: „Mach dir keine Sorgen, mein Junge, alles wird gut. Die Fahrt wird sicher ein Riesenspaß, du wirst schon sehen!“ Daraufhin verzieht Tom das Gesicht zu einer Grimasse und stürmt wortlos davon.

Was ist da schiefgelaufen?

Tom fühlt sich in seiner Sorge um das Wohlbefinden der Familie nicht ernst genommen. Doch statt sich auf ein Gespräch mit seinem Vater einzulassen und ihm offen zu sagen, wie dessen Reaktion bei ihm ankommt, weicht er, ganz teenagertypisch, der Auseinandersetzung aus und schluckt seine Gefühle hinunter. Ebenfalls typisch für dieses Alter wären Sarkasmus oder gar Aggression.

Wie oft bekommen weinende Kinder von wohlmeinenden, kompetenten Eltern Trostsätze zu hören wie: „Nicht weinen, Schatz!“ oder „Mach dir keine Sorgen“ oder „Es ist alles in Ordnung“, egal, ob sie sich nur das Knie aufgeschlagen haben oder nach einer potenziell traumatischen Erfahrung empfindlich auf Trigger reagieren. So herzensgut die elterliche Intention auch sein mag (sie wollen das arme Kind doch nur trösten!): Unbeabsichtigt errichten sie eine Barriere und machen es ihrem Kind noch schwerer, sich ihnen anzuvertrauen.

Was ist denn aber so schlimm an diesen trivialen Trostspenden? Hinter dem scheinbar harmlosen Akt verbirgt sich ein psychischer Abwehrmechanismus, mit dem Gefühle oder Erlebnisse heruntergespielt oder verleugnet werden. Eigentlich wollen Sie Ihr Kind nur trösten, vermitteln ihm aber auf diese Weise den Eindruck, dass seine traumatische Erfahrung in Wirklichkeit gar keine große Sache war und seine starke emotionale Reaktion folglich unangemessen ist. Mit der Zeit könnte es die unzutreffende Botschaft „Es ist alles in Ordnung“ verinnerlichen und daraus den Schluss ziehen, dass der Fehler bei ihm liegt und etwas mit ihm nicht stimmt.

Wie verhält man sich nun am besten gegenüber hochemotional reagierenden Kindern? Meine spontane Antwort lautet: Indem ich meinem Kind aktiv zuhöre, es ernst nehme und damit sein subjektives Empfinden anerkenne.

Diese Methode (die in der Fachsprache „Validieren“ genannt wird) stammt ursprünglich aus der psychotherapeutischen Werkzeugkiste, ist aber auch für Eltern ganz nützlich. Im Therapiekontext werden die Gedanken und Gefühle der Patient:innen auf diese Weise legitimiert und als sinnvoll gedeutet. Das können auch Eltern: Den Kindern signalisieren, dass ihre Gedanken und Gefühle berechtigt (also *valide*) sind.

Angewendet wird die Methode hauptsächlich in der Dialektischen Verhaltenstherapie (DVT). Diese setzt den Schwerpunkt auf den Erwerb von Fähigkeiten in den Bereichen Achtsamkeit, Stresstoleranz, Interaktionskompetenz und Emotionsregulierung – also genau in den Bereichen, in denen traumatisierte Kinder und Jugendliche sich schwertun.

Von belastenden Gedanken und Gefühlen bedrängte Kinder sind schnell überfordert, erst recht, wenn sie besonders sensibel oder gerade extrem verletzlich sind. Kann jemand – ein Elternteil oder ein Therapeut – eingreifen und ihnen vermitteln, „deine Reaktion ist okay“, haben sie es leichter. Sie fühlen sich weniger allein, können Stress auslösende Gedanken und Gefühle besser tolerieren und Letztere langfristig besser regulieren.

Die ultimative Lektion, die Sie aus diesem Buch mitnehmen, ist die: Kinder haben es schon schwer genug und nach einem schrecklichen Erlebnis noch einmal mehr. Sie, liebe Leserin, lieber Leser, haben die Aufgabe, mit Ihrem Kind in Kontakt zu treten, damit es sich nicht im Stich gelassen fühlt mit seinem inneren Chaos, das das Trauma bei ihm angerichtet hat und das ihm so viel Angst bereitet.

Wie lässt sich diese Therapiemethode auf den Umgang mit Kindern übertragen?

Die Begründerin der DVT, Marsha Linehan, beschreibt sechs Stufen, die auch auf traumatisierte Kinder zutreffen. Überlegen Sie, wie sie Sie individuell umsetzen könnten.

1. **Aufmerksam zuhören:** Schenken Sie Ihrem stark emotional reagierenden Kind Ihre ungeteilte Aufmerksamkeit. Legen Sie Ihr Handy weg und gehen Sie nicht im Geiste Ihre Einkaufsliste durch. Manchen Erwachsenen sind starke Emotionen unangenehm, wahrscheinlich, weil bei ihnen dann Kindheitserinnerungen hochkommen an die Art und Weise, wie damals die eigenen Eltern mit negativen Gefühlen umgegangen sind. Falls Ihnen diese Abwehrhaltung bekannt vorkommt, denken Sie daran, dass Ihr Kind es nicht böse meint, sondern auf diese Weise zum Ausdruck bringt, dass es mehr Unterstützung braucht.
2. **Aktiv zuhören:** Hier geht es darum, die andere Person zu spiegeln (siehe Kapitel 3), allerdings nicht durch Nachahmung, sondern indem man das Gesagte umformuliert und mit eigenen Worten noch einmal zusammenfasst.

3. **Unausgesprochenes erahnen:** Das Kind weiß vielleicht nicht, was es fühlt, aber durch Ihre Vermutung zeigen Sie ihm, dass Sie es verstehen möchten. Außerdem helfen Sie ihm, die Gefühle und Gedanken hinter seinem Verhalten aufzudecken und ihre Bedeutung zu erfassen.
4. **Das aktuelle Verhalten biografisch einordnen:** Zeigen Sie Ihrem Kind, dass Sie einen Zusammenhang sehen zwischen seiner Traumareaktion und der vorausgegangenen traumatischen Erfahrung.
5. **Emotionale Reaktionen normalisieren:** Wer von heftigen Emotionen überflutet wird, glaubt sich allein. Dann hilft es zu wissen, dass es anderen Menschen in ähnlichen Situationen genauso ergeht.
6. **Die eigene Betroffenheit authentisch preisgeben:** Gehen Sie wirklich auf die starken Emotionen Ihres Kindes ein und versetzen Sie sich in seine Lage. Rufen Sie sich eine Begebenheit aus Ihrem eigenen Leben ins Gedächtnis, als Sie über etwas sehr aufgebracht waren und wie Sie das empfunden haben.

Zur Veranschaulichung der Methode komme ich auf Tom zurück, den Jungen mit dem querschnittsgelähmten Freund. Manchmal reichen ihm einfache Sätze wie „Ich hör dir zu. Das macht dir wirklich Angst, nicht wahr?“ Manche Situationen dagegen erfordern alle oben genannte Stufen oder sie ergeben sich wie von selbst. Es folgt ein Gespräch zwischen Tom und seinem Vater.

TOM: Autos sind doof. Niemand sollte damit herumfahren.

DAD: (spiegelt ihn) Du willst, dass wir dies Jahr nicht mit dem Wohnmobil in den Urlaub fahren? (wartet Toms Reaktion ab)

TOM: Genau.

DAD: (vermutet etwas, das Tom nicht ausgesprochen hat) Weil dir davor gruselt?

TOM: Ja.

DAD: (stellt einen Bezug her zwischen Toms Angst und dem Vergangenen) Das leuchtet ja auch ein, wenn man bedenkt, was mit Terrance passiert ist.

TOM: Siehst du – und das könnte jedem von uns passieren. Man landet im Rollstuhl oder stirbt sogar. Das ist es doch nicht wert.

DAD: (normalisiert Toms Gefühle) Das kann ich total nachvollziehen. Weißt du, ich wette, jeder, der so einen Unfall mitangesehen hat, würde seine Familie davor schützen wollen.

TOM: So ist das, ich will einfach nur, dass wir alle in Sicherheit sind und es uns gut geht.

DAD: (zeigt authentisch seine eigene Betroffenheit) Das verstehe ich. Übrigens – als du noch nicht auf der Welt warst, hatte ich auch einmal einen schrecklichen Unfall, mit meinem alten Laster. Noch Wochen später wollte ich mich nicht ans Steuer setzen. Solche Dinge können einen wirklich durcheinanderrütteln.

TOM: Aber so was von.

DAD: Also, das ist völlig verständlich, ist mir ja auch ganz klar. Wir können mit den anderen besprechen, was sie für das Beste halten. Aber ich finde, du hast recht, dass wir auf Nummer sicher gehen sollten und ein paar Vorsichtsmaßnahmen treffen, mit denen sich alle wohlfühlen.

Nach solch einem Gespräch wird sich Tom verstanden und respektiert fühlen. Außerdem verbessert sich dadurch die Beziehung zwischen ihm und seinem Vater. Wenn eine Bezugsperson seine Gefühle wertschätzend legitimiert, wird er sie nicht unterdrücken (den Ball unter Wasser halten), sondern über sie sprechen, wodurch sich seine Angst – zumindest teilweise – legen wird.

Was ist aber, wenn Sie nicht verstehen können, weshalb Ihr Kind Unterstützung braucht? Mal angenommen, beim Verkehrsunfall von Toms Freund hätte es nur einen Blechschaden und keine lebensgefährliche Verletzung gegeben. Dann würden Toms Eltern die starke Abwehrhaltung ihres Sohnes gegen Autofahrten für unangemessen halten. Mein Rat in dieser Situation: Bedenken Sie, dass alle Gefühle ihre Berechtigung haben. Das Verständnis von Erwachsenen für das, was im Inneren von Kindern vorgeht, ist zwar kein Lackmustest für dessen Stichhaltigkeit. Aber Tom weiß durch die wertschätzende Reaktion seiner Eltern, dass sie ihn nicht alleinlassen, sondern ihm beistehen. Würden sie es nicht tun, könnten seine Gefühle überhandnehmen und ihm noch mehr zusetzen. Wahrscheinlich wird ihm die Fahrt im Wohnmobil nicht ganz geheuer sein, aber solange die Eltern seine Ängste anerkennen, statt sie kleinzureden, wird er sie aushalten können.

Körperliche Berührung

Sie können Ihr Kind verbal trösten, aber auch physisch. Eine Umarmung, ein Klaps auf den Rücken oder ein Schulterstreicheln kann viel bewirken, schon im zartesten Alter. Wie Studien belegen, wiegen Frühgeborene, die fünf bis zehn Tage lang Massagen bekommen, bis zu 48 Prozent mehr als die nach Standard behandelten.

Tatsächlich kann ein Mangel an körperlicher Berührung sogar traumatisch sein. Führen Sie sich noch einmal vor Augen, was Sie in Kapitel 2 über die Reaktive Bindungsstörung gelesen haben. Nicht immer bekommen Kinder, die im Waisenhaus oder in großen Pflegefamilien aufwachsen, genügend emotionale und physische Zuwendung. Diese Art der frühkindlichen Vernachlässigung kann lebenslang die Fähigkeit beeinträchtigen, enge Beziehungen einzugehen und Trost aus ihnen zu schöpfen.

Obwohl körperliche Berührung und andere Formen liebevoller Zuwendung und Fürsorge allen traumatisierten Kindern gleich guttun, verhaltensauffällig oder nicht, sind doch gerade die stark emotional reagierenden besonders empfänglich dafür. Allerdings hat man bei einem weinenden Kind eher den Impuls, ihm sanft über den Rücken zu streichen, als bei einem Pubertierenden, der sich in seinem Zimmer verbarrikadiert oder die Küche demoliert.

Vorsicht: Kinder müssen Berührung jederzeit und reinen Gewissens zurückweisen dürfen. Sie haben das Recht, selbst über ihren Körper zu bestimmen, sage ich immer. Wenn Sie Ihrem Kind also eine Umarmung anbieten und es will keine, dann müssen Sie unbedingt seine Grenzen respektieren. Das trifft natürlich auf alle Kinder zu, erst recht aber auf jene, deren Trauma mit Körperberührung zu tun hat (etwa bei körperlichen oder sexuellen Gewalterfahrungen). In diesem Fall kann schon ein unerwarteter Klaps auf den Rücken zum Trigger werden.

Sollten Sie beim Anblick Ihres weinenden und am Daumen lutschenden Kindes das Gefühl haben, es könnte eine Umarmung gebrauchen, fragen Sie es am besten vorher, ob es damit einverstanden ist, und wenn es Ja sagt, dann achten Sie besonders einfühlsam darauf, wie es reagiert, wenn Sie es in die Arme nehmen.

Extra viel Aufmerksamkeit

Traumatisierten Kindern, die stark emotional oder mit regressivem Verhalten reagieren, hilft nicht nur, sie zum Ausdruck von Emotionen zu ermutigen, sie anzuerkennend zu spiegeln und ihnen durch Körperkontakt zu signalisieren, dass man für sie da ist, sondern auch alle Maßnahmen, die in Kapitel 3 beschrieben wurden, wie zum Beispiel Qualitätszeit. Diese ist angesagt, wenn Ihr Kind auf einmal Babysprache verwendet oder wieder, wie früher, die Treppe hochgetragen werden will. Schenken Sie ihm extra viel Aufmerksamkeit, backen Sie beispielsweise gemeinsam Kekse oder hocken Sie sich zu ihm auf den Fußboden zum Spielen.

Ebenso hilfreich ist angemessenes Lob (vor allem bei geringfügigem Fehlverhalten, mehr dazu in Kapitel 7). Es kräftigt das Selbstbewusstsein, verstärkt erwünschte Verhaltensweisen und wirkt sich positiv auf die Eltern-Kind-Beziehung aus. Wie Sie ja bereits wissen, ist es besser, gezielt zu loben („Wie schön du deine Bausteine aufgeräumt hast!“ Oder: „Danke, dass du deine Schwester deinen Malkasten mitbenutzen lässt!“) als allgemein („Gut gemacht!“).

Aktiv zuzuhören (auch *Spiegeln* genannt, siehe auch Kapitel 3) ist eine weitere Art, Kindern wirksam zu vermitteln, dass sie beachtet werden. Wenn Ihr Kind Ihnen beispielsweise erzählt, was es am Tag erlebt hat oder wie es ihm geht, wiederholen Sie das zusammengefasst und mit eigenen Worten. Nehmen wir an, es erzählt, es sei bei einem unangekündigten Mathetest ausgeflippt. Dann könnten Sie sagen: „So ein unangekündigter Test ist ja auch wie ein Überfall. Das hat dich ganz schön verunsichert, was?" Und zur Bestärkung könnten Sie noch etwas aus Ihrer eigenen Erfahrung hinzufügen: „Das kann ich total gut verstehen. Mich haben solche Überraschungstests auch immer ganz nervös gemacht."

Auch extra viel Aufmerksamkeit sollte gezielt und bewusst erfolgen. Mal angenommen, Ihr Kind braucht mehr Unterstützung von Ihnen und lutscht deswegen am Daumen oder bricht schnell in Tränen aus, und Sie gewähren Sie ihm in Form von extra viel Aufmerksamkeit, dann wird es sich wahrscheinlich wieder so verhalten. Das ist normal und auch in Ordnung. Aber wie reagiert man, wenn ein Kind nicht nur weint, sondern sich in die Hose macht oder total ausrastet? Hier ein Beispiel.

Der siebenjährige Duane macht seit einem verheerenden Wirbelsturm ins Bett. Nacht für Nacht ruft er nach seinem Vater, und weil dieser sich um ihn kümmern und ihm extra viel Aufmerksamkeit schenken möchte, rennt er jedes Mal sofort ins Kinderzimmer, nimmt seinen Sohn besonders liebevoll auf den Arm, trägt ihn ins Badezimmer, singt ihm etwas vor, zieht ihm saubere Sachen an, wechselt die Bettwäsche und legt sich zum Einschlafen noch einige Minuten zu ihm. Klingt doch ganz nett, oder? Duane liebt diese nächtliche Exklusivzeit mit seinem Vater über alles und wird sie auch weiterhin nicht missen wollen. Sein Vater meint es natürlich nur gut. Trotzdem würde ich ihm raten, dem Verhalten seines Sohnes weniger Aufmerksamkeit zu schenken.*

Natürlich braucht Ihr Kind frische Kleidung und Bettwäsche, aber es darf nicht zu einer lieb gewonnen Gewohnheit mutieren. Es sollte ohne viel Aufhebens geschehen, im Sinne von: „Und jetzt wird aber schnell wieder geschlafen!" Regressives Verhalten ist immer ein Schrei nach mehr Zuwendung – und diese muss Ihr Kind auch bekommen, nur eben nicht unbedingt mitten in der Nacht, nachdem es ins Bett gemacht hat, weil Sie – wie Sie ja bereits wissen – sein Verhalten mit Ihrer Aufmerksamkeit verstärken. Im Fall von Duane könnte sein Vater jeden Abend vor dem Schlafengehen ein exklusives Zeitfenster einrichten, in dem er seinen Sohn nicht nur ins Bett bringt, ihn zudeckt und ihm einen Gutenachtkuss gibt. Da Duane sich zurzeit in einer Harry-Potter-Phase befindet, könnte sein Vater das einbauen und ihm, gemüt-

* Nicht immer wird Bettnässen durch ein Trauma verursacht. Es könnte genetisch oder gesundheitlich bedingt sein, etwa durch eine Harnwegsinfektion. Eine kinderärztliche Untersuchung schafft Klarheit. Können medizinische oder hormonelle Ursachen ausgeschlossen werden, handelt es sich um regressives Verhalten und sollte entsprechend behandelt werden, erst recht, wenn das Kind im Wachzustand, also absichtlich, ins Bett macht.

lich aneinandergekuschelt, ein Kapitel aus der Buchreihe vorlesen. Das wäre eine schöne Portion Qualitätszeit mit einer Prise Körperberührung – genau die Extrazuwendung, die Duane braucht und auch verdient hat!

Wie Sie Aufmerksamkeit bei geringfügigem Fehlverhalten einsetzen, erfahren Sie im nächsten Kapitel.

Zum Abschluss und auf den Punkt gebracht

Jetzt wissen Sie, was Sie bei erhöhter Emotionalität und regressivem Verhalten tun können. Das Wichtigste aber ist die Erkenntnis, dass diese Verhaltensauffälligkeiten bei traumatisierten Kindern nicht nur völlig normal, sondern in dieser Ausnahmesituation sogar relativ gesund sind – wenn ein Kind in Worten ausdrücken kann, was es fühlt. Bedenken Sie, dass eine übertriebene Reaktion auf häufiges Weinen oder regressives Verhalten dieses noch verschlimmert oder gar verfestigt. Verdrängte Emotionen könnten sich auf anderen, problematischeren Wegen Bahn brechen. Doch indem Sie Ihrem Kind aktiv zuhören, bestätigend und wertschätzend auf es eingehen, ihm Qualitätszeit schenken, es loben und ihm auch körperlich nah sind, navigieren Sie es durch selbst für hartgesottene Erwachsene schwierige Krisenzeiten sicher hindurch.

7. Geringfügiges Fehlverhalten und wie man damit umgeht

Eines Abends kamen Julian und seine Eltern von einem Kinobesuch nach Hause und stellten entsetzt fest, dass eingebrochen worden war. Obwohl sich der Schaden in Grenzen hielt, die geraubten Gegenstände ohne Weiteres ersetzt werden konnten und das Ganze nun schon einen Monat zurückliegt, benimmt sich Julian noch immer seltsam. Statt morgens aufzustehen und sich für die Schule fertig zu machen – er geht in die fünfte Klasse –, bummelt er herum und spielt Videospiele. Durch diese Gewohnheit verpasst er regelmäßig den Bus. Wenn seine Mutter ihn dann mit dem Auto hinfährt, bringt das ihre ganze Tagesplanung durcheinander. Schließlich bekommt sie wegen ihrer häufigen Verspätungen auf der Arbeit eine Abmahnung.

Eines Morgens weckt sie Julian eine halbe Stunde früher, damit er es rechtzeitig zum Bus schafft. Mehrmals ruft sie ihm zu: „Julian – kein Videospiel heute", und jedes Mal antwortet er, er ziehe sich gerade an, sei gleich so weit. Das Frühstück ist fertig, aber er lässt sich immer noch nicht blicken. Sie geht nachschauen und ist fassungslos: Er hockt tatsächlich im Schlafanzug mit seinem Videospiel im Bett. Seinetwegen wird sie wieder zu spät zur Arbeit kommen. Wutentbrannt und laut schimpfend zerrt sie ihn aus dem Bett, nennt ihn „faul" und einen „Schwindler". Da flippt Julian aus und weckt das ganze Haus mit seinem Gebrüll. Irgendwann ist er endlich fertig und kann sich gerade noch einen Müsliriegel schnappen, bevor seine Mutter ihn im Eiltempo zur Schule fährt. Wieder einmal kommt sie zu spät zur Arbeit.

Was ist hier los?

Eine Therapeutin könnte Julians Verhalten zunächst als renitent einstufen. Widerspenstigkeit – also beispielsweise der Anweisung, das Zimmer aufzuräumen, wiederholt nicht nachzukommen – ist eine der vielen Arten geringfügigen Fehlverhaltens. Weitere sind: Kraftausdrücke und Schimpfwörter, Gequengel und Wutanfälle, sobald die Betroffenen ihren Willen nicht bekommen. Im Normalfall treten diese Verhaltensweisen bis zu einem gewissen Grad bei allen Altersstufen auf, jedoch häufiger und massiver nach einem Trauma.

Warum rasten traumatisierte Kinder eher aus? Die einfachste Erklärung: Sie haben es halt schwer.

Erinnern Sie sich noch an die Metapher mit dem Ball (siehe Kapitel 4 und 6), den man mit aller Kraft unter Wasser zu drücken versucht? Genauso ist es nach einer traumatischen Erfahrung: Ihr Kind will jede Erinnerung daran, all seine schmerzhaften Gefühle und Gedanken unterdrücken. Aber auf Dauer ist das ein Ding der Unmöglichkeit. Sie schießen nach oben, jederzeit und auf jede denkbare Art und Weise – zum Beispiel durch Fehlverhalten.

Seit Langem halten Therapeut:innen frustrierte und verzweifelte Eltern dazu an, die Ausraster ihrer Schützlinge aus einem anderen Blickwinkel zu betrachten, und sagen ihnen: „Ihre Kids machen Ihnen nicht das Leben schwer – sie haben *es selber* gerade schwer."

Andererseits geht das Leben natürlich weiter. Julian muss pünktlich zur Schule und seine Mutter zur Arbeit.

Falls Sie das Buch bis hierher gelesen haben, ist Ihnen sicher klar, dass es nicht viel bringt, Kinder anzuschreien. Und es ist wichtig, den Grund dafür zu verstehen.

Kinder anzuschreien ist nicht nur unfreundlich, sondern ziemlich beziehungsschädigend und noch dazu ineffektiv. Es ruft starke Gefühle hervor, die am Lernen hindern und vor allem auch Angst erzeugen, und kein Gefühl ist stärker als die Angst. Als Julians Mutter laut schimpfend in das Zimmer des Jungen stürmt, weckt das bei ihm zweifellos starke Gefühle. Das würde allen Kindern so gehen. Im Fall einer wie auch immer gearteten traumatischen Erfahrung fällt ihre Reaktion jedoch noch stärker aus. Wegen der angeborenen Kampf-Flucht-Erstarrungsreaktion können die Betroffenen auf jede wahrgenommene Bedrohung überreagieren – und eine potenziell traumatische Situation ist bedrohlich. Wenn Julian von seiner Mutter angebrüllt wird, ist das für ihn eine Ausnahmeerfahrung wie die, vor der eigenen Wohnung zu stehen und festzustellen, dass eingebrochen wurde.

Die Auffassung, dass Stress und Angst den Lernprozess behindern, ist übrigens durch Forschungsergebnisse belegt: Laut mehrerer Studien haben gestresste und verängstigte Kinder einen deutlich niedrigen Intelligenzquotienten als entspannte. Mit den neurologischen Grundlagen dafür haben wir uns bereits in Kapitel 4 beschäftigt: Angst und Stress aktiveren die Amygdala im Gehirn. Diese versetzt den gesamten Körper in Alarmbereitschaft und kappt die Verbindung zum präfrontalen Kortex, dem zum Denken, Lernen und Entscheiden zuständigen Hirnareal. Deshalb kann man diese Dinge nicht mehr so gut tun.

Mit einfachen Worten: Unter Stress lernt es sich schlecht.

Was bedeutet das nun für den widerspenstigen Julian? Dass Beschimpfungen bei ihm nichts erreichen werden. Dass sein Bedürfnis nach mehr Zuwendung und Aufmerksamkeit ungestillt bleibt. Dass er sich noch mehr unter Druck gesetzt und sich von seiner Mutter ungeliebt fühlt. Dass er sich infolgedessen mit Videospielen ablenkt.

Wenn Julians Mutter sein Verhalten ändern möchte, braucht sie offensichtlich eine andere Taktik.

Selektive Aufmerksamkeit und Lob

Aus Kapitel 6 wissen Sie bereits: Aufmerksamkeit hat von allen Mitteln den stärksten Einfluss auf das Verhalten von Kindern. Dementsprechend ist selektive Aufmerksamkeit das Mittel der Wahl gegen geringfügiges Fehlverhalten. Strafen sind meist unwirksam, weil sie Angst einflößen. Wenn man Verhalten steuern will, sollte man erwünschtes durch vermehrte Aufmerksamkeit stärken und unerwünschtes durch Aufmerksamkeitsentzug schwächen.

So naheliegend das klingt – es hat einen oft übersehenen Haken. Denn beides ist Aufmerksamkeit: sowohl das Lob für ein schön gezeichnetes Bild als auch die Schimpfe wegen farbbeschmierter Wände. Und Aufmerksamkeit wird immer als Belohnung empfunden, egal, ob sie positiv oder negativ ist.

Eltern, die ihr Kind anschreien, weil es etwas angestellt hat, verstärken dessen Fehlverhalten durch ihre Aufmerksamkeit. Also macht es das noch *öfter.* Es versteht die hinter dem Schreien liegende Botschaft nicht, ist gestresst und kann aus der Situation nichts lernen. Denn Sie wissen ja: Unter Stress lernt es sich schlecht. Und so wird das Kind sich wahrscheinlich unbewusst wieder so verhalten, besonders dann, wenn sein Bedürfnis nach Aufmerksamkeit nicht auf andere Weise gestillt wird.

Ein Beispiel: Die siebenjährige Selma lebt bei ihrer Großmutter, seit das Haus ihrer Eltern abgebrannt ist. Vor dieser traumatischen Erfahrung hat sie wie jedes normale Kind manchmal geweint oder einen Wutanfall bekommen. In den Monaten danach wird sie jedoch häufiger und auch heftiger wütend, rastet förmlich aus. Ihre Großmutter wagt sich kaum mit ihr aus dem Haus. Da sie ein einfühlsamer und besonnener Mensch ist und den Zusammenhang zwischen den Tobsuchtsanfällen ihrer Enkeltochter und dem Brand erkennt, will sie Selma jedes Mal trösten, damit sie sich wieder beruhigt. Einmal sitzen beide im Therapiewartezimmer, und Selma möchte unbedingt einen Schokoriegel aus dem Automaten. Oma sagt Nein, es sei fast Mittagszeit, sie könne später einen bekommen, aber Selma fängt laut an zu quengeln: „Ich will den aber sofort!“ Oma reibt ihrer Enkelin zärtlich über den Rücken und erinnert sie nochmals an die Regel, dass es vor dem Mittagessen keine Süßigkeiten gibt. Aber Selma lässt sich keine Grenzen setzen, sondern schreit immer lauter, bis Oma schließlich nachgibt und ihr den heiß ersehnten Schokoriegel doch kauft.

Aus dieser Situation hat Selma zwei immens wichtige Dinge gelernt:

1. Durch Wutanfälle bekomme ich Aufmerksamkeit.
2. Je länger und lauter ich schreie, desto wahrscheinlicher bekomme ich, was ich will.

Auch Selmas Großmutter hat etwas gelernt: Wenn ich Selma gebe, wonach sie verlangt, hört ihr Wutanfall auf. Sie ist dem gleichen Irrtum verfallen wie die meisten Eltern, die glauben, in der Eltern-Kind-Beziehung das Sagen zu haben. In Wahrheit ist es aber so: Nicht nur wir erziehen unsere Kinder – sie erziehen auch uns.

Was könnte Selmas Großmutter stattdessen tun? Ich sage ja immer gerne, dass selektive Aufmerksamkeit am besten bei positivem Verhalten ansetzt und dass diese Methode aber nur funktioniert, wenn beachtet zu werden sich ganz anders anfühlt, als wie Luft behandelt zu werden.

Das geht folgendermaßen: Benimmt sich Ihr Kind gut, schenken Sie ihm viel Aufmerksamkeit. Und wenn es Sie sogar hoch erfreut (z. B. sein Spielzeug mit einem anderen Kind teilt), dann loben Sie es dafür!

Blättern Sie zurück zu Kapitel 3 und lesen Sie noch einmal die Tipps für gezieltes Lob. Wie lautet die Grundregel? Loben Sie nicht allgemein, sondern auf ein bestimmtes Verhalten bezogen, das Sie gerne öfter sehen wollen, und benennen Sie es so genau wie möglich. (Sagen Sie also nicht einfach nur „Toll!“, sondern: „Danke, dass du Kaya deine Malstifte mitbenutzen lässt, du bist ja wirklich schon groß!“)

Ein direkt an das Kind gerichtetes, gezieltes Lob ist also äußerst wichtig. Meiner Meinung nach kann es aber auch nicht schaden, anderen zu erzählen, wie toll sich das Kind verhalten hat. Sollte Selma zufällig mitbekommen, wie die Oma dem Opa vorschwärmt, wie brav sie im Therapiewartezimmer gewesen ist, würde sie vermutlich gut darauf reagieren.

Aber nicht immer ist Lob angezeigt. Bei neutralem Verhalten würde es übertrieben und unehrlich klingen (z. B.: „Wie schön du mit dem Teddy spielst!“).

Sind die Kinder noch klein, empfehle ich, neutrales Verhalten einfach anerkennend wahrzunehmen. Diese Methode entstammt der Eltern-Kind-Interaktionstherapie (EKIT) – einem evidenzbasierten Ansatz zur Schulung von Eltern im Umgang mit verhaltensauffälligen traumatisierten Kindern. Sie besteht darin, das Kind wahrzunehmen und das, was es gerade tut, zu *beschreiben*. Stellen Sie sich vor, Sie würden wie ein Reporter, der im Fernsehen beschreibt, was auf dem Fußballplatz passiert, kommentieren, was Ihr Kind gerade tut. Etwa so: „Ah, ich sehe, du liest *Die kleine Raupe Nimmersatt*“ oder: „Jetzt zeichnest du eine Giraffe.“ Spürt das Kind die Aufmerksamkeit, verstärkt das sein Verhalten, egal ob dieses positiv, negativ oder neutral ist. Mehr Informationen über die Eltern-Kind-Interaktionstherapie finden Sie in Kapitel 11.

Sowohl ausdrückliches Lob der erwünschten als auch einfaches Zurkenntnisnehmen der neutralen Verhaltensweisen stillt das Bedürfnis nach Aufmerksamkeit, und beides markiert zudem einen deutlichen Unterschied zum Aufmerksamkeitsentzug. Auch in guten Zeiten macht ein solch selektives Schenken von Aufmerksamkeit und Lob Kinder nicht nur glücklich und zufrieden, sondern beugt auch gegen Wutanfälle vor. Und das hilft bei Traumastress wieder in die Spur.

Wahrnehmen und anerkennend rückspiegeln

Sie können nicht nur mit Lob verstärken, sondern Sie können auch schnell und leicht ein bisschen trösten, indem Sie darauf achten, was Ihr Kind gerade fühlt (siehe Kapitel 3, S. 65 f. und Kapitel 6, S. 104 f.) und Ihre Wahrnehmung aussprechen. Selmas Grußmutter könnte beispielsweise sagen: „Du bist wohl gerade richtig frustriert, weil du den Schokoriegel willst, nicht?“ Manchmal braucht es nur ein wenig Verständnis, um einem aufziehenden Wutanfall den Wind aus den Segeln zu nehmen. Hat, wie in Selmas Fall, ein Kind das Bedürfnis, gehört, verstanden und anerkannt zu werden, ermutige ich die Eltern, seiner Emotion einen Namen zu geben und damit quasi seine emotionale Lesekompetenz zu fördern. Dies ist besonders wichtig für kleine Kinder, deren Wortschatz noch nicht ausreicht, um ihre Gedanken und Gefühle adäquat auszudrücken.

Ignorieren

Manchmal reichen Trost und Verständnis nicht. Was dann? Meine radikale Antwort lautet: ignorieren.

Schenken Sie dem Kind keine Aufmerksamkeit, sondern entziehen Sie sie, bis es mit seinem Fehlverhalten aufhört. Schreien Sie es nicht an wie Julians Mutter und geben Sie ihm aber auch nicht nach wie Selmas Großmutter. Hört es mit seiner Quengelei auf – aber wirklich keinen Moment früher –, nehmen Sie es wieder zur Kenntnis und loben Sie es. Damit Sie verstehen, was ich meine, schauen wir uns nun an, wie es mit Selma und ihrer Großmutter weitergehen könnte, nachdem diese schon auf das Mädchen eingegangen ist.

SELMA: Aaaah! Mittagessen ist mir piepegal. Ich will die Schokolade da!
OMA: (wendet sich von Selma ab, setzt sich auf den Stuhl neben dem Automaten, nimmt sich eine Zeitschrift und beginnt, einen Artikel über Haie zu lesen)
SELMA: Du sollst mir den Riegel geben. SOFORT!
OMA: (liest mit ruhiger Miene weiter)
SELMA: So-fort, so-fort, so-fort!
OMA: (liest seelenruhig weiter)
SELMA: Uaaaaaah!
OMA: (zu sich selbst, mit gesenktem Kopf und Blick auf den Artikel) Sieh an, das ist also der große weiße Hai.
SELMA: (jammert)
OMA: (blättert um)*
SELMA: (geht zu Oma und beguckt sich die Zeitschrift)
OMA: Uh, schau mal – was für ein Riesenmaul und so viele Zähne!
SELMA: Der Onkel von meiner Freundin Janine hat mal einen am Strand gefunden. Aber der war ganz klein.
OMA: Wie schön, dass du zu mir gekommen bist und mir das erzählt hast. Danke!

Sich gegen die eigenen Kids durchzusetzen macht niemandem Spaß. Es ist immer ein bisschen wie bei einer Geiselnahme, wenn entschieden wird: Mit Terroristen verhandeln wir nicht. Wer mag schon solch eine harte Nummer durchziehen? Sie haben Ihr Kind doch schließlich lieb! So ist das eben mit der Diplomatie: die eiserne Faust im Samthandschuh. Bleiben Sie nett und freundlich, aber rücken Sie von Ihrer Position nicht ab – keinen Zentimeter!

Vorsicht Erstverschlimmerung

Bitte beachten Sie, dass manchmal sowohl selektive Aufmerksamkeit als auch Ignorieren die unerwünschte Verhaltensweise vorübergehend steigert, bevor sie nachlässt. Wenn Sie wie Selmas Großmutter reagieren und das Quengeln des Kindes und seinen Wutausbruch ignorieren, könnte es noch lauter und länger schreien, um endlich die gewohnte Aufmerksamkeit zu bekommen. Bleiben Sie standhaft! Es mag kaum auszuhalten oder Ihnen vielleicht peinlich sein – aber Sie tun auf jeden Fall das Richtige. Irgendwann wird die Botschaft bei Ihrem Kind ankommen, und dann wird es mit seinem Störverhalten aufhören.

* Gezieltes Ignorieren dauert normalerweise mehrere Minuten, fühlt sich meist jedoch wesentlich länger an, erst recht, wenn man es zum ersten Mal versucht und das Kind eine Weile braucht, bis „der Groschen gefallen ist“.

Selektive Aufmerksamkeit beziehungsweise ihr Entzug ist für mich wie gesagt das Mittel der Wahl für das Beeltern verhaltensauffälliger traumatisierter Kinder. Da diese aber wahrscheinlich gar nicht wissen, dass sie etwas falsch machen, kommt man sich vielleicht grausam vor, sie wie Luft zu behandeln. Deshalb empfehle ich, klare Grenzen zu setzen und diese auch einzuhalten.

Grenzen setzen und einhalten

Kindern Grenzen zu setzen und Überschreitungen entsprechend zu maßregeln ist für viele Eltern ein Thema. Wer könnte sich nicht in Julians Mutter einfühlen, die morgens genervt ist, zumal sie bereits vom Arbeitgeber abgemahnt wurde? Gestresste Eltern sind eben nicht gegen jede Versuchung, ihre Kinder anzuschreien, gefeit – klar. Aber auch übertriebene Nachgiebigkeit aus Sorge, das Kind könnte für Sanktionen zu zerbrechlich sein, wie etwa im Fall von Selmas Großmutter, stößt auf Verständnis. Nach der Lektüre von Kapitel 1 bis 6 wissen Sie, dass Ihr Kind Angst hat, Qualen leidet und durcheinander ist, dass seine Tobsuchtsanfälle eine Art Selbstschutz sind und dass Sie eine wichtige Rolle im Heilungsprozess Ihres Kindes spielen. Mit all dem im Hinterkopf sieht man nur einen richtigen Weg: den der kompetenten Unterstützung und der guten alten liebevollen Zuwendung. Alles andere fühlt sich irgendwie falsch an.

Aber es ist eben auch hilfreich, Grenzen zu setzen und Überschreitungen zu maßregeln, weil sich Kinder – vor allem traumatisierte – dadurch geborgen fühlen.

Warum ist das so? Das hat mehrere Gründe. Mit einem sind Sie bereits vertraut: Nach einer furchtbaren Erfahrung haben Kinder meist das Gefühl, keine Kontrolle mehr zu haben. Wie schon in Kapitel 1 gesagt, kann ihr gesamtes Weltbild erschüttert sein. Wo früher Geborgenheit war, herrscht nun die Angst, dass überall Gefahren lauern. Wenn Eltern konsequente und zuverlässige Regeln aufstellen und für deren Einhaltung sorgen, schaffen sie ihren Kindern damit einen sicheren Ort, an dem sie sich beschützt fühlen und gut aufgehoben wissen. Bekommen Kinder statt einer ausgewogenen und gesunden Mahlzeit plötzlich Eis zum Mittagessen oder müssen sie auf einmal ihre Spielsachen nicht mehr mit anderen teilen, dann haben sie keinen Halt mehr und verlieren die Orientierung, erst recht, wenn sie traumatisiert sind.

Wer Grenzen setzt, sorgt aber nicht nur für Beständigkeit, sondern zeigt auch seine Führungsqualität. Zu wissen, da ist eine wohlmeinende und verantwortungsbewusste Person, die sagt, wo's langgeht, wirkt gerade in Momenten emotionalen Aufruhrs beruhigend.

Wie aber setzt man Grenzen, und wie sorgt man dafür, dass sie eingehalten werden?

- **Formulieren Sie es positiv:** Mit negativen Sätzen wie „Mach das nicht!“ oder „Nein, so läuft das nicht!“ werden Sie bei Ihrem Kind eher noch mehr Widerstand und Ärger erzeugen. Erinnern Sie sich an Julians Mutter? Sie sagte „Julian, du sollst keine Videospiele spielen“. Mit „Julian, es ist Zeit aufzustehen“ hätte sie vielleicht mehr Erfolg gehabt.
- **Seien Sie präzise:** Noch besser wäre, wenn Julians Mutter ihre Anweisung präzisieren würde, zum Beispiel so: „Es ist Zeit, in die Küche zum Frühstücken zu kommen.“
- **Geben Sie eine Erklärung:** Ihr Kind „folgt“ Ihnen eher, wenn Sie ihm die Grenzen, die Sie ihm setzen, kurz und einfach erklären, besonders beim ersten Mal. Überfordern Sie es nicht mit ausführlichen Erklärungen. Hauptsache, es versteht, warum Sie eine neue Regel einführen. Zum Beispiel: „Es ist wichtig, dass wir rechtzeitig zur Schule kommen, damit ich pünktlich zur Arbeit komme.“
- **Bleiben Sie konsequent:** Ignoriert Ihr Kind die Grenzen, die Sie ihm setzen, haben Sie mehrere Optionen. Bei Kleinkindern kann man pragmatisch durchgreifen. Wäre Julian noch nicht so alt, könnte seine Mutter einfach in sein Zimmer gehen, ihn aus dem Bett hieven und ihm beim Anziehen helfen. Die Sanktion seines Fehlverhaltens würde also darin bestehen, ihn in seiner Eigenständigkeit einzuschränken. Bei älteren Kindern funktioniert das nicht. Wäre Julian ein Teenager, könnte seine Mutter ihm beispielsweise keinen Zugang mehr zu Videospielen gewähren.

Um Ihnen zu veranschaulichen, wie das mit der selektiven Aufmerksamkeit und dem Grenzensetzen geht, folgt nun das Beispiel der siebenjährigen Jackie, die von Nachbarshunden gebissen und dadurch traumatisiert worden war.

SAM: Also Kinder, wer will alles Pizza?
JACKIE: Igitt, deine Pizza ist voll eklig!
SAM: Wir essen gemeinsam zu Abend, denn wer nicht satt wird, wacht nachts vor Hunger auf. Wenn du etwas anderes möchtest, kannst du dir selbst was zu essen machen.
JACKIE: Igitt, das ess ich nicht!
SAM: (zu einem anderen Kind) Wie war's in der Schule heute, Jeremy?
JACKIE: (verdreht die Augen)
SAM: (unterhält sich beim Essen weiter mit Jeremy)
JACKIE: Mir wird speiübel.
SAM: (ignoriert Jackie)
JACKIE: (steht auf und macht sich ein Brot mit Erdnussbutter und Marmelade)
SAM: Schön, dass du dir selbst etwas zu essen machst, Jackie.

In diesem Beispiel wird Jackies Herumgemaule wegen der Pizza nicht beachtet und an die Regel für Essenszeiten erinnert. „Wir essen gemeinsam zu Abend“ setzt eine Grenze, und „Wir essen uns satt, damit wir nachts nicht vor Hunger aufwachen“ erklärt diese. Da Jackie frech wird, entzieht Sam ihr seine Aufmerksamkeit. Als sie seinen Vorschlag befolgt, sich selbst etwas zu essen zu machen, lobt er sie dafür.

Zum Abschluss und auf den Punkt gebracht

Diese Taktiken für den Umgang mit geringfügigem Fehlverhalten funktionieren auch ohne Traumatisierung. Liegt aber eine vor, ist es umso wichtiger, dass Sie die Regeln einhalten und konsequent bei Ihrem Verhalten bleiben, damit Ihr Kind sich darauf einstellen und sich auf Sie verlassen kann. Es bekommt so das dringend benötigte Gefühl, in Sicherheit zu sein, und wird eher mit seinem traumabedingten Fehlverhalten aufhören.

Wenn Ihr Kind nach einem Trauma etwas über die Stränge schlägt, signalisiert es damit wahrscheinlich, dass es ihm schlecht geht und es mehr Aufmerksamkeit braucht als sonst. Es erteilt Ihnen Befehle („Du darfst nicht neben mir sitzen!“), schreit Sie ohne ersichtlichen Grund an („Ich hasse dich!“) oder stellt übertriebene Forderungen („Du musst mir sofort das neueste Computerspiel kaufen!“). Doch egal, worin sich geringfügiges Fehlverhalten äußert – es nervt und stört den Tagesablauf. Sie haben aber durchaus Einfluss darauf, nämlich mit Ihrer Aufmerksamkeit. Sie können Ihr Kind in seiner erhöhten Hilfsbedürftigkeit wahrnehmen und dazu beitragen, dass es weniger aggressiv ausagiert. Es gibt jedoch Momente, da können Sie machen, was Sie wollen: Die Situation wird nicht besser oder eskaliert sogar. Das ist nicht mehr nur lästig, sondern (wenn es sich z. B. um physische Gewalt oder Sachbeschädigung handelt) absolut daneben. Dann haben Sie es mit grobem Fehlverhalten zu tun. Wie Sie am besten damit umgehen, erfahren Sie in Kapitel 9.

8. Rückzug und Vermeidung und wie man damit umgeht

Wie Sie bereits aus dem ersten Kapitel wissen, entwickeln manche Kinder und Jugendliche eine Posttraumatische Belastungsstörung und manche nicht, obwohl sie sich in der gleichen belastenden Situation befunden haben. Woher kommt das? Entscheidend ist unter anderem der Versuch, jegliche Erinnerung an das furchtbare Erlebnis auszublenden.

Dass Kinder das Trauma vergessen wollen, ist vollkommen normal. Denn schließlich erweckt jede Erinnerung die unangenehmen Gedanken und Gefühle wieder zum Leben. Sie zu vermeiden bringt also kurzfristig Erleichterung. Gleichzeitig wird jedoch ein Teufelskreis in Gang gesetzt, in dem eigentlich nicht bedrohliche Situationen die Angst langfristig verstärken und die Betroffenen zu Gefangenen ihres Innenlebens machen. Dann können selbst so banale Dinge wie eine Krankenwagensirene oder ein Bart, der dem des Täters ähnelt, eine Flut quälender Emotionen auslösen.

Gabriel ist überglücklich. Er hat gerade seinen Führerschein gemacht und kann nun mit dem Auto zu seinem geliebten Freitagstreffen im Jugendclub fahren. Doch schon beim ersten Mal geht es schief. Er wird angefahren, und der Unfallverursacher begeht Fahrerflucht. Zitternd vor Angst bleibt Gabriel mehrere Minuten am Steuer sitzen. Ihm fröstelt, er ist ganz allein und weiß nicht, was er tun soll. Schließlich kommt ihm die Polizei zu Hilfe. Der Wagen hat einen Totalschaden, aber er selbst ist mit einem Schrecken und ein paar Kratzern davongekommen. Monate später, nachdem die Versicherungsangelegenheiten geklärt und seine Wunden verheilt sind, weigert er sich noch immer, Auto zu fahren. Eigentlich möchte seine Mutter, dass er es tut, damit er seine Freunde wieder treffen kann, doch ein Blick auf den verängstigten Gesichtsausdruck ihres Sohns reicht, und sie gibt seiner stummen Bitte, ihn hinzufahren, nach. Er hat aber nicht nur Angst, sondern wirkt auch depressiv. Immerzu ist er niedergeschlagen und hockt am Wochenende allein in seinem Zimmer. Dann bricht er den Kontakt zu seinen Freunden ganz ab. Bis vor Kurzem noch konnte er sein Handy kaum aus der Hand legen, ständig checkte er es nach neuen Nachrichten, bei Tag und bei Nacht. Jetzt lässt er es unbeachtet herumliegen. Seine Mutter ist wirklich beunruhigt.

Dass Gabriel sich nicht mehr ans Steuer setzen mag, leuchtet natürlich ein. In seiner Vorstellung ist Autofahren zur Gefahr geworden, und alles, was ihn an den Unfall erinnert – wie zum Beispiel der Jugendclub, wohin er an dem bewussten Abend ja unterwegs war –, versetzt ihn wieder in Angst und Schrecken. Diese Art der Vermeidung ist durchaus effektiv: Sich fahren zu lassen wiegt Gabriel in Sicherheit und lindert vorübergehend seine Angst. Was kann denn daran falsch sein?

Leider ist Vermeidung nicht so harmlos, wie sie scheint. Sie sehen das bei Gabriel: Je stärker er sich gegen das Autofahren sträubt, desto mehr Angst hat er davor. Aber nicht nur das. Die Angst schränkt seinen Lebensradius ein. Statt seine Unabhängigkeit und sein wöchentliches Treffen mit Freunden zu genießen, ist er auf seine Mutter angewiesen, dass sie ihn hinfährt. Weil er sich zu alt dafür fühlt, schämt er sich und verbarrikadiert sich an den Wochenenden lieber in seinem Zimmer. Dort ist er zwar deprimiert, aber wenigstens kann ihm da nichts passieren.

Bevor wir uns anschauen, wie Gabriels Mutter am besten reagieren könnte, lassen Sie uns darüber nachdenken, welche Faktoren bei Gabriel dazu führen, das Autofahren zu vermeiden.

- **Offensichtliche Trigger:** Weshalb ein junger Mann wie Gabriel Angst hat, sich hinters Steuer zu setzen, leuchtet ein – es erscheint ihm riskant. Deswegen kann er logischerweise nicht mehr mit dem Auto zum Jugendclub fahren und lässt es bleiben.
- **Weniger offensichtliche Trigger:** Gabriel bekommt schon Angst, wenn er seine Freunde Autofahren sieht oder sie ihn einladen, bei ihnen mitzufahren. Jedes Mal fällt ihm der rücksichtslose Autofahrer wieder ein, der seinen Wagen zu Schrott gefahren hat, und dann bilden sich Schweißperlen auf seiner Stirn. Aber die nehmen weder seine Freunde noch seine Eltern wahr.
- **Energielosigkeit:** Wer unter einer posttraumatischen Belastung leidet, ist oft erschöpft. Manchmal rührt die Müdigkeit auch von einem weiteren Symptom her, den Schlafstörungen. Sie sind eine Art psychischer Tribut für die häufigen Kampf-Flucht-Erstarrungsreaktionen. Als weitere Ursache kommen Depressionen infrage, die häufig mit der Vermeidung zusammenhängen.
- **Antrieblosigkeit:** Manche Kinder sind nach einer Traumatisierung unmotiviert, sie verlieren das Interesse an ihren Hobbys oder generell die Lust auf Unternehmungen – auch dies ist ein Symptom für Depressionen oder Ängste. So hat Gabriel aufgrund seiner Angst keine Lust mehr, sich mit seinen Freunden zu treffen.
- **Scham:** Dass er einen Unfall hatte, empfindet Gabriel als Schande. Er schämt sich. Auch die Angst, die er seit dem Unfall hat, ist ihm peinlich. Dann kommen ihm unzutreffende negative Gedanken wie, „Was muss ich für ein Loser sein, dass ich Schiss vorm Autofahren habe!“ Oder: „Ich werde nie wieder normal sein.“ Sich selbst mit unrealistischen Prognosen zu quälen hat bei traumatisierten Kindern und Jugendlichen zur Folge, dass sie sich immer weiter einigeln.

- **Mangelndes Einfühlungsvermögen anderer Menschen:** Zu den Schamgefühlen können noch unsensible Bemerkungen von Freund:innen und Familienangehörigen hinzukommen, die den Wunsch nach Rückzug weiter verstärken. So höre ich in meiner Praxis immer wieder, dass überraschende Schreckreaktionen oder unverständliche Ängste mit freundlich gemeinten, aber verletzenden Scherzen quittiert werden.

Was sollten Gabriel und seine Mutter nun also tun?

Konfrontation

Die Lösung des Problems mit der Vermeidung ist simpel, klingt aber paradox: sich dem, was man vermeiden möchte, erst recht aussetzen, das heißt, sich Situationen und Dingen, die an das Trauma erinnern und Angst auslösen, nicht zu entziehen, sondern sich ihnen zu stellen und aktiv auf sie zuzugehen. Leichter gesagt als getan! Erst recht bei traumatisierten und verunsicherten Kindern. In einem Buch wie diesem, das ja auf die Unterstützung von Kindern ausgerichtet ist, klingt die Empfehlung, ihnen etwas Unangenehmes aufzuerlegen, vielleicht widersprüchlich. Sie sollen Ihr Kind den Wölfen zum Fraß vorwerfen? Keinesfalls! Stellen Sie es sich so vor: Sie nehmen Ihr Kind an der Hand und führen es an ein Rudel großer Hunde heran, damit es merkt: Die sehen gefährlich aus, wollen aber bloß spielen. In dem Film *Herkules und die Sandlot-Kids* haben die Kinder schreckliche Angst vor einem Nachbarshund namens Bestie, bis sie herausfinden, dass der in Wahrheit ganz zahm ist und ihnen nichts tut. Er jagt eben einfach gern Bällen hinterher und zerkaut sie. Wären sie einfach auf den riesigen, aber gutmütigen Mastiff zugegangen, um ihn freundlich zu begrüßen, statt sich von ihren Horrorvorstellungen in die Irre führen zu lassen, hätten sie sich viel Ärger erspart.

Bei stark emotionalen Kindern mit einer blühenden Fantasie ist die Sache komplizierter.

Eine Konfrontation funktioniert wie *Gewöhnung*: Je öfter man etwas wiederholt, desto weniger aufreibend ist es, sowohl körperlich als auch seelisch, bis man sich schließlich darauf eingestellt hat. Wenn sich Ihr Kind also immer wieder an das heranwagt, was es eigentlich vermeiden will, dann wird es sich irgendwann daran gewöhnen. Dinge oder Orte, die es gefährlich fand, lösen bei ihm keine Angstreaktion mehr aus, sondern werden alltäglich, ja sogar langweilig. Mit jeder Konfrontation wird Ihr Kind mutiger. Es wird merken, wie seine Angst abflaut und es nicht mehr davonzulaufen braucht. Die vermeintliche Gefahr ist weg. Etwas ganz anderes ist es natürlich, wenn tatsächlich Gefahr besteht, wenn der Hund von nebenan wirklich manchmal auf Kinder losgeht. Dann wäre eine Konfrontation mit ihm nicht nur wirkungslos, sondern sogar ausgesprochen dumm.

Konfrontationen sollten außerdem immer *allmählich* erfolgen. Werfen Sie Ihr Kind nicht einfach so ohne Vorherwarnung ins kalte Wasser. Helfen Sie ihm stattdessen, erst einen Fuß vorsichtig hineinzusetzen, dann den anderen, dann ein paar Schritte hinein zu waten, immer tiefer, und erst ganz zum Schluss vollkommen einzutauchen. Nehmen Sie sich Zeit für die Begegnung mit den Traumaerinnerungen und fangen Sie mit denen an, die weniger Angst verursachen. Hat Ihr Kind dies gemeistert, kann es sich zur nächsten Stufe mit der etwas größeren Angst vorwagen, und so machen Sie weiter, bis hin zur schlimmsten Erinnerung. Stellen Sie sich darauf ein, dass die Angst nicht automatisch mit der ersten Konfrontation verschwindet. Bis das geschieht, wird noch eine ganze Weile vergehen.

Hier ein Beispiel von einem Mädchen, das einen Fahrradunfall hatte und sich von ihrem Vater begleitet mit der gefürchteten Situation konfrontiert.

Olivia war durch ihr Wohnviertel geradelt, in ein Schlagloch gefahren und vom Rad gefallen. Sie erlitt eine Platzwunde am Kinn und schürfte sich Knie und Hände auf. Nun sind die Verletzungen schon längst abgeheilt, aber Olivia weigert sich noch immer hartnäckig, jemals wieder Fahrrad zu fahren, obwohl es ihr fehlt und sie das traurig stimmt. Ihr Vater nimmt sie jedoch nicht beim Wort, sondern will gemeinsam mit ihr an der Überwindung ihrer Ängste arbeiten. Als Erstes stellen sie an ihrem Fahrrad den Sattel niedriger, sodass sie jederzeit mit beiden Füßen den Boden berühren kann. Dann radelt er mit ihr durch die Straße, in der sie wohnen, aber nur kurz. Zu Anfang ist Olivia noch ziemlich nervös, doch dann entspannt sie sich und kann sogar über sich selbst lachen, wie sie wie ein „Klammeraffe" durch die Gegend fährt. Da sie sich nun wohlzufühlen scheint, stellt ihr Vater den Fahrradsattel wieder etwas höher, sodass sie nur noch mit den Zehenspitzen auf den Boden kommt. Wieder ist Olivia zunächst leicht nervös, und wieder fahren sie zusammen durch ihre Straße, so lange, bis es Olivia langweilig wird. Dieses Prozedere wiederholen sie mehrere Male, und eines Tages traut sich Olivia, bei normal eingestelltem Sattel allein um den Block zu radeln.

Wie man Konfrontationen im Einzelnen plant und durchführt, erfahren Sie weiter unten in diesem Kapitel. Fürs Erste reicht es zu wissen, dass Olivias Vater auf die enge, herzliche Beziehung zu seiner Tochter baut und dass diese genauso wichtig ist wie die eigentliche Konfrontation.

Bevor Sie beginnen: Braucht Ihr Kind eine Therapie?

Bei Olivia verhält es sich ganz ähnlich wie bei Gabriel (das Fallbeispiel am Anfang des Kapitels). Nach einem Unfall – sie mit dem Fahrrad, er mit dem Auto – leiden beide unter Ängsten und tendieren zu Vermeidungsverhalten. Gabriels Mutter könnte also wie Olivias Vater vorgehen und erst einmal mit ihrem Sohn ein paar Mal um den Block fahren. Sodann könnte sie ihn dazu ermutigen, in Begleitung eines Freundes Auto zu fahren und schließlich allein. Was ist aber, wenn seine Angst schon beim Gedanken ans Autofahren überhandnimmt? Dann sollte er sie besser in einer Therapie bearbeiten.

Woher können Sie genau wissen, wie sehr Ihr Kind leidet? Das einzuschätzen ist gar nicht so einfach.

Es gibt eine Skala zur Messung der subjektiven Belastung (SUDS: Subjective Units of Distress Scale), die auf Dr. Joseph Wolpe und sein erstmals 1969 veröffentlichtes Buch *The Practice of Behavior Therapy* zurückgeht. Diese Skalierungsmethode ist in verschiedenen Variationen schon seit mehr als 50 Jahren in Gebrauch. Da sie aufgrund ihrer flexiblen Skalenwertbeschreibungen für jede Situation anpassbar ist, können Sie mit ihr schnell und leicht herausfinden, wie stark Ihr Kind leidet, und eine Liste von leichten bis schweren Konfrontationszielen erstellen. Eine genaue Beschreibung der einzelnen Stufen finden Sie im Kasten.

In meinen Therapiegesprächen mit Kindern gehe ich meistens so vor: Stell dir eine Skala vor, auf der Zahlen von Null bis Zehn stehen. Null bedeutet „ausgezeichnet“ und zehn „ganz mies“. Wenn ich dich jetzt frage, wie es dir gerade geht – bei welcher Zahl würdest du dich einordnen?

Die SUD-Skala zur Einschätzung von Ängsten

0: Vollkommen angstfrei, ruhig und gelassen
1: Fühlt sich richtig wohl, vielleicht mit einer winzigen Spur von Angst, die sich aber kaum bemerkbar macht
2: Fühlt sich ganz gut, mit ein wenig Angst, die höchstens etwas störend ist
3: Schwache Angst, die sich mit etwas Mühe ignorieren lässt
4: Spürbare Angst, die sich nicht so leicht ignorieren lässt
5: Mittelschwere Angst; man kann kaum an etwas anderes denken
6: Stärkere Angst; man kann an gar nichts anderes mehr denken
7: Anflüge von Panik, die sich mit viel Mühe aber beherrschen lassen
8: Stark emotional aufgeladene Angst, die sich kaum noch beherrschen lässt
9: Verzweifelte Angst, die manchmal nicht mehr beherrschbar ist
10: Unerträgliches Leiden; die Emotionen entziehen sich schon längst jeder Kontrolle

Wenn sich die Angst Ihres Kindes in Grenzen hält (Skalenwert unter 5) und es offen dafür ist, sich an etwas Unangenehmes heranzuwagen, und wenn Sie es gerne dabei begleiten (und sich zum Beispiel bereitwillig auf die Beifahrerseite setzen und zehnmal um den Block fahren) – dann nur zu! Wenn Ihr Kind hingegen mehr oder sogar starke Angst hat und schon bei der Vorstellung an die Konfrontation zusammenschreckt, dann ist eine Therapie die bessere Wahl.

Weitere Faktoren:

- Welche Art der Belastung hat Ihr Kind erlebt? War es ein einmaliger Vorfall, der sich im Rahmen des Normalen bewegt und keine ärztliche Behandlung erfordert hat – etwa ein Unfall mit dem Auto oder dem Fahrrad oder zum Beispiel auch ein Hundebiss –, können Sie die Konfrontation selbst begleiten. Bei einer komplexeren Traumatisierung – etwa durch sexuelle Übergriffe, Mobbing oder eine von Gewalt geprägte Umgebung – sollte sie besser im Rahmen einer Therapie erfolgen.
- Sind die Orte oder Situationen, die Ihr Kind jetzt meidet, grundsätzlich sicher? Relativ harmlos sind Restaurants und Cafés, wo man sich mit Freund:innen treffen kann, sowie Fahrrad- und Autofahrten. Falls Sie sich unschlüssig sind, lassen Sie sich beraten.
- Ist Ihr Kind einfach nur unruhig oder ist es traumatisiert? Um das zu entscheiden, helfen Ihnen die Informationen aus Kapitel 2. Professionelle Hilfe – bei der Durchführung von Konfrontationen, aber auch generell – ist angesagt, wenn die Symptome für eine Posttraumatische Belastungsstörung sprechen, wenn sie an-

dauern (also einen Monat nach dem Vorfall immer noch präsent sind) und wenn sie sich störend auf den Alltag auswirken. Keine Therapie ist vonnöten, wenn das Vermeidungsverhalten weder die schulische Leistung noch Freundschaften beeinträchtigt und Ihr Kind ansonsten symptomfrei ist.

Hier das Beispiel eines siebenjährigen Jungen, der einen Raubüberfall auf McDonald's miterlebt hat. Der Vorfall hat ihn etwas mitgenommen, aber er ist gut in der Schule, hat weiterhin Kontakt zu Freunden und ist auch zu Hause unverändert freundlich zu allen. Er isst, schläft und spielt ziemlich genau wie vorher. Allerdings hat er nun eine Aversion gegen Fast-Food-Restaurants. Er ärgert sich darüber, weil ein Freund bald bei McDonald's Geburtstag feiern wird, und er sagt zu seiner Mutter: „Wenn ich doch nur zu der Party gehen könnte!"

Dieser Junge wäre ein idealer Kandidat für eine elternbegleitete Konfrontation: Er hat nur wenige posttraumatische Belastungssymptome, sein Trauma beruht auf einem einmaligen Vorfall, und zudem ist er motiviert, seine Angst vor einem harmlosen Ort zu überwinden. Dasselbe gilt für eine Jugendliche, deren Handtasche auf einem Parkplatz gestohlen wurde und die seitdem einen weiten Bogen um solche Orte macht, aber ansonsten wie immer wirkt. Auch die Teenagerin, die auf einem Campingausflug von einem verheerenden Unwetter überrascht wurde und um ihr Leben fürchtete, will nie mehr zelten, obwohl sie das früher so gern tat.

Eine Konfrontation vorbereiten und ausführen

Nehmen wir an, Sie sind die Mutter des Jungen, der wegen seiner Aversion gegen McDonalds die Geburtstagsfeier seines Freundes verpasst, und Sie wollen eine Konfrontation durchführen. Dann könnten Sie folgendermaßen vorgehen:

1. Erzählen Sie eine beispielhafte Geschichte, in der es um eine Konfrontation geht, etwa die von Olivia (Seite 124 f.), die vom Rad gefallen war, nie mehr damit fahren wollte und von ihrem Vater unterstützt wurde.
2. Prüfen Sie, ob Sie mit Ihrem Kind ähnlich verfahren könnten. Wenn es sich für die Geschichte interessiert, seine Angst eher gering ist und es kaum posttraumatische Belastungssymptome zu haben scheint, könnten Sie sagen: „Hättest du Lust, so etwas in der Art auch einmal mit mir auszuprobieren?"
3. Planen Sie gemeinsam. Legen Sie kleine Schritte und Zwischenziele fest, um das große Ziel – die Geburtstagsparty – zu erreichen. Sie könnten zuerst andere Fast-Food-Restaurants besuchen (zum Beispiel Burger King oder Wendy's), als Nächstes mit dem Auto zu einem McDonald's-Drive-in fahren, dann andere McDonald's-Filialen aufsuchen und zum Schluss die überfallene.

4. Führen Sie den Plan Schritt für Schritt aus. Warten Sie, bis sich Ihr Kind an einen Schritt gewöhnt hat (das heißt, nicht mehr ängstlich darauf reagiert), und gehen Sie dann erst zum nächsten über. Auf das Fallbeispiel bezogen hieße das, bis der Junge sich an den McDonald's gewöhnt hat, vor dem er so schreckliche Angst hat.
5. Passen Sie auf, dass es nicht zu viel wird und hören Sie rechtzeitig auf. Wenn die Angst mittelhoch oder noch höher ist, sollten Sie sich Rat bei einer zuverlässigen therapeutischen Fachkraft holen und klären, ob es empfehlenswert ist, allein mit den Konfrontationen weiterzumachen oder nicht. Einen guten Schlusspunkt haben Sie erreicht, wenn Ihr Kind sich an die Herausforderung gewöhnt und seine Angst verloren hat. Ob es so weit ist, merken Sie bei jüngeren Kindern daran, dass ihnen die Konfrontationen langweilig werden. Und Teenager reagieren dann einfach deutlich genervt. Sollten Sie sich nicht ganz sicher sein, fragen Sie nach. Bei dem Jungen aus dem Beispiel oben könnte seine Mutter ihn einfach fragen, ob er sich einer Party gewachsen fühlt.

Unmotivierte Kinder

Ich habe viele Kinder erlebt, die sich nach einer belastenden Erfahrung mit ihrer Vermeidungstendenz anfreunden. Manche wollen gar nicht mehr in ihrem eigenen Zimmer schlafen, sondern nur noch bei ihren Eltern. Obwohl dieser Fall etwas komplexer gelagert ist – und vielleicht nicht nur mit dem Trauma zusammenhängt, sondern auch mit der Angst vor dem Alleinsein oder dem Dunkeln –, geht man genauso vor. Man beginnt, indem man etwas über die Konfrontationsmethode erzählt und kleine, machbare Schritte plant. Anfangs lässt man das Kind im Schlafsack auf dem Boden vor dem Bett der Eltern schlafen. Dort liegt es nicht so bequem wie auf der weichen Matratze, befindet sich aber trotzdem in der Nähe der Eltern. Vielleicht kommt ihm sein eigenes Bett im Vergleich mit dem harten Boden dann doch attraktiver vor. Anschließend kann man sich zu dem Kind auf den Boden legen, bis es sich schließlich wieder an sein eigenes Zimmer gewöhnt und dort einschläft.

Falls sich ein Kind gegen die Konfrontation sträubt, entweder weil es seine Gewohnheit einfach nicht ablegen will oder weil die Angst zu stark ist, lautet mein Rat an die Eltern: Zwingen Sie es nicht. Kontaktieren Sie einen Therapeuten oder eine Therapeutin. Natürlich muss Ihr Kind irgendwann wieder in seinem eigenen Zimmer schlafen, aber Sie wollen keinen Machtkampf darum anzetteln, erst recht nicht, wenn es traumatisiert ist. Ihr Hauptziel besteht darin, seine wichtigste Bezugsperson zu bleiben. Ein anstrengendes Tauziehen wegen etwas, unter dem Ihr Kind leidet, kann diese Beziehung schnell gefährden.

Beispielsituationen für elternbegleitete Konfrontationen

Sind Sie sich immer noch nicht sicher, ob Sie die Konfrontation mit Ihrem Kind selbst durchführen können und wie sie aussehen könnte? Zwei Kriterien müssen erfüllt sein:

1. Ihr Kind sollte, abgesehen von der vermiedenen problematischen Situation, in allen anderen Lebensbereichen so gut zurechtkommen wie vor der Traumatisierung.
2. Ihr Kind sollte für die von Ihnen selbst begleitete Konfrontation aufgeschlossen oder neugierig darauf sein.

Zwei Beispiele, wie Sie vorgehen können:

Der Vorfall: Ein achtjähriges Mädchen bricht sich im Sportunterricht das Handgelenk und möchte nun nie mehr am Schulsport teilnehmen und zudem aus dem Fußballverein austreten, obwohl sie bis dahin eine begeisterte Sportlerin war.

Die Konfrontation: Ist das Mädchen nicht imstande, aktiv Sport zu treiben, besteht der erste Schritt der Konfrontation darin, mit ihm zusammen zu Sportveranstaltungen zu gehen und einfach nur zuzuschauen. Sobald die Verletzung abgeheilt ist, könnte man vorsichtig Wurfspiele mit ihm spielen oder einen Fußball hin und her kicken, dann andere Kinder dazuholen und schließlich auf die Teilnahme am Sportunterricht und im Fußballteam hinarbeiten.

Der Vorfall: Ein zehnjähriger Junge geht mit seinem Dackel spazieren und trifft auf den Nachbarn, der mit seinem Chow-Chow Gassi geht. Der reißt sich von der Leine los und stürzt sich auf den Dackel. Der aggressive Hund kommt ins Tierheim. Trotzdem traut sich der Junge nicht mehr mit seinem Dackel vor die Tür.

Die Konfrontation: Man könnte beim nächsten Hundespaziergang mitgehen, und zwar zunächst nur dorthin, wo der Junge keine Angst hat, zum Beispiel in den Park, und den Radius dann langsam erweitern.

Der Vorfall: Ein sechzehnjähriges Mädchen hat nach einem Restaurantbesuch eine Lebensmittelvergiftung bekommen und weigert sich nun vehement, auswärts zu essen.

Konfrontation: Man könnte mit dem Mädchen ein Restaurant besuchen, aber ohne dass es etwas zu Essen bestellt. Beim nächsten Schritt könnte es eine kleine Portion oder etwas „harmloses“ essen (zum Beispiel in Butter geschwenkte Nudeln).

Wenn Ihr Kind Sie meidet

Vermeidungsbestreben kann ein Kind sehr nah an seine Bezugspersonen heranrücken – wenn es z. B. im elterlichen Bett schlafen will –, es kann jedoch auch einen Keil zwischen beide treiben. Das passiert meist dann, wenn eine Bezugsperson beim Kind Erinnerungen an das Trauma wachruft, beispielsweise weil sie bei einem sexuellen Übergriff eingeschritten ist oder in seinem Beisein einen Schlaganfall erlitten hat. Wenn die gemiedene Bezugsperson direkt in den belastenden Vorfall involviert war, ist der Fall klar. Manchmal aber scheinen die Gründe, weshalb Kinder mit einer Posttraumatischen Belastungsstörung ihre Freund:innen, Familienangehörigen oder Lieblingsbeschäftigungen meiden, gar nichts mit dem Trauma zu tun zu haben.

Jeri war mit dem Klassenschwarm zusammen. Seit sie mit ihm Schluss gemacht hat, wird sie schwer gemobbt. Das gipfelt schließlich darin, dass eine Freundin ihres Ex sie während der Mittagspause in der Schulkantine ohrfeigt. Die Lehrerin reagiert angemessen. Sie trennt die Mädchen, um eine Eskalation zu verhindern, und schließt die Schlägerin vorübergehend vom Unterricht aus.

Als wäre nichts gewesen, geht Jeri weiterhin jeden Tag in die Kantine. Zu Hause aber weigert sie sich, mit ihrer Familie zusammen zu essen. Sie ist genervt von ihren Eltern, weil sie ihr unentwegt helfen wollen. Ihre Mutter fordert sie immer wieder auf, „darüber zu reden", lässt einfach nicht locker, und ihr Vater hält ihr belehrende Vorträge, wie sie beim nächsten Übergriff als „Siegerin" hervorgehen könnte. Zu allem Überfluss verlangen ihre Eltern den Schulverweis der Schlägerin. Eines Tages sieht Jeri ihre Mutter aus dem Büro der Schulleiterin kommen. Wie peinlich! Sie möchte auf keinen Fall auffallen, lieber den Kopf einziehen, weiter machen wie bisher und so tun, als wäre nichts gewesen.

Was geht hier vor?

- Gemobbt zu werden ist für jeden Menschen unerträglich, auch für Jeri. Die Arme hat schon genug durchgemacht, aber ihre Eltern, obwohl sie es sicher herzensgut meinen, machen es ihr noch schwerer. Also macht sie dicht, geht ihnen aus dem Weg, zieht sich zurück.
- Möglicherweise schämt sich Jeri wegen der öffentlichen Ohrfeige. Der Wunsch ihres Vaters, sie als „Siegerin" zu sehen, stellt sie als „Verliererin" dar, die geschlagen wurde und versagt hat. Diese Botschaft wird durch die offensichtliche Bemühung um einen Schulverweis der Schlägerin noch verstärkt, weil Jeri damit unterstellt wird, dass sie sich nicht selbst zu helfen weiß.

Wenn Ihr Kind gemobbt wird, aber nicht darüber sprechen möchte, dann steckt nicht unbedingt eine pathologische Vermeidung oder eine Traumareaktion dahinter. Jeri zum Beispiel geht es ganz gut. Sie schämt sich nur ein bisschen über den peinlichen Vorfall. Gut möglich, dass sie sich wie die meisten Kinder ganz von selbst von dem potenziell traumatischen Erlebnis erholt. Was ihr vielmehr zusetzt, sind die hartnäckigen Hilfsbemühungen ihrer Eltern. Ihnen aus dem Weg zu gehen ist also eine normale Form des Selbstschutzes.

Wenn Ihr Kind Ihnen bestätigt, dass es ihm gut geht, und es trotzdem etwas oder jemanden zu vermeiden scheint, dann könnte es sich lohnen, einmal über das eigene Verhalten nachzudenken, anstatt den Grund beim Kind zu suchen.

Zermartern Sie sich immer noch das Hirn, ob Ihr Kind einfach nur etwas Raum für sich selbst braucht oder ob es sich um posttraumatische Vermeidung handelt? Dann führen Sie sich noch einmal Kapitel 2 zu Gemüte. Und falls Sie nach wie vor keine Antwort wissen, holen Sie sich Rat bei einem Therapeuten oder einer Therapeutin (mehr dazu in Kapitel 11). Behalten Sie einstweilen Folgendes im Hinterkopf: Sie sind nicht allein. Die meisten Eltern würden es nicht auf die leichte Schulter nehmen, wenn ihr Kind etwas Schreckliches erlebt hat. Sich dabei helfen zu lassen ist keine Schande! Dass Jeris Eltern ihrer Tochter helfen und den Schulverweis des Übeltäters bewirken wollen, ist verständlich – sie wollen sie halt beschützen. Jeris Perspektive miteinzubeziehen, wäre jedoch sicher von Vorteil.

Und: Manchmal ist Vermeidung die gesündeste Reaktion. Hat sich der traumatisierende Vorfall an einem Ort zugetragen, der wirklich gefährlich ist, dann sollte Ihr Kind sich sinnvollerweise von ihm fernhalten. Ich hatte einmal einen Patienten, der zum Leidwesen seiner Eltern liebend gern in die schwindelerregenden Höhen einer nahe gelegenen Eiche kletterte. Eines Tages hatte es zuvor stark geregnet, und der Baum war nass und glitschig. Der Junge rutschte ab und verlor den Halt. Seine Eltern hörten den Aufprall, seinen Schrei, und eilten ihrem Sohn entsetzt zu Hilfe. Er war am Leben, Gott sei Dank, hatte sich aber beide Arme gebrochen. Daher waren sie hocherfreut, als er beschloss, statt auf Bäumen von nun an nur noch auf dem gepolsterten Klettergerüst des Spielplatzes herumzuklettern.

Zum Abschluss und auf den Punkt gebracht

Fazit: Manche Eltern, wie die von Jeri, reagieren alarmiert auf die Vermeidungsbestrebungen ihres Kindes. Manche wiederum nehmen sie gar nicht wahr, weil sie vergleichsweise harmlos wirken und so gar nicht an posttraumatische Verhaltensänderungen denken lassen. Das Kind weint nicht, es ist weder frech noch verletzt es sich selbst. Solche Verhaltensauffälligkeiten scheinen weitaus erschreckender und dringlicher zu sein als das Vermeidungsverhalten, über das man sich doch keine Sorgen machen muss. Dabei ist es sehr besorgniserregend, weil es so heimtückisch ist. Es kann eskalieren, die Lebenswelt Ihres Kindes immer weiter einschränken, in die Isolation führen und, wie im Fall von Gabriel, der nach dem Verkehrsunfall nicht mehr Auto fahren wollte, depressiv machen. Deshalb ist es so wichtig, dass Ihr Kind die Unterstützung bekommt, die es zu seiner Heilung benötigt.

Scheuen Sie sich nicht, zu einer Therapeutin zu gehen, wenn Konfrontationsübungen Verunsicherung, Widerwillen oder Angst auslösen. Wenn sich Ihr Kind jedoch interessiert und aufgeschlossen zeigt und sich nur mäßig unwohl dabei fühlt, dann übernehmen Sie ruhig die Führung. In Begleitung einer liebevollen Person, die den Prinzipien der Konfrontationsmethode folgt (und sich, falls erforderlich, therapeutisch beraten lässt), kann Ihr Kind den Teufelskreis der Vermeidung durchbrechen und sich zu einem selbstbestimmt lebenden Erwachsenen entwickeln.

9. Grobes Fehlverhalten und wie man damit umgeht

Es gibt einen Moment, mit dem alle Eltern rechnen und der sie dann doch unvorbereitet trifft: der Moment, in dem ihr Sohn von ihnen genervt mit den Augen rollt. Oder aufsässig ist und Widerworte gibt. Oder wenn ihre Tochter sich türenknallend auf ihr Zimmer verzieht und allein sein will. Kinder werden unaufhaltsam älter und verändern sich. Der süße Fratz, der eben noch am Rockzipfel seiner Eltern hing und sich nach ihrer Anerkennung sehnte – wo ist er geblieben?

Wenn Pubertierende nach einem Trauma wie so häufig Dingen und Menschen aus dem Weg gehen und sich abschotten (siehe Kapitel 7 und 8), interpretieren viele Eltern dieses geringfügige Fehlverhalten nur zu schnell als eine typische, wenn auch unerfreuliche Begleiterscheinung ihres Alters. Das ist es aber nicht immer Manchmal sind die Symptome gravierender – und besorgniserregender – als die, um die es in den vorigen Kapiteln ging. Eltern, die sich Sorgen machen, weil ihre Tochter nicht mit ihnen in den Urlaub fahren will oder frech wird, melden sich eher selten in meiner Praxis. Dafür bekomme ich jede Menge Anrufe von panischen Eltern, die mich um einen sofortigen Termin anflehen, weil ihr Kind neuerdings seine Wut auf schockierende Art ausagiert.

Von grobem Fehlverhalten spricht man, wenn jemand beispielsweise das Auto seiner Eltern zu Schrott fährt, sein Zimmer demoliert oder sich in der Schule prügelt. Jüngere werfen mit Spielzeug, schlagen oder beißen andere Kinder sowie Erwachsene. Sie verstoßen gegen Regeln und bringen sich damit selbst in Gefahr, indem sie zum Beispiel auf die Straße rennen oder im Gedrängel eines Shopping-Centers davonlaufen. Ältere Kinder werden körperlich extrem aggressiv, schlagen Löcher in Wände oder verpassen einem Klassenkameraden ein blaues Auge. Auch hochriskantes Verhalten kommt vor, zum Beispiel im Straßenverkehr oder in Form von exzessivem Drogen- und Alkoholkonsum. Mehr über die spezifische posttraumatische Impulsivität bei Teenagern erfahren Sie in Kapitel 10. Dieses Kapitel befasst sich mit den verschiedenen Arten groben Fehlverhaltens und seinen Hintergründen sowie dem deeskalierenden Umgang mit Gewalt. Beginnen wir mit einem Beispiel.

Die neunjährigen Zwillingsbrüder Kevin und Jonas sind völlig fixiert auf ihre PlayStation 5. Ihre Eltern können sie kaum davon loseisen, etwa wenn es Zeit ist für die Schule, fürs Essen oder fürs Schlafengehen. Eigentlich ist die Videospielzeit der Jungs begrenzt. Doch vor einigen Wochen hat Kevin die Leiche eines drogenabhängigen Nachbarn gefunden, der an einer Überdosis gestorben ist, und ist seitdem traumatisiert. Der sonst so fröhliche Junge kapselt sich immer weiter ab, ist mürrisch und verschläft dauernd. Nur das brandneue Videospiel scheint all diesem Negativen entgegenzuwirken. Daher sind die Eltern erleichtert, dass ihre Jungs sich so gut amüsieren, und lassen sie stundenlang gewähren.

Eines Tags sitzen die beiden gerade an ihrer Spielkonsole, als Hanna, ihre kleine Schwester, sich zu ihnen gesellt und ihnen Getränke servieren will. Zu allem Unglück stolpert sie über ein Kabel und verschüttet Saft über das Gerät. Wütend schreien die Jungen auf sie ein. Sie bricht in Tränen aus. Aber Kevin belässt es nicht dabei. Er verliert die Beherrschung, greift sie an den Armen, brüllt ihr ins Gesicht, er würde sie gleich zusammenschlagen. Jonas hält ihn zurück, versucht ihn zu beruhigen, da dreht sich Kevin um und haut ihm eine rein. Von dem Lärm aufgeschreckt kommt die Mutter ins Zimmer und nimmt Hanna auf den Arm. In dem verzweifelten Versuch, Kevin zu beruhigen, verspricht sie ihm eine neue Play-Station. Später am Abend erzählt sie ihrem Mann von dem Vorfall, und er ist perplex. Er findet, sie hätte Kevin sofort sämtliche Videospiele wegnehmen und ihn mit einem Monat Hausarrest bestrafen oder ihm gar mit dem Militärinternat drohen sollen. Sie entgegnet, sie habe nicht gewusst, wie sie ihn sonst hätte zur Vernunft bringen können. Wie soll das weitergehen? Sie wissen es nicht.

Was ist hier los?

Die Eltern machen sich Sorgen, Kevin könnte „auf die schiefe Bahn geraten". Sie wollten ihn nach dem Trauma mit neuen Spielen und mehr Freiheit verwöhnen, aber statt ihnen dankbar zu sein, ist er arrogant, egoistisch und gewalttätig. Zum einen sagen sie sich, er ist ja traumatisiert, zu anderen sind seit dem Vorfall schon mehrere Wochen vergangen und die Symptome – seine schlechte Laune und sein Schlafbedürfnis – scheinen nachzulassen. Vielleicht war er einfach nur wütend auf seine Schwester, wegen der Play-Station, genau wie Jonas, sein Bruder. Nur ist dieser nicht gleich ausgerastet.

Eltern sollten bedenken: Auch wenn dem groben Fehlverhalten kein geringfügiges Fehlverhalten vorausgegangen ist, kann es Symptom eines Traumas sein. Tatsächlich ähnelt es eher einer Triggerreaktion (siehe Kapitel 5) als einem flehenden Hilfeschrei (siehe Kapitel 6, 7 und 8).

Warum?

Erinnerungen an ein Trauma können dem Körper suggerieren, er sei in Gefahr, und so die Kampf-Flucht-Erstarrungsreaktion auslösen (siehe Kapitel 4 und 5). Aber auch starke, überwältigende Emotionen, wie zum Beispiel Wut, können das für instinktives Verhalten zuständige Gehirnareal aktivieren. Kevin und Jonas waren beide wütend auf ihre ungeschickte Schwester, doch nur Kevin verlor die Beherrschung.

Dies ist typisch für Kinder mit Traumasymptomen. Da ist zwar eine innere Stimme, die ihnen zuflüstert „Das ist nur ein kleines Mädchen, dem ein Missgeschick passiert ist, keine nennenswerte Bedrohung", aber die Stimme ist zu leise, zu schwach. Sie kann sich gegen den dröhnenden, wutgesteuerten animalischen Instinkt nicht durchsetzen.

Haben Sie schon einmal erlebt, dass Ihnen jemand die Vorfahrt genommen und Sie beinahe gerammt hat? Wissen Sie noch, wie das war? Hat Sie da nicht vorübergehend eine unbeschreibliche Wut gepackt, die stärker war als jedes logische Denken? Genau das erlebt ein traumatisiertes Kind ganz oft, besonders dann, wenn Wut mit im Spiel ist.

Bemerkenswerterweise geht die Wut hier nicht zwingend auf den traumatischen Vorfall zurück. Die betroffenen Kinder reagieren infolgedessen aber sensibler auf alltägliche Stressfaktoren und explodieren schneller. Auch das Alter spielt eine Rolle: Der präfrontale Kortex, das für die Impulskontrolle zuständige Hirnareal, ist erst mit Mitte 20 voll ausgebildet.

Situationen wie die oben beschriebene können leicht verunsichern. Wie reagiert man darauf? Und so fragen sich Kevins Eltern, welche Taktik besser wäre: Sollen sie ihren Sohn beschwichtigen oder bestrafen? Langfristig hilft leider weder die eine noch die andere. Tatsächlich kann die falsche Reaktion das Fehlverhalten sogar unbeabsichtigt verstärken. Was sollen Eltern also tun, wenn ihre Kids ausrasten?

Die Lösung ist ein vierstufiger Prozess:

1. Sorgen Sie dafür, dass alle Beteiligten in Sicherheit sind.
2. Sammeln Sie sich.
3. Gehen Sie auf Ihr Kind zu und beruhigen Sie es.
4. Setzen Sie Grenzen.

Erstens: Sorgen Sie für Sicherheit

Vorrangig müssen Sie dafür sorgen, dass niemand verletzt wird. So trennt Kevins Mutter ihren Sohn von den anderen beiden Geschwistern.

Kinder in Kevins Alter kann man an einen sicheren Ort bringen, an dem niemand verletzt und nichts beschädigt werden kann. Ideal ist ein Zimmer, in dem sich nichts befindet, das ablenken, entzweigehen oder als Waffe dienen könnte. Das ist nicht nur eine Möglichkeit für Ihr Kind, sich zu beruhigen, sondern auch für Sie, sich emotional auf die nächsten Schritte einzustellen. Wird Ihr Kind häufig aggressiv, könnten

Sie solch einen Raum extra für diesen Zweck einrichten, damit es in Sicherheit ist, solange es sich emotional nicht im Griff hat.

Ist Ihr Kind schon älter und könnte es sich oder andere ernsthaft verletzen, dann scheuen Sie nicht davor zurück, Ihren Partner, Ihre Partnerin oder eine vertrauenswürdige Person aus der Nachbarschaft um Hilfe zu bitten. Oder wenden Sie sich an eine Beratungs- oder Kriseninterventionsstelle. Wäre Kevin nicht neun, sondern 16, wäre seine Mutter gut beraten, sich Verstärkung zu holen. Häufig ist das jedoch schwierig. In der psychiatrischen Klinik, in der ich früher einmal tätig war, war es üblich, dass sich das ganze Stationspersonal soweit verfügbar um einen Patienten oder eine Patientin scharte, der oder die sich in einer akuten Krise befand und eine Gefahr für sich selbst oder die anderen darstellte. Dieser Akt demonstrativer Solidarität ist ein wirksames, wenn auch aufwändiges Mittel zur Deeskalation aufgeheizter Situationen.

Zweitens: Sammeln Sie sich

Sobald Sie die Gewissheit haben, dass niemand ernsthaft in Gefahr ist, halten Sie einen Moment inne und achten Sie auf sich selbst. Damit Sie im nächsten Schritt auf das wütende Kind eingehen können, müssen Sie sich erst einmal selbst in die angemessene Gemütsverfassung bringen.

Mitanzusehen, wie das eigene Kind auf jemanden eindrischt oder die Wohnung verwüstet, ist sicher sehr erschreckend. Man erstarrt automatisch zur Salzsäule, möchte am liebsten davonrennen oder rastet gar selbst aus. Diese Reaktionen sind ganz natürlich und völlig nachvollziehbar. Sie können jedoch die falsche Botschaft vermitteln. Wer das Verhalten ignoriert, signalisiert, dass es akzeptabel ist, und wer überreagiert, bestärkt es. Die Aufgabe besteht darin, die Temperatur runterzukühlen, und das kann man nicht, wenn man sich noch im selben Raum befindet, innerlich unbeteiligt bleibt oder hitzköpfig reagiert und die Situation hochkocht.

Deshalb müssen Sie unbedingt in sich gehen und auf sich selbst achten. Um Ihrem Kind zu helfen, sich zu beruhigen, müssen Sie selbst ruhig sein und sich im Griff haben. Manchmal tun es einige tiefe Atemzüge (durch die Nase ein- und durch den Mund ausatmen), ein paar Spritzer kaltes Wasser auf das Gesicht oder ein Eiswürfel in der Faust (die klassische Methode der dialektisch-behavioralen Therapie; mehr dazu im Abschnitt über verschiedene therapeutische Ansätze, Kapitel 11).

Viele der in Kapitel 5 vorgestellten Methoden (5-4-3-2-1, Zwerchfellatmung, progressive Muskelentspannung) helfen auch Erwachsenen, sich in schwierigen Situationen zu erden. Denn die Überflutung mit starken Emotionen wie Wut und Angst setzt die gleiche physiologische Kettenreaktion in Gang wie bei Traumatriggern. Wenn Sie also miterleben, wie Ihr Kind zum Beispiel über ein anderes schwächeres herfällt, dann können Sie sich mithilfe derselben Mittel beruhigen, mit denen Sie es in einer Traumatriggersituation begleiten.

Diese Dynamik erkläre ich vielen Eltern am Beispiel einer Szene aus dem *Krieg der Sterne:* In seiner Ausbildung zum Jediritter muss Luke Skywalker die Höhle des Bösen betreten. Er fragt Meister Yoda: „Was werde ich dort finden?" Und dieser antwortet: „Nur das, was du mit dir nimmst."

Tatsächlich treffe ich regelmäßig auf Eltern, die sich abmühen, alles richtig zu machen. Aber auch Eltern sind nur Menschen, und deshalb ist es normal, wenn sie angesichts ihres gewalttätigen Kindes überfordert oder aufgebracht sind. Alles richtig zu machen braucht Übung. Wenn Sie also unversehens von einem Wutanfall gepackt werden, der dem Ihres Kindes in nichts nachsteht, sollten Sie erst einmal runterkommen und sich beruhigen – nämlich mithilfe eben der für Kinder gedachten Entspannungstechniken, die Sie bereits kennengelernt haben.

Drittens: Gehen Sie auf Ihr Kind zu und beruhigen Sie es

Befinden sich alle Beteiligten in Sicherheit, gehen Sie auf Ihr Kind zu und bauen eine Brücke zu ihm. Einfache Sätze wie „Du wirkst ziemlich wütend" oder „Oha, du bist ganz schön aufgebracht, was?" signalisieren ihm, dass Sie sich in es einfühlen können.

Auch auf den Ton kommt es an. Sie sollten interessiert klingen und nicht wie eine allwissende, schnell verurteilende Autoritätsperson. Wenn Sie den richtigen Ton treffen, wird Ihr Kind gleich etwas ruhiger.

Dieser einfache Schritt auf Ihr Kind zu öffnet die Tür zu allem anderen. Sie zeigen ihm damit, dass Sie auf es achten und es Ihnen etwas bedeutet. Infolgedessen fühlt es sich nicht allein mit seinen Emotionen, sondern sicher getragen.

Natürlich entsteht diese Annäherung nicht sofort. Wut ist eine mächtige Emotion – das schnell pochende Herz und das überarbeitete limbische System brauchen eine Weile, bis sie sich wieder beruhigt haben. Manche Kinder, besonders kleinere, schaffen das nicht allein. Ich werde nie das süße vierjährige Mädchen vergessen, das wegen grobem Fehlverhaltens bei mir war und in einer Sitzung zwischen Schreien und Schluchzern bekümmert hervorstieß: „Beruhig dich? Wie denn? Ich weiß das doch nicht!“ Kleine Kinder wissen oft nicht wohin mit ihrer heftigen Wut, vor allem nicht, wenn sie sich auch auf körperlicher Ebene bemerkbar macht. An dieser Stelle kommen Sie ins Spiel. Abermals können Sie sich der Methoden aus Kapitel 5 für den Umgang mit Triggern bedienen: Zwerchfellatmung, progressive Muskelentspannung, 5-4-3-2-1, achtsames Gehen und so weiter (die konkreten Übungsanleitungen finden Sie auf den Seiten 86 bis 93). Sie alle aktivieren die körperlich und geistig besänftigende parasympathische Reaktion.

Sollten Sie das Gefühl haben, nicht voranzukommen, übertreiben Sie es nicht. Wenn Sie zu stark drängen, wird Ihr Kind noch wütender. Lassen Sie ihm stattdessen Raum und signalisieren Sie ihm, dass Sie warten. Halten Sie die Tür geöffnet und lassen Sie Ihr Kind auf Sie zukommen. Eine Brücke zu bauen ist nicht immer angebracht. Sie lieben Ihr Kind, aber seiner Wut und seinen Beschimpfungen müssen Sie sich nicht aussetzen. Erkennen Sie seine Gefühle an, treten Sie einen Schritt beiseite und sagen Sie ihm, dass Sie zur Stelle sind, sobald es sich wieder beruhigt hat.

Müssen Sie tatsächlich einmal beiseitetreten, setzen Sie Grenzen für angemessenes Verhalten und helfen Sie dem Kind anschließend, sich wieder zu beruhigen.

Viertens und letztens: Grenzen setzen

Haben Sie eine Verbindung zu Ihrem Kind hergestellt – oder sie wenigstens angebahnt, – sollten Sie klar zwischen angemessenem und unangemessenem Verhalten unterscheiden. Formulieren Sie diese Grenzen kurz und knapp. Kevins Mutter könnte beispielsweise sagen: „Ich weiß, du bist sauer, aber in diesem Haus benutzen wir unsere Hände für konstruktive Zwecke.“

Natürlich gerät man leicht in Versuchung, das in negative Worte zu fassen, also zu sagen, was jemand nicht tun darf: „Du darfst niemanden hauen!“ oder „Du darfst nichts kaputtmachen!“ Auch wenn negative Formulierungen wie „tu das nicht“, „hör auf“ und „du kannst nicht“ inhaltlich richtig sind, laden sie zu Widerstand ein. Ein Teenager, der seine Mutter anbrüllt: „Du hast mir gar nichts zu sagen!“, mag ein Klischee sein. Doch Klischees kommen ja häufig nicht von ungefähr, sondern gehen auf Dinge zurück, die eben doch passieren. Manchmal kann man den Hang zu Widerstand umgehen, indem man Grenzen positiv formuliert (siehe Kasten).

Positive statt negative Formulierungen

Das Umformulieren gelingt meist nicht auf Anhieb, sondern es braucht etwas Übung, bis die neuen Ausdrucksweisen in Fleisch und Blut übergehen und man sie im Moment groben Fehlverhaltens parat hat. Machen Sie sich mithilfe folgender Beispiele damit vertraut:

- „Respektiere unser Zuhause“ statt „Du sollst kein Loch in die Wand schlagen“
- „Wir benutzen unsere Hände für konstruktive Zwecke“ statt „Hau deinen Bruder nicht“
- „Wir sind nett zu unseren Haustieren“ statt „Du darfst den Hund nicht treten“
- „Behandle deine Mitschüler:innen mit Respekt“ statt „Hör auf, dich auf dem Schulhof zu prügeln“

Sollte Ihnen im entscheidenden Moment nicht die richtige positive Formulierung einfallen, sagen Sie einfach Nein. Das ist immer noch *viel* besser als zu zaudern und das Verhalten durchgehen zu lassen. Eine gute Reaktion von Kevins Mutter hätte so lauten können: „Ich weiß, dass du sauer bist, aber deine Schwester zu schlagen ist nicht okay.“ Würdigen Sie nicht das Fehlverhalten Ihres Kindes, sondern seine Gefühle.

Hauptsache, Sie setzen Grenzen und halten sie dann auch ein.

Sie brauchen nicht groß in die Sache einzusteigen und viel Zeit auf das Grenzensetzen zu verwenden. Ein einfacher Satz reicht. Wenn ein Kind beispielsweise die Puppe eines anderen in Stücke reißt, schreiten Sie ein und sagen Sie: „Ich weiß, du bist richtig sauer, aber hier bei uns respektieren wir die Sachen der anderen.“ In diesem Moment haben Sie nur ein Ziel: auf der Stelle eine Linie zum Fehlverhalten zu ziehen, und zwar ruhig, aber bestimmt. Das klingt, als wäre es keine große Sache, ist aber sehr wirksam.

Was ist mit „Stille Ecke“ und anderen Strafen?

Es kommt vor, dass Eltern schwach werden und die Gefühle mit ihnen durchgehen. Sie schreien ihr Kind an oder bestrafen es. Das ist ein Fehler, denn schließlich will man es ja zurechtweisen, nicht bestrafen. Wer ein Kind zurechtweist, zeigt ihm den richtigen Weg. „Zurecht-weisen“ ist verwandt mit „unter-weisen“. Lernende werden unterwiesen. Auch der Begriff „Disziplin“ hat eine Verbindung zum Lernen, denn er geht auf das lateinische „discipulus“ – Schüler – zurück. Die negativ konnotierte Strafe dagegen hat sich aus der Rache entwickelt (lateinisch „punire“ bedeutet sowohl strafen als auch rächen). Sie dient der Vergeltung. Bringen Sie Ihr Kind lieber auf den richtigen Weg, damit es sich in Zukunft besser verhält, statt es mit Argusaugen zu beobachten und ihm sein Fehlverhalten heimzuzahlen.

Wie kann man Kindern also beibringen, sich besser zu verhalten? Indem man ihnen als Erstes zeigt, wie sie aus ihrem Tobsuchtsanfall herausfinden. Mit selektiver Aufmerksamkeit und Lob kommt man nicht weit. Wie wir im vorigen Kapitel gesehen haben, wirken beide motivierend und sind bei geringfügigem Fehlverhalten sehr hilfreich. Grundvoraussetzung hierfür ist jedoch, dass das logische Gehirnareal funktioniert, was der Fall ist, wenn Kinder zwar Widerworte geben oder frech werden, sich aber noch beherrschen können.

Hat hingegen erst einmal der Kampf-Flucht-Erstarrungsinstinkt die Kontrolle übernommen, hilft der Entzug von Aufmerksamkeit nicht mehr. Jeder Versuch, einem ausrastenden Kind angemessenes Verhalten beizubringen, geht ins Leere, weil in diesem Moment sein limbisches System am Ruder ist und es einfach nicht aufnahmebereit ist für Unterweisungen. Wer dann Druck ausübt, facht die Wut noch weiter an und riskiert den Einsturz der gerade aufgebauten Brücke. Deswegen ist es so wichtig, dass sich das Kind erst einmal beruhigt. Hat es seine Selbstbeherrschung wieder, ist es lernfähig. Außerdem lernt es auf diesem Weg gleich die Methoden zur Selbstbeherrschung in schwierigen Situationen.

Damit will ich aber auch nicht sagen, dass Sie auf Konsequenzen verzichten sollen. Man darf gewalttätige und zerstörerische Handlungen nicht durchgehen lassen. Sie sollten sich nur von der Vorstellung verabschieden, dass Ihre Zurechtweisungen Erfolg haben, wenn sich Ihr Kind im Kampf-Flucht-Erstarrungsmodus befindet. Über Konsequenzen zu sprechen lohnt erst, wenn es sich abgekühlt hat. Für einen guten Lerneffekt sollten diese im direkten Zusammenhang mit dem Fehlverhalten stehen (siehe Kapitel 7). Im Fall von Kevin bedeutet das, ihm keine Sonderrechte beim Spielen mehr einzuräumen. Nicht sinnvoll wäre es, ihn einen Monat lang von sozialen Aktivitäten auszuschließen oder ihn, wie sein Vater vorschlug, auf ein Militärinternat zu schicken.

Kinder in die sogenannte stille Ecke zu schicken ist nur unter der Voraussetzung akzeptabel, dass das Trauma nicht damit zusammenhängt, allein in einem Raum eingesperrt zu sein. Am besten funktioniert die stille Ecke bei Kleinkindern im Alter von eins bis sechs. Damit sie den gewünschten Effekt zeigt, sollte die Umgebung möglichst reizarm sein und die Dauer ungefähr eine Minute pro Lebensjahr betragen (also für Dreijährige drei Minuten). Da Aufmerksamkeit wie gesagt der größte Motivationsfaktor ist, dürfen Sie Ihrem Kind keine schenken. Sollte es zu entwischen versuchen, bringen Sie es, ohne mit ihm zu sprechen, wieder an den Ort zurück und lassen Sie es dort, bis die Zeit um ist.

Den meisten Eltern fällt der Umgang mit grobem Fehlverhalten schwer. Zwar ist bei uns Erwachsenen der Kortex stabiler und besser entwickelt, aber auch wir haben mit Emotionen zu kämpfen, wie zum Beispiel mit Wut. Denken Sie am besten an das, was Sie erreichen wollen, nämlich kurzfristig, den aktuellen Tobsuchtsanfall zu stoppen, und langfristig, die zukünftigen Tobsuchtsanfälle Ihres Kindes zu unterbinden. Beide Ziele erfordern, dass Sie die geistige Reife Ihres Kindes berücksichtigen und es dort abholen, wo es sich gerade befindet. Die vorgeschlagenen Schritte mögen nicht immer auf Anhieb wie selbstverständlich erscheinen und umsetzbar sein, sie werden aber schließlich und endlich dabei helfen, grobes Fehlverhalten einzudämmen.

Am Ende des Kapitels finden Sie eine Liste mit Tipps, welche Dinge Sie tun und welche Sie besser lassen sollten („grünes und rotes Licht"). Greifen Sie darauf zurück, wenn Ihr Kind randaliert und Sie nicht weiterwissen.

Welche Ursachen für grobes Fehlverhalten gibt es?

Meiner Erfahrung nach rasten traumatisierte Kinder selten aus, sondern werden eher auf andere Art und Weise verhaltensauffällig. Wenn sie ihre Wut nicht beherrschen können und auf Menschen oder Gegenstände losgehen, liegt das also nicht immer ausschließlich am Trauma. Meist sind die Ursachen komplexer, das heißt, es spielen noch andere Probleme mit hinein, wie zum Beispiel Schlafmangel, schlechte Ernährung, eine unbehandelte Krankheit, Drogen- oder Alkoholmissbrauch. Die daraus resultierende psychische und physische Labilität führt dazu, dass die Betroffenen die Kontrolle über ihre Kampf-Flucht-Erstarrungsreaktion verlieren und „explodieren".

Diese unverwechselbare Dynamik habe ich einmal hautnah bei einem Sechsjährigen namens Jamal erlebt. Seine Mutter und er waren wegen seines gewalttätigen Vaters von zu Hause ausgezogen und lebten seit Wochen in Notunterkünften. Der Junge hatte also keinen festen Schlafplatz und bekam zudem nicht regelmäßig zu essen. Nie kehrte wirklich Ruhe ein. Als er mir zum ersten Mal begegnete, war er völlig außer Rand und Band. Normalerweise sind Kinder beim Vorgespräch eher zurückhaltend. Jamal dagegen warf mit Büchern um sich und versuchte sogar wegzulaufen. Also brachte ich ihn erst einmal in einen leeren Raum, in dem wir uns gemeinsam beruhigen konnten. In den Folgeterminen verhielt er sich nach dem gleichen Muster. Das ging so lange, bis er eines Tages freudig erregt zu seiner Sitzung erschien. Ich fragte nach und erfuhr, dass seine Mutter endlich eine Wohnung mit einem Kinderzimmer gefunden hatte. Das bedeutete, er hatte jetzt ein eigenes Zimmer, das er nicht mit anderen teilen musste und wo niemand Lärm machte. Kaum war dieses Grundbedürfnis gestillt, rastete er nicht mehr aus. Er zeigte zwar noch immer

Traumasymptome wie Konzentrationsschwierigkeiten und Impulsivität, aber die destruktive Phase war vorbei.

Manchmal geht grobes Fehlverhalten auf Schlaf- und Nahrungsdefizite zurück. Teenager greifen nach einem traumatischen Erlebnis erstmals nach Alkohol oder Drogen, werden dadurch aggressiv oder verhalten sich riskant. Während andere Traumasymptome meist in direktem Zusammenhang mit dem ursprünglichen Vorfall stehen, hat gewaltsames Ausagieren selten eine einzelne Ursache – meist führt eine Kombination aus mehreren Faktoren zum Kontrollverlust.

Wenn sich Ihr Kind grob danebenbenimmt, gehen Sie erst einmal auf es ein, setzen Sie ihm Grenzen und beruhigen Sie es. Gehen Sie dann im Geiste folgende Checkliste durch und schauen Sie, ob Ihnen etwas auffällt.

- **Alkohol und Drogen:** Bewusstseins- und stimmungsändernde Substanzen schwächen die Fähigkeit zur Regulierung von Emotionen. Im Vollrausch schlägt diffuser Übermut schnell in Wut um. (Nicht von ungefähr beschäftigen Bars Türsteher!) Der Konsum mancher Drogen wie zum Beispiel Haschisch hat nicht nur unmittelbare Wirkungen, sondern kann auch langfristig die Entwicklung des Gehirns beeinträchtigen – besonders die des an der Impulskontrolle beteiligten präfrontalen Kortex. Die Folge ist eine gestörte Emotionsregulierungsfähigkeit im Erwachsenenalter. Da der Konsum von Alkohol und Drogen für Minderjährige außerdem strafbar ist, können die rechtlichen Konsequenzen die körperlichen und geistigen Schäden eskalieren.
- **Schlaf:** Ausgeschlafen zu sein macht den Körper widerstandsfähig gegen Alltagsstress. Schlafmangel hingegen macht schlecht gelaunt und führt zu kleineren Wutausbrüchen. In Kombination mit Traumasymptomen ergibt sich daraus das perfekte Rezept für grobes Fehlverhalten. Symptome einer traumabedingten Übererregung, wie Nervosität und ein übertriebenes Reagieren auf Trigger, führen häufig zu Einschlafschwierigkeiten. Was hilft, sind gute Schlafgewohnheiten wie feste Schlafenszeiten, Zubettgeh-Rituale oder Regeln, wie zum Beispiel das Bett nur zum Schlafen zu nutzen, ab dem Nachmittag kein Koffein mehr zu sich zu nehmen und mindestens eine halbe Stunde vor dem Zubettgehen alle Bildschirmgeräte auszuschalten. Gegen störendes Licht helfen lichtundurchlässige Vorhänge und gegen Lärm Ohrstöpsel. Kann Ihr Kind trotzdem nicht einschlafen, weisen Sie es darauf hin, dass sich im Bett hin- und herzuwälzen die Sache nur verschlimmert. Erlaubt ist, nachts aufzustehen, zur Beruhigung Hintergrundrauschen einzuschalten, ein langweiliges Buch zu lesen oder nach Lavendel duftende Creme aufzutragen, und sich dann wieder hinzulegen.

- **Ernährung:** Nimmt Ihr Kind regelmäßige und gesunde Mahlzeiten zu sich? Unterzuckerung und eine mangelhafte Ernährung führen dazu, dass sich Kinder wie gerädert fühlen und beim kleinsten Anlass an die Decke gehen. Doch keine Sorge – Sie brauchen nicht die teuersten Bioprodukte zu servieren! Worauf es ankommt sind regelmäßige nahrhafte Mahlzeiten. Eine Schüssel Müsli mit Milch erfüllt den Zweck.
- **Bewegung:** Sie wirkt wie ein natürlicher Stimmungsaufheller und hilft, Angst und Depression zu regulieren. Aufzustehen und sich zu bewegen macht stressresistent und wirkt förderlich auf die Kontrolle potenzieller Wutausbrüche. Ein Spaziergang am Tag – und der Körper bekommt, was er braucht.
- **Kontakt zu anderen Menschen:** Nicht allein die Eltern-Kind-Beziehung ist wichtig, sondern auch die zu anderen Kindern und Jugendlichen. Da Wutausbrüche Freundschaften gefährden und in die Isolation führen, sollten Sie Ihrem Kind dabei unter die Arme greifen, seine rissig gewordenen Beziehungen zu kitten und neue Kontakte zu knüpfen. Vielleicht müssen Sie dafür etwas arrangieren und sollten dabei die Stärken und Vorlieben Ihres Kindes berücksichtigen. Zum Beispiel: Mag Ihr Sohn lieber Theater als Sport, wird er im Schauspielunterricht oder in einer Hobbytheatergruppe eher Anschluss finden als im Sportverein. Aber auch wenn Ihr Kind eigenverantwortlich Freundschaften zu Gleichaltrigen schließt, können Sie es dabei unterstützen.

Manche Tipps klingen vielleicht trivial. Grobes Fehlverhalten ist zwar alles andere als trivial, aber doch nachvollziehbar: Es signalisiert, dass etwas grundlegend in Schieflage ist. Werden die wichtigsten Bedürfnisse des Gehirns nicht erfüllt, verliert es die Beherrschung über seine tierischen Instinkte. Und seien Sie versichert: Wann immer ich als Therapeutin ein stark verhaltensauffälliges Kind erlebe, bestehen gleichzeitig massive Probleme in den essenziellen Lebensbereichen.

Grünes und rotes Licht bei grobem Fehlverhalten

Es folgt eine Zusammenfassung aller Ratschläge aus diesem Kapitel – eine praktische Erinnerungshilfe, auf die Sie zurückgreifen können, wenn Sie nicht wissen, was Sie tun sollen beziehungsweise ob das, was Sie tun, richtig ist.

Grün

- Sicherheit geht vor: In erster Linie müssen alle Beteiligten in Sicherheit sein.
- Verstärkung: Scheuen Sie nicht davor zurück, bei Bedarf Hilfe zu holen.
- Zeit für sich selbst: Kommen Sie erst einmal selbst zur Ruhe, bevor Sie auf das Fehlverhalten Ihres Kindes reagieren.
- Lieber Brücken bauen als Strafen verhängen: Gehen Sie auf das Kind ein und helfen Sie ihm, sich abzuregen, bevor Sie auf dem Einhalten von Regeln bestehen oder es zurechtweisen.
- Grenzen setzen: Eine enge Beziehung zum Kind heißt nicht, bei grobem Fehlverhalten auf klare Grenzen zu verzichten. Körperliche Aggression und Sachbeschädigung sind nicht akzeptabel.
- Positive Sprache: Formulieren Sie Zurechtweisungen wann immer möglich positiv.

Rot

- Wut mit Wut zurückzahlen: Einem traumatisierten Kind gutes Verhalten mit Drohgebärden einzutrichtern wird der Beziehung noch mehr schaden.
- Alleingänge: Grobes Fehlverhalten kann überfordern. Wenn Sie nicht sofort Hilfe holen können, besprechen Sie sich mit jemandem, der oder die Sie unterstützen kann.
- Grundbedürfnisse vernachlässigen: Wenn man hungrig, müde, einsam oder unter dem Einfluss von bewusstseinsverändernden Substanzen steht, gerät man leichter in Wut, egal, wie alt man ist. Sorgen Sie dafür, dass sowohl Ihre als auch die Grundbedürfnisse des Kindes erfüllt sind.

Zum Abschluss und auf den Punkt gebracht

Wenn Ihr Kind sich destruktiv verhält und eine Gefahr für sich und andere ist, dann ist Therapie empfehlenswert. Doch Erziehungsberechtigte haben außerdem die Pflicht, grobes Fehlverhalten unmittelbar zu konfrontieren, Grenzen zu setzen und auf etwaige zugrunde liegende Probleme zu achten, die die Fähigkeit zur Emotionsregulierung schwächen könnten. Vergessen Sie nicht, dass Fehlverhalten auch biophysisch bedingt ist und seine Dynamik der von Triggern ähnelt (siehe Kapitel 5). Ob das Fehlverhalten grob oder geringfügig ist – beide sind auffällig, nur ist das geringfügige Fehlverhalten von anderen Faktoren motiviert (siehe Kapitel 7). Dieses zu verstehen ist der Schlüssel zur erfolgreichen Traumaheilung.

10. Selbstverletzung und impulsives Verhalten

Der Vater eines Teenagers erzählte mir einmal, er komme sich in seiner Rolle vor wie die NASA-Bodenkontrollstation bei einer der frühen Apollo-Missionen. „Sobald unsere tapferen Astronauten in die Umlaufbahn hinter dem Mond eintreten, verlieren wir hier unten auf der Erde vorübergehend den Kontakt zu ihnen", sagte er im Ton eines Fernsehmoderators. „Bis zu ihrer Rückkehr können wir nur hoffen und für ihre Sicherheit beten."

Sobald Kinder älter werden und ihre Unabhängigkeit einfordern, wird es auf den üblichen Kommunikationskanälen zwischen ihnen und ihren Eltern zunehmend still. Haben sie zudem etwas Traumatisches erlebt, ist es nicht nur so, als befänden sie sich auf der Mondschattenseite, sondern als hätte es sie komplett aus der Umlaufbahn geschleudert; als hätten sie sich von allen Menschen und Dingen losgelöst, die ihnen Stabilität verleihen, um sich impulsiv und riskant zu verhalten.

Zu den impulsiven Verhaltensweisen gehören Alkohol- und Drogenmissbrauch, Selbstverletzungen, riskanter Sex, halsbrecherische Autofahrten, Ladendiebstahl, Schulschwänzen und Weglaufen von zu Hause. Wenn etwa ein Teenager auf eine Zurechtweisung wegen Trunkenheit hin handgreiflich wird, haben wir es zusätzlich mit grobem Fehlverhalten zu tun. Die wesentlichen Unterschiede: Erstens ist grobes Fehlverhalten der widersprüchliche äußere Ausdruck anschwellender Frustration als Folge eines Traumas, während die impulsive Reaktion auf einen belastenden Vorfall häufig unbewusst den inneren Stress zum Schweigen zu bringen oder betäuben soll. Zweitens ist grobes Fehlverhalten nicht zu übersehen und meist aggressiv, während impulsives Verhalten erst dann auffällt, wenn jemand ein Auto zu Schrott fährt oder wegen Ladendiebstahls angezeigt wird. Dass besagter Teenager handgreiflich wird, ist grobes Fehlverhalten, sein betrunkener Zustand aber könnte impulsives Verhalten sein. Hätte das niemand bemerkt, wäre es womöglich gar nicht erst zu einer körperlichen Auseinandersetzung gekommen.

Natürlich ist impulsives Verhalten auch ein typisches Symptom der Pubertät. Dann ist die Motivation jedoch eine andere: sozialer Druck, Unabhängigkeitsstreben, Neugier und Lust auf Spaß. Hängt es dagegen mit einem Trauma zusammen, will man sich von qualvollen Gedanken und Gefühlen ablenken und den emotionalen Schmerz lindern.

Ein Hinweis: In diesem Kapitel geht zwar hauptsächlich um Pubertierende, aber auch Jüngere werden von qualvollen traumabedingten Gedanken und Gefühlen überflutet und können das Bedürfnis verspüren können, ihnen zu entkommen. Wenn sie nicht im gleichen Maße durch Impulsivität auffallen wie Jugendliche, liegt das am fehlenden Zugang (sie kommen zum Beispiel nicht so leicht an Alkohol heran) und weil sie sich mehr davor fürchten. Von zu Hause wegzulaufen oder sich Schnittverletzungen beizubringen erscheint Sechsjährigen befremdlicher und schrecklicher als Sechzehnjährigen, und es macht ihnen mehr Angst, erst recht, wenn andere im gleichen Alter das auch nicht tun.

Typisches impulsives Verhalten

Wie äußert sich das traumabedingte impulsive Verhalten? Bei den traumatisierten Teenagern, die regelmäßig in meine Praxis kommen, kann ich drei Gruppen ausmachen: Alkohol- und Drogenmissbrauch, riskanter Sex sowie Selbstverletzung.

Alkohol und Drogen

In den oberen Klassenstufen sind Alkohol und Drogen auch ohne Trauma häufig ein Thema. Laut Umfragen konsumiert die überwältigende Mehrheit der Jugendlichen vor dem achtzehnten Geburtstag Alkohol, und etwa die Hälfte hat mindestens einmal Drogen ausprobiert. Da wird zum Beispiel auf Partys Bier getrunken und heimlich ein Joint im Park geraucht. Wenn Sie Ihr Kind dabei erwischen, können Sie vielleicht nicht sofort einordnen, ob es einfach nur über die Stränge schlägt oder ein Trauma hat. Ist sein Verhalten sozial bedingt, liegt wahrscheinlich keines vor. Im Normalfall werden Alkohol und Drogen im geselligen Beisammensein konsumiert, also mit Freund:innen, häufig auch aus Gruppenzwang und wenn der leichte Zugang zu den Substanzen sowie die schiere Neugier alle Hemmungen beseitigen. Auch traumatisierte Teenager konsumieren Alkohol und Drogen mit anderen zusammen. Wer es jedoch (zusätzlich oder ausschließlich) allein und noch dazu regelmäßig tut, möchte damit etwas gegen die Traumasymptome tun. Da raucht jemand eine einsame Tüte im Badezimmer, stiehlt Mamas Beruhigungspillen aus der Hausapotheke oder experimentiert heimlich mit irgendwelchen anderen Rauschmitteln, holt sich beispielsweise nachts, wenn alle schlafen, die Schlagsahnekartusche aus dem Kühlschrank und inhaliert das darin enthaltene Lachgas.

Riskanter Sex

Unter traumatisierten Teenagern ist das geradezu ein Klassiker. Sex dient der Ablenkung von traumbedingtem Stress, der Stärkung des Selbstbewusstseins bei Minderwertigkeitsgefühlen und der Beschaffung von Aufmerksamkeit und Liebe. Es ist jedoch etwas anderes, ob die Betroffenen damit bei anderen nur Missfallen erregen oder sich in Gefahr bringen.

Wenn Sie zum Beispiel beim Aufräumen unter den Sachen Ihrer Tochter ein Päckchen Kondome finden oder ein Sexspielzeug, bedeutet das nicht, dass sie sich in Gefahr begibt. Im Gegenteil – mit dem Kondom will sie sich ja schützen. Wie definieren wir also hochriskanten Sex? Die Forschung zu diesem Thema nennt vier Kriterien:
1. Ungeschützter Sex
2. Sex mit mehr als vier verschiedenen Personen
3. Sex als Tauschgeschäft
4. Erduldung von sexuellen Handlungen aus Unsicherheit

Ihr gemeinsamer Nenner ist die Gefahr einer ungewollten Schwangerschaft, Ansteckung mit einer sexuell übertragbaren Krankheit oder Ausbeutung. Die Wahrscheinlichkeit für riskanten Sex steigt, wenn die Traumatisierung sexuell bedingt ist. So hatte ich einmal eine Klientin, die nach einem sexuellen Übergriff auf dem Schulgelände auf eine andere Schule ging. Zunächst lief es dort gut, doch dann wurde sie mehrmals beim Sex in der Öffentlichkeit mit unterschiedlichen Partnern erwischt. Dies war nicht mehr normal, auch nicht für ihr Alter. Es lag weder an den Hormonen noch geschah es aus reiner Neugier. Es war vielmehr eine Reaktion auf das Trauma. Auf dieses Muster komme ich später zurück (siehe Abschnitt „Art des Traumas“, S. 150 f.).

Selbstverletzung

Auch die nichtsuizidale Selbstverletzung – dass man sich selbst verletzt, ohne sich töten zu wollen – ist bei traumatisierten Kindern und Jugendlichen eine Form impulsiven Verhaltens. Selten sind Eltern in meiner Praxis verzweifelter, als wenn sie bei ihrem Kind Schnitte an den Armen oder Brandwunden an den Beinen entdecken und das Schlimmste befürchten. Was ist, wenn sie ihren Schützling womöglich im Leichenschauhaus wiedersehen? Meiner Erfahrung nach ist diese Angst zwar normal, jedoch unbegründet, da die meisten Selbstverletzungen selten mit Selbstmordabsicht geschehen.

So schwer verständlich das Verlangen nach Selbstverletzung sein mag – der körperliche Schmerz übertönt die mit dem Trauma verbundenen negativen Gefühle und lenkt davon ab. Wie effektiv das ist, wissen alle, die nach einem anstrengenden Tag ordentlich Dampf im Fitnesscenter ablassen. Stellen Sie sich eine junge Frau vor, die sich Vorwürfe macht, weil sie den Anruf ihrer besten Freundin, die später Selbstmord beging, verpasst hat. Sie grübelt die ganze Nacht lang darüber nach, dass sie versagt und sich nicht um ihre Freundin gekümmert hat, und kann diesen quälenden Gedanken und Gefühlen nur durch intensive körperliche Empfindungen entfliehen. Also ritzt sie sich die Haut. Laut Umfragen verletzt sich circa jedes vierte Mädchen vor dem achtzehnten Geburtstag absichtlich selbst und circa jeder achte Junge.

Wie ein Trauma in den Entscheidungsprozess eingreift

Impulsive Verhaltensweisen scheinen alle ziemlich unterschiedlich zu sein: Was hat Alkoholkonsum mit Schneiden zu tun? Doch die zugrunde liegenden Ursachen gehen auf ähnliche psychische Störungen zurück, die ebenfalls ähnlich behandelt werden sollten.

Doch zuerst müssen wir den Zusammenhang zwischen Trauma und impulsivem Verhalten verstehen.

In Kapitel 9 habe ich angesprochen, dass ein unterentwickelter präfrontaler Kortex mit physiologischen Mechanismen einhergeht, aufgrund derer traumatisierte Kinder in einen Malstrom explosiven Fehlverhaltens getriggert werden. Impulsives Verhalten aktiviert dieselbe Gehirnregion. Der präfrontale Kortex spielt eine erhebliche Rolle bei der Impulskontrolle – egal ob es der Impuls eines Kindes ist, die jüngere Schwester zu schlagen, weil sie seine Spielkonsole ruiniert hat oder der Einfall, ein Paar Strassohringe aus dem Laden zu klauen. Bei impulsiven Verhaltensweisen kommt jedoch noch etwas hinzu: die Art und Weise, wie Teenager ihre eigene Bewältigungsfähigkeit wahrnehmen. Viele glauben, dass sie ihre quälenden, mit dem Trauma assoziierten Gedanken und Gefühle einfach nicht ertragen können. Sie suchen nach einer Ausweichstrategie und finden sie im impulsiven Verhalten.

Hier ein Beispiel: Ich hatte einmal eine jugendliche Patientin, die spontan, ohne Telefon und Portemonnaie, von zu Hause weggelaufen war. Stunden später wurde sie dehydriert in einer fragwürdigen Gegend von der Polizei aufgegriffen. Warum hatte sie das getan? Wie sich herausstellte, waren ihre Eltern auf ein Video gestoßen, das zigmal geteilt worden war und ihre Tochter zeigte, wie sie gerade vergewaltigt wurde – was potenziell schon traumatisch genug gewesen wäre. Von zu Hause wegzulaufen war eine typische impulsive Reaktion auf die Beschämung und die Belastung. Ja, es war die unbedachte Entscheidung eines noch nicht ganz ausgereiften präfrontalen Kortex, wie er bei Teenagern ganz normal ist. Zudem hatte die junge Frau etwas erlebt, dessentwegen sie sich schämte und das sie vor ihren Eltern geheim halten wollte. Mit ihren Eltern darüber zu reden hatte sie getriggert. Sie glaubte, den belastenden Erinnerungen an Menschen und Orte nicht gewachsen zu sein, und wollte ihnen entkommen. Indem sie weglief, konnte sie all das hinter sich lassen. Das Übertreten von Regeln war eine aufregende neue Erfahrung – die perfekte Ablenkung.

In meinen Therapiesitzungen rege ich Eltern dazu an, sich zu fragen, wozu ein derart rätselhaftes Verhaltens dienen könnte. Das rate ich auch Ihnen: Sollten Sie nicht zwischen der für Teenager typischen Impulsivität und einer Traumareaktion unterscheiden können, fragen Sie nach der Motivation. Trinkt Ihre Tochter, weil es ihr Spaß macht? Ritzt sie sich, weil sie das in einem TikTok-Video gesehen hat und jetzt neugierig darauf ist? Hat sie riskanten Sex, um damit vor ihren Freund:innen anzugeben? Sie wissen ja, wie machtvoll sozialer Druck ist. Bringt sich Ihre Tochter aus diesem Grund in Gefahr, setzen Sie ihr Grenzen. Tut sie es dagegen zum Schutz vor belastenden Gedanken und Gefühlen und zur Betäubung, dann handelt es sich wahrscheinlich um eine Traumareaktion, die die kompetente Unterstützung ihrer Eltern und vielleicht auch eine Therapie erfordert.

Den Grund herausfinden ist gar nicht so einfach. Welcher Teenager erzählt seinen Eltern geradeheraus, was ihn dazu bewogen hat, sich ihre Beruhigungspillen unter den Nagel zu reißen oder ein Autorennen zu veranstalten? Halten Sie sich an die Ratschläge aus Kapitel 2. Gehen Sie genauso vor wie bei der Einschätzung, ob Ihr Kind traumatisiert ist oder nicht, und schauen Sie sich seine Ess- und Schlafgewohnheiten an. Vergleichen Sie sein auffällig impulsives Verhalten mit seinem Normalzustand. Wenn Ihr Sohn unter einem unregelmäßigen Schlafmuster leidet und schon vor der belastenden Erfahrung bis spät in die Nacht Videospiele gespielt hat, ist es nicht weiter beunruhigend. Wenn sich Ihre Tochter impulsiv verhält und auf Drogenpartys geht, ist es etwas anderes, ob sie sowieso eine Draufgängerin ist oder eher ein Mauerblümchen. Ist Letzteres der Fall, könnte das auf ein Trauma hindeuten.

Weitere Risikofaktoren bei Impulsivität

Natürlich verbringen nicht alle Teenager ihre Wochenenden mit Alkoholgelagen, illegalen Autorennen oder anderweitig riskanten, impulsiven Vergnügungen, auch nicht, wenn sie traumatisiert sind. Die Wahrscheinlichkeit, dass Traumatisierte sich so verhalten, ist jedoch höher, besonders wenn bestimmte Faktoren hinzukommen.

Alter

Ältere Teenager haben leichter Zugang zu Menschen und Produkten, die gefährliches, impulsives Verhalten begünstigen. So werden Dreizehnjährige weniger wahrscheinlich an Autorennen teilnehmen als Achtzehnjährige mit Führerschein und Zugang zu einem Auto. Auch Alkohol, Drogen, Waffen und hochriskanter Sex sind in höheren Schulklassen an der Schwelle zur Volljährigkeit leichter zu bekommen. Es mit anderen Gleichaltrigen oder mit etwas Älteren zusammen zu tun erweckt zudem den Anschein, dass es normal (also üblich) ist, sich so zu verhalten, und stachelt zu Dingen an, vor denen man eigentlich Angst hat.

Vorerkrankungen

Manche Teenager haben sich schon vor der belastenden Erfahrung impulsiv verhalten, besonders jene mit bestimmten Vorerkrankungen wie zum Beispiel einer Borderline-Störung. Charakteristisch für diese ist ein instabiles Selbstbild, das sich in Problemen im Umgang mit anderen Menschen sowie mit belastenden Situationen und Emotionen äußert. Die Betroffenen haben ohnehin eine Tendenz zu Impulsivität, die durch ein Trauma noch verstärkt wird. Auch die Aufmerksamkeitsdefizit-Hyperaktivitätsstörung (ADHS) kennzeichnet sich durch Impulsivität.

Art des Traumas

Manchmal hängt impulsives Verhalten mit der Art des zugrunde liegenden Traumas zusammen. Viele traumatisierte Kinder gehen ihren Triggern aus dem Weg, einige jedoch scheinen sich mysteriöserweise davon angezogen zu fühlen – aus unterschiedlichen Gründen. Erstens tendieren traumatisierte wie nichttraumatisierte Menschen sowieso mehr zu dem hin, was sie kennen. Wer zum Beispiel an Cheeseburger gewöhnt ist, bestellt gerne Cheeseburger. Vertraute Speisen zu essen tröstet und löst ein Gefühl von Geborgenheit aus. So könnte auch ein traumatisiertes Vergewaltigungsopfer zum Beispiel eine Beziehung mit jemandem eingehen, der dem Täter ähnelt. Das hat mit dem zu tun, was im ersten Kapitel bereits erläutert wurde: Das Trauma erschüttert das Bild, das die Betroffenen von sich selbst, von anderen Menschen und eben auch von ihrer Umwelt haben. Diese wird von nun als unheimlich und gefährlich empfunden. Also wendet man sich dem zu, was man kennt, auch wenn es einem schadet – Hauptsache, es fühlt sich sicher und berechenbar an. Insbesondere sexuell bedingte Traumata führen zu Minderwertigkeitsgefühlen, die wiederum das Selbstbewusstsein in sexuellen Kontakten schwächen und zu riskanten Praktiken verleiten.

Das kann auf bestimmten Schemata beruhen (siehe Kapitel 1). Wenn eine junge Frau beispielsweise von dem Prinzip ausgeht, dass „guten Menschen Gutes und schlechten Schlechtes passiert“ und „Frauen, die Gruppensex haben, miese Schlampen sind“, und sie dann auf einer Party von mehreren Männern vergewaltigt wird, könnte sie zu dem Schluss kommen, dass sie ein schlechter Mensch und eine miese Schlampe ist. Ich habe viele Teenagerinnen behandelt, die sich nach einem sexuellen Trauma minderwertig fühlten und sich danach nicht trauten, Sex abzulehnen, weil sie glaubten, keinen Respekt zu verdienen oder nur auf diese Weise Aufmerksamkeit zu bekommen. Auch dies ist eine Form hochriskanten sexuellen Verhaltens.

Traumabewältigung

Impulsives Verhalten dient auch dazu, sich von dem Trauma nicht unterkriegen zu lassen. Dazu mehrere Beispiele:

Ein Teenager, der in der Schule gemobbt wird, körperliche Gewalt erfahren hat und nun kampflustige Mitschüler provoziert, will auf diese Weise als Sieger dastehen. Ein Kind, das sein Zuhause durch einen Brand verloren hat, fühlt sich seitdem zu Streichhölzern und Feuerzeugen hingezogen. Ein junger Mann, der bei einem Autounfall lebensgefährlich verletzt wurde, rast in einer verregneten Nacht durch die Straßen, um diesmal „die Kontrolle zu haben und es richtig zu machen“. Damit lassen sich die Vermeidungssymptome zweifellos verringern, doch nur um den Preis der Gefährdung und möglicherweise auch der Retraumatisierung.

Mangel an gesunden Ventilen

Jugendliche neigen auch deshalb zu impulsivem Verhalten, weil sie ein Ventil für ihre emotionalen Schmerzen brauchen. Abreagieren kann man sich aber auch auf gesunde und gefahrlose Art, indem man zum Beispiel ein Instrument spielt, Sport treibt oder ein anderes Hobby pflegt. Wer nicht über derartige Ressourcen verfügt, wird ein größeres Bedürfnis nach ungesunden, aber leichter zugänglichen Ablenkungen verspüren.

Während man auf die anderen Risikofaktoren herzlich wenig Einfluss hat – weder lässt sich das Alter ändern noch das Trauma ungeschehen machen –, kann man sehr wohl für gesunde Ventile sorgen.

Klar wurde mir dies, als ich eine Therapiegruppe für sich selbst verletzende, traumatisierte junge Frauen leitete. Die Teilnehmerinnen waren vom Hintergrund her sehr verschieden, aber gemeinsam war ihnen, dass sie sich von ihrer liebsten Freizeitaktivität verabschiedet hatten, die ihnen früher am meisten Spaß gemacht und ihr Selbstwertgefühl gesteigert hatte. Jede einzelne zog sich nach der Schule allein in ihr Zimmer zurück, war häufig niedergeschlagen und konnte so kaum ihre Stärken nutzen und mehr Selbstvertrauen gewinnen.

An den Eltern lag es eigentlich nicht. Manche drängten ihre Tochter zu selbstbewusstseinsstärkenden Aktivitäten wie Karatetraining oder Chorsingen. Aber irgendwie trafen sie damit nur auf Widerstand oder im besten Fall auf Desinteresse und verloren schließlich den Mut. So verständlich diese Reaktion ist – Eltern wie Kinder müssen unbedingt verstehen, dass es einen Zusammenhang gibt zwischen positiven Aktivitäten und der Fähigkeit zur Emotionsregulierung nach einem Trauma. Mehr Informationen darüber folgen weiter unten in diesem Kapitel. Fürs Erste ist es wichtig, dass der Widerstand eine weitere Form des traumabedingten Vermeidungsverhaltens ist (siehe Kapitel 8).

Wenn traumatisierte Kinder und Jugendliche bestimmte Erinnerungen an Menschen, Orte und Situationen aktiv verdrängen und sich noch dazu abkapseln, können ihre Symptome zu Ängsten und Phobien eskalieren. Nehmen wir an, ein Junge hat Angst vor Hunden, seit einer ihn ziemlich übel zugerichtet hat. Zuerst traut er sich nicht an den Ort des Geschehens. Wochen später geht er nirgendwo mehr hin, weil überall ein Hund auftauchen und ihn beißen könnte. Kinder wie dieser Junge oder auch die jungen Frauen aus meiner Selbstverletzungsgruppe hocken nicht zum Spaß in ihrem Zimmer oder weil sie es so toll finden. Sie tun es, weil ihnen das leichter fällt als in die Welt hinauszugehen und sich all den Traumatriggern auszusetzen, die dort auf sie lauern.

Umgang mit traumabedingtem impulsivem Verhalten

Da Sie nun wissen, woher das impulsive Verhalten kommt und weshalb traumatisierte Teenager dafür anfälliger sind, möchte ich Ihnen ein typisches Fallbeispiel erzählen. Was würden Sie anstelle der Eltern tun?

Jacek ist fast 18, ein ausgezeichneter Schüler und talentierter Basketballspieler. Sein bester Freund und er haben beide ein Stipendium für eine nahe gelegene Sportuniversität bekommen und freuen sich schon sehr auf die gemeinsame Studienzeit. Doch zu Jaceks Schreck bekommt sein Freund nach Abschluss der Basketballsaison die Diagnose, dass er Krebs im weit fortgeschrittenen Stadium hat, und bald darauf stirbt er. Jacek ist am Boden zerstört.

Als er irgendwann wieder aus seinem Zimmer herauskommt und an den Wochenenden etwas unternimmt, sind seine Eltern erleichtert, wenn auch verwundert, weil er nie Freund:innen mit nach Hause bringt oder von ihnen erzählt. Sorgen machen sie sich jedoch nicht, weil ihr Sohn ein verantwortungsbewusster Mensch ist und sich mit Leuten umgibt, die ebenso ambitioniert sind wie er. An einem Wochenende werden sie nachts von einem lauten Scheppern aus dem Schlaf gerissen. Sie schauen zum Fenster hinaus und sehen, dass es Jacek ist, der mit dem Auto seiner Eltern frontal in die Garage gekracht ist. Sie eilen auf die Straße, und als sie ihm aus dem Wrack heraushelfen, bemerken sie seine Alkoholfahne. Zum Glück sind nur das Auto und die Garagentür zu Schaden gekommen. Aber was hätte nicht noch alles passieren können!

Was ist in Situationen wie dieser zu tun?

Selbst Kontakt anbieten

Als Erstes suchen Jaceks Eltern den Kontakt zu ihrem Sohn, und zwar folgendermaßen: Gleich nach ihrer Entdeckung, dass er in betrunkenem Zustand Auto gefahren ist, schauen sie sich seine Verletzungen an und wägen ab, ob sie vielleicht ärztlich versorgt werden müssen. Ist dies vorerst nicht notwendig, finden sie heraus, ob er gelegentlich trinkt oder ob er schon süchtig ist.

Mehr über Jaceks Trinkgewohnheiten in Erfahrung zu bringen wird allerdings gar nicht so einfach sein. In dem Alter sind Kinder meist nicht sehr offen zu ihren Eltern, erst recht nicht, wenn sie sich ihres impulsiven Verhaltens schämen. Wer sie damit konfrontiert, muss ruhig bleiben und darf ihnen nicht drohen, weil sie dann nur noch stärker mauern. Hier ist eine Methode, die Wunder wirkt: Versetzen Sie sich in die Rolle eines Detektivs. Stellen Sie sich unwissend, zeigen Sie sich interessiert an allem und stellen Sie scheinbar unverfängliche Fragen. Das tun auch Jaceks Eltern. Weder machen sie ihrem Sohn Vorwürfe noch bestrafen sie ihn mit Hausarrest. Stattdessen stellen sie ihm offene Fragen: Wie ist das gelaufen? Weshalb bist du gegen die Garagentür gefahren? Weißt du, wohin der Schnaps aus dem Wohnzimmerschrank verschwunden ist? Solcherlei Fragen bauen Misstrauen ab und öffnen Türen. Vorwürfe dagegen machen defensiv, selbst oder besonders dann, wenn sie berechtigt sind.

Eine weitere Möglichkeit ist die, davon zu erzählen, wie man sich selbst einmal impulsiv und unbedacht verhalten hat, etwa so: „Als ich so alt war wie du und dein Opa einmal verreist war, habe ich mir unerlaubterweise seine Autoschlüssel geschnappt und bin mit ein paar Kumpels durch die Gegend gefahren. Zuerst lief alles glatt, aber dann hatten wir einen Platten. Es war mir so peinlich, ich weiß es noch wie heute – was für ein Schreck! Ich war mir sicher, er würde mich umbringen. Ich hatte solche Angst!" Manche Eltern glauben, bei Regelverstößen schnell und hart durchgreifen zu müssen, indem sie sich enttäuscht zeigen und mit ernsten Konsequenzen drohen. Ein Kind, das sich wütend verurteilt fühlt, wird sich jedoch nicht öffnen, sondern sich im Gegenteil erst recht verschließen. Deswegen rate ich Eltern: Zeigen Sie sich auch etwas von Ihrer weichen Seite. Dann wird Ihr Kind Ihnen wahrscheinlich auf halbem Wege entgegenkommen und ebenfalls über sich selbst sprechen. Sie können dann immer noch Konsequenzen folgen lassen („Du bekommst das Auto erst wieder, wenn du mit dem Trinken aufhörst und die Reparaturkosten bezahlt hast."). Schalten Sie nicht sofort in den Strafmodus, sondern suchen Sie erst einmal den Kontakt zu Ihrem Kind, dann wird es sich eher unterstützt fühlen und offen zu Ihnen sein.

Aber was ist, wenn Sie freundlich, interessiert und aufrichtig nachfragen und trotzdem nur Augenrollen und Widerstand ernten? Keine Angst! Vielleicht ist das der natürliche Abnabelungsprozess, gemischt mit Scham. Vielleicht ist es leichter, mit einer neutraleren Person zu sprechen, zum Beispiel mit einer Therapeutin, weil man sich vor ihr nicht ganz so sehr schämt. Sobald Ihr Kind sich nicht mehr wegen seines Verhaltens schämt, wird es eher in der Lage sein, auch mit Ihnen darüber zu sprechen.

Bevor Sie sich auf den Weg zur Therapiepraxis machen, suchen Sie unbedingt erst das Gespräch mit Ihrem Kind. Falls Sie das Gefühl haben, dass es nicht über sein impulsives Verhalten reden mag, gehen Sie über neutrale, unverfängliche Themen in den Kontakt, damit sich Ihr Kind nicht alleingelassen fühlt. Emotionale und auch physische Nähe vermitteln zudem Geborgenheit und Sicherheit. Ein gemeinsam mit einem Horrorvideo verbrachter Freitagabend ist besser als ein einsamer mit Selbstverletzungen oder dubiosen Dating-Apps hinter verschlossener Tür.

Falls Sie nicht wissen, wie Sie sich verhalten sollen oder was „unverfänglich" sein könnte, lesen Sie auf Seite 61 noch einmal die potenziellen Aktivitäten für Qualitätszeit. Denn die brauchen auch Jugendliche, trotz ihrer größeren Unabhängigkeit. Exklusive Zeit mit ihrer Bezugsperson stärkt ihr Vertrauen in diese, wirkt sich positiv auf die Beziehung aus und bringt sie von impulsivem Verhalten ab.

Therapie

Obwohl ich keineswegs der Meinung bin, dass alle Kinder, die etwas potenziell Traumatisierendes erlebt haben, nur mithilfe einer Therapie darüber hinwegkommen, spreche ich mich bei hochriskantem impulsivem Verhalten dezidiert dafür aus, schon allein wegen der fatalen Folgen, die es haben kann. Manchmal ist es aber gar nicht so einfach, Teenager davon zu überzeugen.

Ihre ablehnende Haltung gegenüber Psychotherapie liegt jedoch nicht nur an dem alterstypischen inneren Drang nach Unabhängigkeit, sondern vielleicht auch daran, dass sie direkt nach der potenziell traumatisierenden Situation bereits eine Therapieerfahrung gemacht haben und diese nicht wiederholen möchten. Obwohl solche Krisenmaßnahmen äußerst nützlich sein können und außerdem zur Normalisierung von Therapie beitragen, werden sie manchmal eher als Tortur empfunden. Bei einem Kind, das schon einmal in der total sterilen Schulcafeteria psychologisch betreut wurde, umgeben von Leuten, denen es schnurzegal war, weckt das Wort „Therapie" womöglich negative Assoziationen. Das wäre kein guter Einstieg!

Machen Sie das Thema Therapie nicht zum Machtkampf. Lassen Sie Ihr Kind selbst bestimmen und stellen Sie es vor die Wahl: Einzel- oder Gruppentherapie? Möchte es lieber zu einem Mann, einer Frau oder einer nonbinären Person gehen? Soll die Sitzung vor oder nach der Schule stattfinden? Üben Sie keinen Druck aus: Es muss nicht der oder die erstbeste Therapeut:in sein. Da Trauma häufig mit Kontrollverlust zu tun hat, ist das das Letzte, was Teenager erleben wollen (mehr darüber in Kapitel 11).

Hat Ihr Kind eine Neigung zu potenziell gefährlichem und impulsivem Verhalten, sollten Sie sich auf Rückfälle gefasst machen und sich gemeinsam darauf vorbereiten. Dabei kann eine erfahrene Therapeutin helfen, die Ihr Kind zwar nicht so gut kennt wie Sie, aber über eine objektive Außenperspektive verfügt und mit vielen ähnlichen Situationen bereits versiert umgegangen ist. Eltern geben es nicht gern zu, aber selbst in der besten Eltern-Kind-Beziehung gibt es heikle Themen, die Jugendliche nicht unbedingt mit ihren Eltern besprechen möchten. Erst recht, wenn die altersbedingte Tendenz zu Abschottung von Traumata verstärkt wird (siehe das Thema Vermeidung in Kapitel 8).

Sicherheitsplanung

Mit einem Therapeuten oder einer Therapeutin können Eltern Sicherheitsmaßnahmen für Situationen planen, die impulsives Verhalten triggern, gesunde Bewältigungsstrategien entwickeln und mögliche Anlaufstellen in Krisenfällen ausfindig machen. Für Jacek könnte ein Sicherheitsplan zum Beispiel so aussehen: Als Erstes halten Sie die Wahrnehmung fest, dass er jedes Mal traurig wird, wenn andere übers Studieren sprechen und er sich vorstellt, wie er sich immatrikuliert und sein bester Freund nicht. Sie notieren Bewältigungsstrategien wie zum Beispiel die Zwerchfellatmung (siehe Seite 90 f.), die Kontaktaufnahme zu den anderen Basketballspielern, mit denen er ganz gut befreundet war, sowie den psychologischen Dienst seiner Schule als zusätzliche Unterstützung.

Der traumatische Verlust seines Freundes und seiner Lieblingsbeschäftigung – Basketballspielen – haben bei Jacek ein Vakuum hinterlassen, das es zu füllen gilt. Gegen die schmerzenden Erinnerungen hilft bisher nur Alkohol. Er braucht also gesündere Alternativen, auf die er seine Aufmerksamkeit richten und mit denen er die Lücken in seinem Alltag schließen kann. So könnte er sich ehrenamtlich engagieren oder in seiner Freizeit Sport treiben, zum Beispiel in einem Verein.

Bei diesen positiven Ablenkungen kann Jacek Gebrauch von seinen Stärken machen, etwa von seinem Sporttalent. Sie helfen, seine Schmerzen kurzfristig zu lindern und langfristig zu bewältigen, sodass er daran wächst. Es müssen keine speziellen oder besonders teure Aktivitäten sein – Hauptsache, sie tun gut. Falls Ihr Kind kein aktiver, sportlicher Typ ist wie Jacek, werden Sie bestimmt etwas anderes passendes finden. Singt Ihr Sohn des Öfteren unter der Dusche? Dann hätte er vielleicht Interesse, Gesangsstunden zu nehmen oder in einen Chor zu gehen. Schaut Ihre Tochter begeistert Naturfilme? Dann hätte sie vielleicht Spaß an Exkursionen. Eine erstaunlich sprachbegabte Patientin von mir öffnet jedes Mal, wenn sie der Drang sich zu schneiden überkommt, eine Sprach-App. So hat sie nicht nur ihre posttraumatischen Belastungssymptome im Griff, sondern kann inzwischen auch Spanisch. Haben Sie das Gefühl, dass Ihr Kind nicht aus seinem Tief herausfindet? Dann nehmen Sie es mit auf einen Einkaufsbummel durch Buchhandlungen, Geschäfte für Künstlerbedarf, Hobbyshops und dergleichen. Schlendern Sie durch die Gänge und schauen Sie, was seine Aufmerksamkeit erregt. Verweilt es länger in der Handarbeitsabteilung, beim Künstlerbedarf oder bei den Yoga-Anleitungen? Folgen Sie dem Instinkt Ihres Kindes!

Außer Aktivitäten, die den Interessen und Stärken Ihres Kindes entsprechen, könnten Sie auch Möglichkeiten finden, die seine sozialen Bindungen fördern. Wenn Sie es dazu bewegen können, etwas Neues auszuprobieren, das seinen Interessen, Fähigkeiten und zwischenmenschlichen Beziehungen entspricht, wird es Freude daran haben und motiviert dabeibleiben wollen. Mit anderen Worten: Sich aktiv zu beschäftigen macht Spaß und tut gut!

Letztlich sollte ein effektiver Sicherheitsplan auch präventive Maßnahmen enthalten. Seien Sie nicht darauf fixiert, das selbstverletzende und impulsive Verhalten Ihres Kindes zu mindern, sondern versuchen Sie, mehr darüber in Erfahrung zu bringen, wie es überhaupt dazu kommt und wie Sie ihm den Zugang dazu erschweren können. Jaceks Eltern zum Beispiel werden den Schrank abschließen, in dem sie ihre hochprozentigen Getränke aufbewahren, oder vorerst keine mehr kaufen. Falls sich Ihr Kind schneidet, können Sie die Rasierklingen aus Ihrem Badezimmer entfernen oder an die Küchenschublade mit den scharfen Messern ein Vorhängeschloss anbringen. Mit solchen Hindernissen verschaffen Sie ihm einen Zeitpuffer, in dem es seinen Kampf-Flucht-Erstarrungsinstinkt – den hauptverantwortlichen Antrieb für das schädliche impulsive Verhalten – in den Griff bekommen kann. Natürlich wird es sich gegen Ihre Maßnahmen sträuben. Vielleicht empfindet es sie als harte Strafe. Und manchmal ist es das ja auch. Das ist hier aber, wie in Kapitel 8 erklärt wurde, nicht das Ziel. Sie wollen vielmehr erreichen, dass Ihr Kind lernt, seine Impulse zu steuern und nichts zu tun, was es ernsthaft gefährdet. Egal, welche Grenzen Sie ihm setzen – sie sollten die logischen Konsequenzen seines impulsiven Verhaltens sein. Bei Jacek wäre das ein Verbot, mit dem Auto der Eltern zu fahren. Ihm das Putzen der Dachrinnen aufzudrücken wäre dagegen unpassend, würde rein der Bestrafung dienen und ihn kaum zu einem verantwortungsvollen Umgang mit Alkohol am Steuer erziehen.

Nichtkonfrontativ Grenzen setzen

Dass sich Kinder und Jugendliche gegen Grenzen sträuben, ist natürlich. Setzt man sich allerdings auf faire, verantwortungsvolle und nicht-konfrontative Weise mit ihnen auseinander, geben sie wahrscheinlich nicht gleich Kontra, wie es häufig bei Eltern mit strengem, strafendem und totalitärem Erziehungsstil der Fall ist. Hätten Jaceks Eltern zum Beispiel ihrem Sohn nach der Entdeckung, dass er betrunken Auto gefahren und in die Garage gekracht ist, einen Monat Hausarrest aufgebrummt, würde er es mit großer Wahrscheinlichkeit heimlich wiederholen oder etwas anderes, noch Schlimmeres anstellen. Teilt Jaceks Mutter ihm stattdessen auf nicht-konfrontative Weise mit, dass er das Auto erst dann wieder benutzen darf, wenn er seinen Alkoholkonsum im Griff hat – und zwar zu seiner eigenen Sicherheit –, dann kann er dies vermutlich als logische Konsequenz nachvollziehen und wird sich zügeln, damit er irgendwann wieder das Auto bekommt.

Nicht alle Eltern wissen, wie man Grenzen auf nichtkonfrontative Weise setzt. Die meisten tun es zunächst auf eine ruhige, aber autoritäre Art und stoßen auf heftigen Widerstand. Das hinzunehmen ist gar nicht so leicht, doch wie heißt es so schön: In der Ruhe liegt die Kraft. In Kapitel 9 habe ich bereits ausgeführt, dass man beim Grenzensetzen am besten den eigenen Ärger komplett draußen lässt. Der konstruktivste Weg ist, einfühlsam zu reagieren, konsequent zu bleiben und Entscheidungen kurz und bündig zu begründen. Wie das geht, sehen Sie an dem folgenden Beispiel. Jaceks Mutter sagt zu ihrem Sohn:

„Ich höre, dass du verärgert bist, und ich weiß, du willst lieber selbst mit dem Auto fahren. Ich verstehe ja, wie peinlich es dir ist, von deiner Mutter hingebracht und abgeholt zu werden. Ich muss das aber tun für den Fall, dass du dich betrinkst. Sobald wir mit unserem Programm durch sind, können wir das Thema neu besprechen."

Mit ihrer einfühlsamen Reaktion nimmt Jaceks Mutter die Frustration ihres Sohns ernst, während sie gleichzeitig fest zu ihrer Entscheidung steht, ihm seine Privilegien zu entziehen. Diese Art Grenzen zu setzen hat einen weiteren wichtigen Vorteil: Sie schützt die Eltern-Kind-Beziehung. Nehmen wir an, Sie wenden alles an, was Sie aus den vorigen Kapiteln gelernt haben, quittieren dann aber die Impulsivität Ihres Kindes, indem Sie wütend durch die Decke gehen. In dem Fall geht eine Menge kaputt, das Sie später wieder reparieren müssen. Eine konsequente, aber einfühlsame und unterstützende Haltung hingegen dient nicht nur dem Erhalt der Beziehung, sondern macht Verbote und dergleichen wahrscheinlich überflüssig. Wer sich gehört und respektiert fühlt, wird auf die Regeln der Eltern mit deutlich weniger Widerstand reagieren als diejenigen, die sie als ungerechte Strafe empfinden.

Suizidversuche

Manche verletzen sich jedoch tatsächlich aus dem Wunsch, sich das Leben zu nehmen. So begingen laut einer Studie der US-amerikanischen Gesundheitsbehörde CDC (Centers for Desease Control and Prevention) 8,9 Prozent aller Kinder im Jahr 2019 einen Selbstmordversuch. Von sich als lesbisch, bi oder schwul identifizierenden Kindern gab die Hälfte an, schon einmal ernsthaft über einen Selbstmordversuch nachgedacht zu haben. Die Frage, inwieweit Traumata dabei eine Rolle spielen, ist nicht so einfach zu beantworten. Je nach Art des traumatischen Vorfalls schwanken die Selbstmordraten stark, wobei die Zahlen bei körperlicher Misshandlung, sexueller Gewalt und Vernachlässigung höher sind als bei anderen Formen. Sie steigen mit zunehmendem Alter und wenn die posttraumatischen Belastungssymptome nicht behandelt werden. Dies deckt sich mit den 10 Prozent der in die Kategorie der chronischen Symptome eingestuften Kinder (siehe Kapitel 2), deren Heilung eine medikamentöse Behandlung oder eine Psychotherapie erfordert.

Suizidversuche geschehen häufig impulsiv, wie im Fall einer Teenagerin, die auf dem Weg von der Schule nach Hause auf ihren Vergewaltiger traf, schluchzend ins Badezimmer stürmte, wo zufälligerweise eine Schachtel mit Schlaftabletten herumlag, von denen sie eine Überdosis schluckte. Der Suizid kann aber auch von langer Hand geplant sein. So überlegte ein Junge mehrere Monate, wie er an ein Gewehr kommen könnte, um sich am Jahrestag des Selbstmords seines Vaters zu erschießen. Doch egal, ob impulsiv oder geplant – der gemeinsame Nenner der Mehrzahl aller Suizidversuche ist ein nicht zu bewältigender Schmerz. Mit anderen Worten: Die qualvollen Nachwirkungen des Traumas sind so kräftezehrend, dass die Betroffenen verzweifelt nach Erlösung suchen. Meist gibt es weitere Faktoren, die das Leid intensivieren, etwa das Gefühl der Hoffnungslosigkeit, ein fehlender Zugang zur Gesundheitsversorgung sowie parallel auftretende psychische Störungen.

Suizidversuche sind etwas anderes als impulsive Selbstverletzungen ohne Todeswunsch. Nehmen Sie Ihr Kind auf jeden Fall immer ernst, wenn es über Selbstmord spricht oder auf irgendeine Weise kommuniziert, dass es nicht mehr leben will. Wie bei anderen Formen impulsiven Verhaltens sollten Sie auf Ihr Kind eingehen, auch, indem Sie sich professionelle Hilfe holen. Kinder, die nicht mehr leben wollen, müssen wahrgenommen werden – so schnell wie möglich. Können Sie auf die Schnelle keinen Therapieplatz finden, wenden Sie sich an eine Krisenberatung, und falls es in Ihrer Nähe keine gibt, bringen Sie Ihr Kind zur Untersuchung und Behandlung in eine Klinik. Kommt all das nicht infrage, rufen Sie die Telefonseelsorge oder zur Not auch den Rettungsdienst an. Lassen Sie Ihr Kind in der Zwischenzeit nicht allein. Mehr Informationen zu Hilfsangeboten finden Sie am Ende dieses Buchs.

Während andere impulsive Verhaltensweisen innerhalb einer speziell auf Trauma ausgerichteten Therapie behandelt werden können, kommt diese bei Suizidgedanken und -plänen meist nicht infrage. Das Kind muss erst einmal stabil sein, bevor man überhaupt über eine Traumatherapie nachdenkt. In den vorigen Kapiteln wurden ja die traumabedingten Verhaltensänderungen erklärt, die zum Teil auch gut sind, weil sie das Leid zumindest vorübergehend lindern, wie zum Beispiel die Vermeidung. Sie kommt zwar gegen die wachsende Verzweiflung und das stärker werdende Ohnmachtsgefühl nicht an, senkt aber die Angst für einen kurzen Augenblick sehr effektiv auf null. Da akut suizidgefährdete Kinder und Jugendliche alle zur Verfügung stehenden Schutzmechanismen brauchen – sogar die ungesunden –, wäre eine Traumatherapie, die sich auf die gefürchteten Trigger und die Angstminderung konzentriert, nicht angebracht. Die Alternative wäre wesentlich schlimmer. Deshalb sollte man eine Traumatherapie vorerst auf Eis legen, zumindest so lange, bis die Sicherheit der Betroffenen gewährleistet ist.

Zum Abschluss und auf den Punkt gebracht

Getrieben von dem instinktiven Verlangen nach Unabhängigkeit und dem Wunsch nach Zugehörigkeit zu ihren Altersgenoss:innen verhalten sich fast alle Teenager riskant. Da sich ihr präfrontaler Kortex noch in der Entwicklungsphase befindet, ist der logische Teil des Gehirns nicht in der Lage, mildernd auf fragwürdige Entscheidungsprozesse einzuwirken. Gesellt sich dann ein Trauma hinzu – und in dessen Schlepptau all die Schwierigkeiten mit der Emotionsregulierung und der Stresstoleranz –, können Sie sich auf turbulente Zeiten gefasst machen.

Erziehungsberechtigte älterer Kinder beziehungsweise junger Erwachsener, die potenziell traumatische Vorfälle erlebt haben, müssen (gegebenenfalls zusammen mit einer Therapeutin oder den Mitgliedern eines Betreuungsteams) herausfinden, ob Probleme mit Alkohol, Drogen, Selbstverletzungen oder riskantem Sex altersbedingte Dummheiten sind oder ernste Traumareaktionen. In beiden Fällen müssen Sie sicherheitshalber Grenzen setzen. Wenn Sie es vernünftig tun und nicht auf Strafe aus sind, wird Ihr Kind Ihnen nah bleiben wollen, statt sich immer weiter von Ihnen zu entfernen. Wie Sie ja wissen, haben Sie den Superbonus der starken Eltern-Kind-Verbindung, die Hand in Hand mit einer gegebenenfalls therapeutisch unterstützten Sicherheitsplanung entscheidend zur Eindämmung dieser Verhaltensweisen beitragen wird.

Der Umgang mit riskantem impulsivem Verhalten, noch dazu von kratzbürstigen Pubertierenden, ist eine wahre Herkulesaufgabe. Niemand behauptet, Eltern zu sein sei ein Spaziergang. Es ist, als wären Sie Mitarbeiter:in im Bodenkontrollteam einer Weltraummission: Sie haben jederzeit für die Sicherheit Ihrer Astronaut:innen zu sorgen, auch wenn die sich gerade auf einem anderen Planeten befinden.

Teil IV

Eltern sein plus

11. Professionelle Hilfe

Die meisten Kinder, die etwas Schlimmes erlebt haben, brauchen wie gesagt keine Therapie, sondern können die Belastung selbst verarbeiten. Leiden sie so stark unter posttraumatischen Symptomen oder Verhaltensauffälligkeiten (siehe dazu Kapitel 2 und Kapitel 5–10), dass sie im Alltag nicht mehr zurechtkommen, dann ist der Zeitpunkt für professionelle Hilfe gekommen.

Wann professionelle Hilfe notwendig wird

Der Zeitpunkt ist gekommen, sobald Sie an Ihrem Kind bestimmte Symptome entdecken. Lassen Sie uns noch einmal rekapitulieren:

- **Übererregtheit:** Schreckhaftigkeit, Konzentrationsschwierigkeiten, veränderte Ess- und Schlafgewohnheiten
- **Vermeidung** von Menschen, Orten und Dingen, die an den Vorfall erinnern; auch in Form von Gedächtnislücken
- **Wiedererleben:** Intrusionen, Albträume, Flashbacks und qualvolle Erinnerungen an den Vorfall
- **Dissoziation:** das Gefühl, nicht im eigenen Körper zu sein
- **Negative Gedanken:** z. B. „Die Welt ist kein sicherer Ort" oder „Das ist allein meine Schuld"
- **Negative Gefühle:** Furchtsamkeit, panische Angst, Wut, Scham oder Schuldgefühle
- **Andere Verhaltensauffälligkeiten:** alles, was an Ihrem Kind „nicht normal" zu sein scheint (z. B. grobes Fehlverhalten, Selbstverletzungen)

Befürchten Sie nicht das Schlimmste, falls Sie eines oder mehrere dieser Symptome an Ihrem Kind feststellen, auch dann nicht, wenn das schon längere Zeit so geht. Es bedeutet nicht, dass Ihr Kind zwangsläufig unter einer chronischen psychischen Störung leidet. Tatsächlich können die Symptome in milderer Form bei Kindern aller Altersstufen irgendwann auftreten – und trotzdem können sie gut in der Schule sein, Freundschaften haben und gut in ihr soziales Umfeld eingebunden sein.

Ist Ihnen immer noch nicht ganz klar, wann Sie professionelle Hilfe einschalten sollten?

Ob Sie aktiv werden oder nicht, entscheidet sich zuallererst daran, wie sich die Symptome auf das tägliche Leben Ihres Kindes auswirken, in der Schule und zu Hause, auf seine Freundschaften und darauf, wie es für sich selbst sorgt. Hier einige Fallbeispiele:

Rosi ist sieben. Ihr Vater hatte in ihrem Beisein einen Herzinfarkt. Unmittelbar danach machten sich gleich mehrere Traumasymptome bei ihr bemerkbar: Sie schlief schlecht, war schreckhaft, hatte Albträume und wollte nicht mehr in die Schule, obwohl sie bisher viel Spaß dort hatte. Die meisten Symptome haben sich nach und nach gebessert, nur die Aversion gegen den Schulbesuch nicht. Noch immer weint sie jeden Morgen und bettelt darum, daheimbleiben zu dürfen. Beim Elternabend stellt sich heraus, dass sie seit dem Herzinfarkt ihres Vaters während des Unterrichts unkonzentriert, traurig und besorgt wirkt und schnell in Tränen ausbricht.

Der fünfzehnjährige Adam hat einen Amoklauf in der Schule überlebt. Es scheint ihm aber gar nichts auszumachen, er geht weiterhin unbekümmert zur Schule. Seine Mutter ist froh darüber. Was ihr dennoch Sorge bereitet, ist, dass ihr sonst so geselliger Sohn aus seinem Basketballteam ausgestiegen ist und am Wochenende allein auf seinem Zimmer hockt.

Saskia, 18 Jahre alt, hatte einen heftigen Auffahrunfall. Dass sie in den folgenden Wochen nicht mehr Auto fahren will, kann ihr Vater nachvollziehen, aber sechs Monate später hört sein Verständnis dafür auf. Er findet, es reicht jetzt. Er ermutigt sie, schlägt ihr vor, sich mit ihm auf dem Beifahrersitz wieder selbst hinters Steuer zu setzen. Aber kaum ist sie losgefahren, beginnen ihre Hände zu zittern. Sie scheint den Tränen nahe und schreckt vor jedem Spurwechsel zurück. Da kommen ihrem Vater dann doch Zweifel an ihrer Fahrtüchtigkeit.

All diese Beispiele haben einen gemeinsamen Nenner: Andauernde Traumasymptome beeinträchtigen die Betroffenen im Alltag. Rosis Trennungsangst, Traurigkeit und Furchtsamkeit behindern ihr schulisches Leben. Adams Vermeidungssymptome haben ihn dazu gebracht, aus dem Team auszutreten, auf Abstand zu seinen Freund:innen zu gehen und sich abzukapseln. Saskias Nervosität verunsichert die geübte Fahrerin und verdirbt ihr den Spaß. Bei allen dreien wären die Eltern gut beraten, sich professionelle Hilfe zu holen.

Doch welche Optionen gibt es, und wie fängt man es an? Die meisten Eltern konsultieren wahrscheinlich zuerst Dr. Google. Sie surfen von einer Website zu anderen und werden immer verwirrter, auch wegen der vielen unbekannten Fachbegriffe. Falls diese für Sie auch böhmische Dörfer sind, greifen Sie auf das kurze Glossar auf der nächsten Seite zu. Schauen wir nun, welche Therapieform für Ihr Kind geeignet sein könnte.

Welche Therapierichtungen sind für traumatisierte Kinder und Jugendliche geeignet?

Dass die erste Option, über die man stolpert, nicht unbedingt die beste ist, weiß man von anderen Entscheidungen, etwa für eine Uni oder den Kauf eines Kindersitzes. Man begibt sich auf die Suche, erkundigt sich, liest Bewertungen und Erfahrungsberichte, vergleicht, wägt Kosten und Nutzen ab. Warum sollte es bei einer Psychotherapie anders sein? Sie ist eine Dienstleistung wie jede andere auch, und die Eltern sollten als Kundschaft bei der Auswahl klug vorgehen, erst recht, wenn es um die Bedürfnisse ihrer Kids geht.

Psychotherapeutische Begriffe – ein kleines Glossar

Einzeltherapie: Wie der Name schon sagt, nimmt man hier allein an den Sitzungen teil. Sollte eine weitere Person hinzukommen (z. B. ein Elternteil), geschieht dies zum Nutzen der Patient:innen.

Evidenzbasierte Praxis: Auf wissenschaftlichen Erkenntnissen und robusten Forschungsergebnissen basierende Therapieformen.

Familientherapie: Hier nehmen mehrere Familienangehörige zusammen an den Sitzungen teil, um ihre Kommunikation zu verbessern und die im Zuge der belastenden Erfahrung entstandenen Konflikte zu bearbeiten.

Goldstandardverfahren: Forschungsbasierte therapeutische Ansätze und Modalitäten (s. u.) von höchster Wirksamkeit

Gruppentherapie: Hier nehmen mehrere Menschen an den Sitzungen teil. Meist kennen sie sich vorher nicht, bringen jedoch eine ähnlich gelagerte Problematik mit (z. B. Traumasymptome), für die sie sich eine Behandlung wünschen.

Klinische Studien: Mit Versuchspersonen durchgeführte Forschungsarbeiten, die klären sollen, wie effektiv ein Therapieansatz im Vergleich zu anderen Ansätzen ist.

Kognitive Therapien: Hier geht es um die Beziehung zwischen Gedanken, Gefühlen und Verhalten. Nicht hilfreiche, verzerrte oder unangemessene Gedanken wie „Ich werde nie wieder normal sein" oder „Die Welt ist das reinste Haifischbecken" können zu schmerzhaften Gefühlen oder destruktiven Verhaltensweisen führen. Kognitive Therapien konzentrieren sich meist darauf, wie man diese über die Gedanken positiv beeinflussen kann.

Konfrontationstherapie (auch **Expositionstherapie** genannt): Statt die Angst auslösenden Reize um der kurzfristigen Erleichterung willen zu meiden, stellt man sich ihnen. In therapeutischer Begleitung begibt man sich in die unangenehme Situation und verbleibt darin. Mit jeder Konfrontation wird die Intensität stufenweise erhöht. Infolgedessen lassen die

Vermeidungssymptome und die langfristigen Beschwerden allmählich nach. Dadurch bestärkt, können die Betroffenen sich aus ihrer posttraumatischen Belastung befreien und wieder selbst über ihr Leben bestimmen.

Manualisierte Therapie: Ihr Ablauf wird präzise Schritt für Schritt von den Begründer:innen des jeweiligen Ansatzes vorgegeben. Da alle Therapeut:innen sich strikt daran halten, gibt es keine von ihrer Person abhängigen individuellen Unterschiede in der Vorgehensweise.

Modalität: Darunter versteht man die Therapieform (z. B. traumafokussierte kognitive Verhaltenstherapie [TFKVT] oder Dialektisch Behaviorale Therapie [DBT]) sowie das Setting, also die Art ihrer Ausführung (z. B. einzeln, in der Gruppe oder in der Familie).

Psychoedukation wird in verschiedenen Therapierichtungen eingesetzt. Hier erhalten die Betroffenen und ihre Angehörigen Informationen über die jeweilige psychische Störung (z. B. über Trauma, PTBS, die Rolle der Vermeidung bei PTBS und die Beschaffenheit der Belastungssymptome).

Psychologisches Assessment und Evaluation: Anhand von Vorgesprächen und psychologischen Tests verschaffen sich Psycholog:innen ein Gesamtbild über den psychischen Zustand einer Person zur Erstellung einer Diagnose, auf die eine Therapie folgen kann, aber nicht muss.

Wirksamkeit: Wie wirksam eine Therapie ist, wird in Idealsituationen wie die von klinischen Studien untersucht. In der realen Welt, wo Therapiesitzungen unterbrochen werden oder nicht exakt wie vorgesehen ablaufen, sieht das natürlich etwas anders aus.

Bei der Auswahl eines Therapeuten ist der entscheidende Punkt, dass man weiß, was man will. Einigen Studien zufolge reicht es schon, wenn er gut ausgebildet ist, einfühlsam zuhören kann und die Symptome der psychischen Störung verringert. Gleichzeitig herrscht in der Forschung aber auch Klarheit darüber, dass manche Therapieansätze effektiver sind als andere, besonders in der Behandlung von Kindheitstraumata. Doch wie soll man sich in diesem kunterbunten Therapiedschungel zurechtfinden?

Traumafokussierte kognitive Verhaltenstherapie (TFKVT)

Dieser Ansatz ist in der Traumabehandlung von Kindern der Goldstandard. Das bestätigt die klinische Forschung, und auch ich weiß das aus eigener Erfahrung. So sagte eine Kollegin einmal recht treffend, es sei „wie Magie", mitanzusehen, wie beinahe jedes Kind, das sich dieser Therapie unterzieht, einen deutlichen Rückgang seiner posttraumatischen Belastungssymptome erfährt.

Da die Therapie manualisiert ist, wird sie von allen Therapeut:innen immer auf die gleiche Weise und mit den gleichen Elementen ausgeführt.

In der ersten Hälfte einer TFKVT geht es um den Aufbau von Fähigkeiten, auch mittels Psychoedukation zum Thema Trauma. Informationen über die Häufigkeit verschiedener belastender Erfahrungen und die übliche Reaktion von traumatisierten Kindern helfen in die Normalität zurück. Des Weiteren lernen die Kinder Entspannungstechniken zur Reduzierung von trauma- wie alltagsbedingtem Stress. Manche machen die Übungen auch nach der Therapie weiter, zum Beispiel ein Teenager, der, wie er mir in seinem anschließenden Feedback erzählte, auf diese Weise erfolgreich seine Prüfungsangst überwinden konnte.

In einer TFKVT lernen Kinder außerdem, wie sie mit ihren Gedanken und Gefühlen umgehen und wie sie sie ausdrücken können. Das hilft ihnen bei der Traumabewältigung und im Alltag. In einigen Sitzungen werden sie von einer Betreuungsperson begleitet, wobei das Kind ihr das beibringt, was es soeben selbst gelernt hat. Dies verbessert die Kommunikation zwischen beiden und verstärkt den Lernprozess.

Im Anschluss an diesen pädagogischen Teil der Behandlung erarbeiten Kind und Therapeut:in gemeinsam den Hergang des Traumas. Diese Erzählung dient der Auseinandersetzung mit dem Trauma sowie mit latenten Gedanken, die die Heilung blockieren (zum Beispiel: „Das alles war allein mein Fehler."). Die Behandlung läuft darauf hinaus, dass das Kind seine Erzählung mit der erwachsenen Begleitperson teilt. Dies wirkt sich förderlich auf die Beziehung zwischen beiden aus, sodass das Kind das Gefühl bekommt, ihm steht eine Person zur Seite, an die es sich jederzeit vertrauensvoll wenden kann, falls es nach der Therapie unter posttraumatischem Stress leiden sollte. Am Ende der Behandlung wird meist noch an der Verbesserung der Sicherheit gearbeitet – ein wichtiger Aspekt der Traumaprävention.

Nicht jede Form passt für jeden Fall

Nicht immer ist TFKVT die beste Option. In manchen Familien herrscht nach der belastenden Erfahrung noch sehr Chaos – zu viel für regelmäßige, kontinuierliche Therapiesitzungen, die bei einer TFKVT notwendig sind. Wer beispielsweise durch eine Naturkatastrophe sein Zuhause verloren hat und nun in einer Notunterkunft lebt, kann vermutlich nicht regelmäßig einmal die Woche zur Therapie gehen. Junge Menschen, die schon fast flügge sind, wird die starke Einbindung der Eltern in die Therapie abschrecken. Bei Kindern, die sich selbst verletzen, sollte man sich zuerst um dieses Problem kümmern und danach um das Trauma. Wie dem auch sei – traumafokussierte kognitive Verhaltenstherapie passt eben nicht immer „wie angegossen".

Hier einige evidenzbasierte Alternativen:

Familien, die eine Therapie benötigen, die flexibler ist als TFKVT, empfehle ich das Programm **„ARC“** (attachment, self-regulation, competency).* Innerhalb der drei Basisbereiche Bindung, Selbstregulierung und Kompetenz werden sogenannte Bausteine beziehungsweise Ziele ermittelt, um die gesunde Integration der traumatischen Erfahrung anzubahnen und so die problematischen Symptome zu reduzieren. Falls bei Ihnen zu Hause gerade Chaos herrscht und regelmäßige wöchentliche Therapiesitzungen einfach nicht realisierbar erscheinen, wäre ARC ideal.

Die **Kognitive Prozesstherapie (Cognitive Processing Therapy, CPT)** wird eigentlich in der Behandlung von PTBS bei Erwachsenen eingesetzt, ist aber genauso effektiv bei Kindern und Jugendlichen. Sie umfasst Psychoedukation zum Thema Trauma und zielt hauptsächlich auf Gedanken ab, die den natürlichen Heilungsprozess blockieren. Diese „Sackgassen“ werden in den Sitzungen ermittelt, von den Betroffenen hinterfragt und systematisch durch andere Gedanken ersetzt, die angemessener und hilfreicher sind. Ich empfehle CPT für ältere Jugendliche, die sich nach Unabhängigkeit sehnen, besonders aber jenen, die von Gedanken gequält werden wie „Nie wieder werde ich Menschen vertrauen“ oder „Die Welt ist total gefährlich“.

Kindern und Jugendlichen, deren Traumasymptome hauptsächlich in gefährlichem impulsivem Verhalten wie Selbstverletzung und hochriskanten Sex bestehen, empfehle ich in der Regel **Dialektisch-Behaviorale Verhaltenstherapie (DBT)** anstelle einer TFKVT oder vielleicht auch davor. DBT umfasst ein Training von Fertigkeiten wie Achtsamkeit, Stresstoleranz, Affektregulierung und Beziehungsfähigkeit. All das sind genau die Problembereiche impulsiver Kinder und Jugendlicher. Da diese Therapierichtung ursprünglich für die Behandlung der Borderline-Persönlichkeitsstörung entwickelt wurde, deren Symptome sich mit denen der PTBS teilweise überlappen – z. B. Impulsivität –, zielt sie genau auf die in Kapitel 10 erläuterten riskanten, impulsiven Verhaltensweisen ab. Sieht es für Sie so aus, als sei Ihr Kind durch seine Impulsivität ernsthaft gefährdet, rate ich, es erst einmal mit DBT zu probieren. Sollte es nach Therapieende immer noch posttraumatische Belastungssymptome aufweisen, die es im Alltag beeinträchtigen, könnte es eine TFKVT oder eine andere Therapie beginnen.

Eltern, die Schwierigkeiten haben, eine sichere Bindung zu ihrem Kind aufzubauen, und bei der Lektüre von Kapitel 3 unruhig geworden sind, empfehle ich **Mentalisierungsbasierte Therapie (MBT)** für Kinder, zumindest für den Anfang. Diese Kurzzeittherapie zielt darauf ab, dass Eltern und Kinder verstehen, was in ihnen selbst und im anderen vorgeht. Das fördert die Eltern-Kind-Beziehung und führt zu mehr

* Dieses Programm gibt es in der Form bislang nur in den USA (Anm. d. Verlags).

Nähe, was es unter anderen leichter macht, die in diesem Buch vermittelten Fähigkeiten anzuwenden.

Wenn kleinere Kinder (im Alter von zwei bis sieben) mehr mit geringfügigem und grobem Fehlverhalten zu kämpfen haben als mit anderen Traumasymptomen, wirkt sich das negativ auf die Eltern-Kind-Beziehung aus. Hier könnte die **Eltern-Kind-Interaktionstherapie (PCIT, Parent Child Interaction Therapy)** passen. Nach einem effektiven Beziehungs- und Erziehungstraining bekommen die Eltern über einen Einwegspiegel und ein Headset („Knopf im Ohr") vom Therapeuten Anweisungen, während sie mit ihrem Kind spielen und dabei die zuvor gelernten Fähigkeiten üben. Verhaltensauffälligkeiten, von Wutattacken und Widerworten bis hin zu Sachbeschädigung und Körperverletzung (siehe Kapitel 7–9), können so eingedämmt werden.

Bei manchen Kindern und Jugendlichen, die zu mir in die Therapie kommen, ist Vermeidung das Hauptproblem, das gelegentlich auch nach Abschluss einer TFKVT hartnäckig bestehen bleibt. In diesem Fall empfehle ich die **Verlängerte Konfrontationstherapie**. Die Patient:innen erzählen in der Sitzung über den traumatischen Vorfall und konfrontieren sich rein in der Vorstellung mit dem Problem. Anschließend begeben sich die Eltern mit dem Kind tatsächlich in Situationen, vor denen es sich fürchtet. Ältere Jugendliche können das unbegleitet tun.

Wenn der ursprüngliche belastende Vorfall mit Verlust und Trauer verbunden ist, empfehle ich **TGCTA (Trauma and Grief Component Therapy for Adolescents)***: ein manualisiertes Verfahren, das sich an trauernde traumatisierte Jugendliche richtet. TFKVT kann zwar auch auf Verlust und Trauer angepasst werden, doch darauf sind nicht alle kognitiven Verhaltenstherapeut:innen spezialisiert. TGCTA umfasst die gleichen Fähigkeiten, die auch in TFKVT eine Rolle spielen, doch mit dem ausdrücklichen Fokus auf Trauer, den eine TFKVT (ohne die Anpassung an Verlust und Trauer) nicht aufweist.

---

* Diese Therapieform wird im deutschsprachigen Raum bislang nicht angeboten (Anm.d.Verlags).

Wie findet man die richtige Therapeutin?

Da Sie nun einigermaßen vertraut sind mit evidenzbasierten Therapierichtungen zur Behandlung von Traumasymptomen, fragen Sie sich vielleicht, wie Sie zu einem Therapeuten kommen. Dazu gebe ich Ihnen drei Tipps.

1. Erkundigen Sie sich bei Ihrem Kinderarzt oder Ihrer Kinderärztin: In Anbetracht dessen, dass so viele Kinder belastende Erfahrungen machen, wird er oder sie wahrscheinlich die besten Traumatherapeut:innen in Ihrer näheren Umgebung kennen.
2. Erkundigen Sie sich an der Schule Ihres Kindes: Große Schulen beschäftigen oft Sozialarbeiter:innen, die regelmäßig verlässliche Empfehlungen für Therapeut:innen geben.
3. Erkundigen Sie sich bei Fachorganisationen: Viele der oben kurz vorgestellten Therapierichtungen verfügen über festgelegte Ausbildungs- und Zertifizierungsprozesse sowie aktuelle Listen mit entsprechenden Therapeut:innen.

Konnten Sie einige Therapeut:innen in Erfahrung bringen, rufen Sie diejenigen an, die Sie für passend halten. Stellen Sie ihnen Fragen und holen Sie Informationen zu den folgenden Punkten ein:

- Erfahrung mit der Altersgruppe Ihres Kindes
- Erfahrung in der Arbeit mit Trauma und / oder der Art von belastender Erfahrung, die Ihr Kind gemacht hat
- Die Modalität der therapeutischen Arbeit
- Höhe des Sitzungshonorars und Kostenübernahme durch die Krankenkasse
- Sprechzeiten, z. B. auch nach der Schule
- Die Handhabung bezüglich der Einbeziehung von Eltern in die Therapie

Idealerweise finden Sie Therapeut:innen, die Ihren Bedürfnissen einschließlich denen Ihres Kindes entsprechen. Falls Sie sich nicht entscheiden können – zerbrechen Sie sich nicht allzu sehr den Kopf. Die meisten traumafokussierten Therapierichtungen sind manualisiert und laufen bei allen gleich ab, unabhängig von der Person.

Wie redet man mit Kindern über Therapie?

Eltern von kleineren Kindern, die zum ersten Mal zu mir kommen, empfehle ich, mich als Ärztin zu bezeichnen, mit der man einfach nur Gespräche führt und die einem dabei hilft, über Gedanken und Gefühle zu reden. Damit die Kinder keine Angst vor dem Termin haben, sollen sie die Eltern ruhig alles fragen, was sie wissen wollen, wie zum Beispiel: „Kannst du mit mir mitkommen?“ oder „Wie lange geht das?“ Falls die Eltern selbst Fragen haben, können sie mich natürlich anrufen. Die meisten Therapeut:innen sind gerne bereit, telefonisch Auskunft über den Ablauf der ersten Sitzung zu geben.

Handelt es sich um größere Kinder oder Jugendliche, rate ich den Eltern, die Therapie etwas genauer zu erklären, etwa so: „Wenn man etwas Schreckliches erlebt hat und es einem große Angst oder viel Stress bereitet, hilft es manchmal, zu einem Therapeuten oder einer Therapeutin zu gehen.“ Die Betroffenen sollten die Gelegenheit haben, Fragen zu stellen und eventuelle Vorbehalte gegen Psychotherapie allgemein oder aber auch Präferenzen für eine bestimmte Richtung zu äußern. Außerdem sollte man sie selbst entscheiden lassen, ob sie lieber zu einem Mann oder zu einer Frau gehen, welche Uhrzeit am besten passt und ob es Einzel- oder Gruppentherapie sein soll (die meisten oben besprochenen Therapierichtungen werden in beiden Modalitäten angeboten). Bei Zweifel schaffen probeweise Erstgespräche schnell Klarheit, manchmal schon nach den ersten Minuten.

Was können Sie für sich selbst tun?

Eltern sein ist Schwerstarbeit. Kinder liebevoll und geduldig zu erziehen kann richtig auslaugen, zumal wenn sich bei ihnen irgendwelche wie auch immer gearteten Traumasymptome bemerkbar machen. In diesem Fall kann eine eigene Therapie zur Stressminderung von Nutzen sein. Für manche Eltern ist eine solche wöchentliche Therapiestunde die einzige Gelegenheit, wo ausschließlich sie selbst und ihre Bedürfnisse im Mittelpunkt stehen.

Eine Therapie könnte Ihnen guttun, wenn Sie:

- immer wieder voller Sorge an das Trauma Ihres Kindes und die möglichen Auswirkungen auf sein Leben denken müssen;
- Sie das Fehlverhalten Ihres Kindes so sehr nervt, dass Sie anfangen, es zu hassen;
- Ihnen alles über den Kopf zu wachsen droht und Sie erschöpft sind;
- das impulsive und gefährliche Verhalten Ihres Kindes Sie mit lähmender Angst erfüllt;
- die erhöhte Emotionalität, das regressive oder vermeidende Verhalten Ihres Kindes Sie ärgert oder Ihren Unmut erregt;
- posttraumatische Symptome (wie in Kapitel 2 beschrieben) Ihren Alltag beeinträchtigen.

Machen Sie sich keine Sorgen, wenn es beim ersten Therapeuten, den Sie aufsuchen, nicht sofort „klick“ macht. Bei Ihnen gilt dasselbe wie bei Ihrem Kind: Sie brauchen den Termin nicht bei der erstbesten Praxis zu machen, sondern können ruhig erst mehrere anrufen, bevor Sie sich für jemanden entscheiden, bei dem oder der Sie ein gutes Gefühl haben. Dieses Gefühl, dass es menschlich passt, ist für Erwachsene definitiv noch wichtiger. Denn während eine Therapie für traumatisierte Kinder sich meist auf den Aufbau bestimmter Fähigkeiten konzentriert, brauchen Eltern in dieser Situation hauptsächlich Rückhalt. Dafür sollte man jemanden finden, in dessen Gegenwart man entspannt ist und sich wohlfühlt. Sie sind keinesfalls gezwungen, beim ersten Therapeuten, den Sie anrufen, eine bindende Zusage zu machen.

Meine Empfehlung, selbst eine Therapie zu machen, stößt bei Eltern fast immer auf Widerstand. Meist argumentieren sie damit, dass sie keine Zeit oder keinen Bedarf hätten oder dass sie sich egoistisch vorkämen, „Bauchnabelschau" zu betreiben, während ihr armes Kind Qualen leidet. Nichts ist der Wahrheit ferner. Die Therapie der Eltern dient durchaus auch dem Heilungsprozess der Kinder, denn für diesen sind die Eltern ja das Fundament. Sind sie seelisch labil, droht es zu bröckeln. Therapie hilft Eltern, für ihre Kinder da zu sein – auch wenn Sie sich einmal die Woche für ein, zwei Stunden von ihnen entfernen.

Das ist in etwa so wie bei den Sicherheitsanweisungen im Flugzeug: Bei Druckabfall setzen Erwachsene zuerst selbst eine Sauerstoffmaske auf und sind danach den Kindern behilflich.

Lesen Sie nun das Beispiel von Mia, einem achtjährigen Mädchen, das gerade einen schrecklichen Hausbrand überlebt hat.

Die Lehrer:innen haben Mia immer als munter und aufgeweckt bezeichnet. Doch seit dem Brand ist sie viel zurückhaltender. Sie verschanzt sich geradezu. Sie geht zur Schultherapeutin, macht aber kaum Fortschritte. Diese hat den Eindruck, dass das Mädchen zu Hause nicht die Unterstützung bekommt, die es braucht. Schließlich findet sie heraus, dass Mias Großvater, bei dem sie jetzt lebt, als Soldat im Golfkrieg gekämpft hat und selbst an einem unbewältigten Trauma leidet: Er war mit dem Hubschrauber abgestürzt, hatte den Aufprall überlebt und war gerade noch rechtzeitig den Flammen entkommen. Aus diesem Grund kann er sich nicht wirklich in Mias Heilungsprozess einbringen. Jedes Mal, wenn sie über laute Geräusche oder Schmerzen klagt, wechselt er das Thema oder stürmt aus dem Zimmer. Schließlich bittet Mias Therapeutin ihn zu einer Einzelsitzung zu sich in die Praxis und empfiehlt ihm, eine Therapie zu machen. Er ist skeptisch, geht dann aber doch ins nächstgelegene Militärkrankenhaus und beginnt, an seinen Vermeidungssymptomen zu arbeiten. Seit Mia mit ihm über ihre furchtbare Erfahrung sprechen kann, ist sie in der Schule wieder die alte. Ihr Großvater plant sogar, mit ihr in den Urlaub zu fliegen – obwohl er seit 30 Jahren in kein Flugzeug mehr gestiegen ist.

Sie brauchen keine traumatische Geschichte wie die von Mias Großvater hinter sich zu haben, um völlig hilflos dazustehen, wenn Ihr Kind über seine schrecklichen Erfahrungen spricht. Wenn Sie sich in dieser Situation Hilfe suchen, leisten Sie Ihrem Kind einen guten Dienst, können für es da sein und verkraften es besser, wenn es über seine Ängste und Schmerzen spricht.

Aber eine Therapie hat noch einen weiteren Nutzen: Sie zeigen Ihrem Kind damit, dass es okay ist, Hilfe zu brauchen und sich welche zu holen. Manche Eltern glauben, sie müssten vor ihren Kindern unverletzbar und stoisch auftreten – zu weinen, wütend oder schwach zu werden ist nicht erlaubt. Doch dieses unrealistische Bild der perfekten Eltern kann in Wahrheit ziemlich viel Schaden anrichten! Sie sind Ihrem Kind ein Vorbild, an dem es lernt, was es heißt, erwachsen zu sein. Es wird Ihr Verhalten für normal halten und verinnerlichen. Also bitte – zeigen Sie Ihren Kindern, dass es normal ist, sich Hilfe zu holen, wenn man sie braucht, um eine Umarmung zu bitten, wenn man traurig ist, und auf gesunde Art und Weise zu den eigenen Gefühlen zu stehen.

Hat Psychotherapie nicht einen schlechten Ruf?

Psychologische Angebote werden seit einigen Jahrzehnten immer häufiger in Anspruch genommen. Hilfe für Soldat:innen mit Posttraumatischen Belastungsstörungen, Kostenübernahme durch die Krankenversicherung, junge Leute, die auf Twitter Witze über ihre Psychotherapeut:innen reißen – etwas, das früher eher einen schlechten Ruf hatte, gilt inzwischen als weitgehend normal. Und trotzdem haftet der Psychotherapie mancherorts immer noch ein gewisses Stigma an, etwa im näheren Umfeld oder in der Verwandtschaft.

Eventuell ist das Stigma auch verinnerlicht. So haben manche Menschen bewusst oder unbewusst ein komisches Gefühl, wenn sie sich für ihr Kind oder auch für sich selbst auf Therapiesuche begeben. Sie halten es für Zeitverschwendung oder für ein Zeichen von Schwäche, sehen darin einen Beweis, dass sie als Eltern versagt haben. Vielleicht ist ihnen die Vorstellung peinlich, im Wartezimmer von jemandem erkannt zu werden.

Wie sieht es bei Ihnen aus? Teilen auch Sie mehr oder minder diese Befürchtungen, wenn Sie sich mit der Möglichkeit auseinandersetzen, eine Therapie zu machen oder eine für Ihr Kind zu organisieren?

Falls ja – keine Panik! Das geht vielen anderen auch so. Unglücklicherweise haben negative Gedanken wie diese zur Folge, dass man lieber im Stillen weiterleidet, als sich Hilfe zu holen. Sollte Ihre innere Stimme Ihnen etwas einflüstern, das nach Stigma klingt, formulieren Sie es um.

Sagen Sie nicht: „Ich bin schwach, weil ich Psychotherapie brauche", sondern: „Ich bin stark, weil ich etwas unternehme, das mir und meiner Familie guttut."

Sagen Sie nicht: „Ich habe versagt, weil mein Kind Psychotherapie braucht", sondern: „Ich bin achtsam, weil ich so schnell auf die Bedürfnisse meines Kindes reagiere."

Sie haben die Sorgepflicht für Ihr Kind. Wenn Sie fähig sind, sich durch diesen Stigmasumpf hindurchzukämpfen, dann zeigt das, dass Sie bereit sind, Ihrer Aufgabe gerecht zu werden und das Notwendige dafür zu tun.

Zum Abschluss und auf den Punkt gebracht

Wenn Sie nur einzige Lektion aus diesem Buch mitnehmen könnten, dann bitte diese: Psychisches Leid überwindet man am besten, indem man mit Menschen in Kontakt tritt, denen man sich sicher verbunden weiß. Für Ihr Kind sind wahrscheinlich Sie das.

Manchmal ist das Leid jedoch so groß, dass Durchschnittsmenschen nicht wissen, wie sie mit den Symptomen – etwa grobes Fehlverhalten oder Selbstverletzung – umgehen sollen. Oder sie haben mit den alltäglichen Pflichten schon so viel zu tun, dass sie – wenn noch ein Trauma hinzukommt – mit der Situation vollends überfordert sind.

Sollte das bei Ihnen der Fall sein, machen Sie Ihrem Kind klar, dass Sie die Dinge vielleicht nicht sofort wieder ins Lot bringen können oder nicht wissen wie, dass Sie aber die notwendigen Schritte kennen, um mit dem zugrunde liegenden Problem umzugehen. Zeigen Sie Ihrem Kind, dass es Ihnen am Herzen liegt, dass Sie ihm helfen wollen und eine Ahnung davon haben, an wen man sich am besten wendet – etwa an eine Therapeutin. Das Schlimmstszenario ist, wenn ein Kind, das seinen Schmerz verzweifelt ausagiert und richtiggehend um Hilfe bettelt, gerade von denen, die die Sorgepflicht haben, emotional im Stich gelassen wird. Schenken Sie Ihrem Kind also Ihr Gehör und machen Sie ihm klar, dass Sie wissen, was für seine Heilung notwendig ist. Das ist manchmal genau so viel wert wie eine Therapie.

12. Wie geht es weiter?

Als Sie sich für dieses Buch entschieden haben, waren Sie wahrscheinlich in Sorge um Ihr Kind, weil es sich in einer potenziell traumatisierenden Situation befunden hat und Sie befürchteten, es könnte sein Leben lang von den Narben gezeichnet sein. Doch inzwischen wissen Sie wahrscheinlich: Das ist nicht wahr. Sie wissen, dass beinahe alle Kinder die Fähigkeit zur Heilung besitzen. Und dass es einige Mühe kostet. Vielleicht bemerken Sie an Ihrem Kind bereits vielversprechende Veränderungen – seine Wutanfälle sind weniger turbulent, sein Schlafrhythmus ist wieder normal, und beim Elternabend reden alle über seine tollen Zukunftsaussichten statt über sein störendes Verhalten im Unterricht. Doch manche Kinder brauchen extra viel Unterstützung von ihren Eltern und Lehrer:innen und erholen sich langsamer.

Egal, ob Ihr Kind sich von allein erholt und seine Symptome nur schwach ausgeprägt sind oder ob es unter einer langwierigen und komplizierten posttraumatischen Belastungsstörung leidet – mithilfe einer starken Eltern-Kind-Beziehung, der in diesem Buch beschriebenen Fähigkeiten (und bei Bedarf auch mit professioneller Unterstützung) kann es trotzdem ein gesundes und aktives Leben führen.

Auch wenn sich Ihr Kind wie durch ein Wunder von der schweren Zeit nach seiner traumatischen Erfahrung erholt, müssen Sie sich darauf einstellen, dass die Symptome im späteren Leben jederzeit wieder auftauchen können. Solche Rückfälle gehören sogar zum normalen Heilungsprozess dazu – nur leider ist diese Tatsache nicht so bekannt, wie ich mir das wünschte.

Nur allzu oft treffe ich in den Medien auf Geschichten von Menschen, die ungeheuer Schreckliches erlebt und danach trotz allem erstaunliche Taten vollbracht haben. Da gibt es zum Beispiel eine Läuferin, die an Wettbewerben teilnimmt, obwohl sie dabei Krämpfe bekommt, oder einen Kriegsfotografen, der bei einem Terrorangriff beide Beine verloren hat und dennoch weiterhin seinem Beruf nachgeht. Geschichten wie diese vermitteln das Gefühl, ein Kind mit einer PTBS bräuchte sich bloß wieder „aufzurappeln", um sich zu entfalten und für alle Zeiten unbeschwert weiterzuleben. Manche folgern daraus sogar, dass ein Trauma die Persönlichkeit stärkt.

Doch leider trifft dies nicht unbedingt zu. Auch wenn manche an ihrer belastenden Erfahrung wachsen und sich davon erholen, gibt es keine Garantie für übermenschliche emotionale Kraft oder eine lebenslange Symptomfreiheit. Die Erwartung eines posttraumatischen Wachstums kann ein Kind so unter Druck setzen, dass es sich für die Wiederkehr seiner Symptome schämt. **Doch genauso, wie Sie Ihrem Kind zuverlässig über sein Trauma hinweggeholfen haben, so werden Sie ihm über die**

Rückfälle hinweghelfen, die es möglicherweise erleidet. Und diesmal werden Sie beide darauf vorbereitet sein.

Für Rückfälle gibt es vielerlei Gründe. Die häufigsten sind: lebensverändernde Umbrüche (z.B. der Umzug in eine andere Stadt oder ein Schulwechsel), neuartige oder seltener auftretende Trigger (z.B. der Jahrestag des Traumas), vernachlässigte Grundbedürfnisse (z.B. Schlaf und Ernährung) sowie chronische Stressfaktoren (z.B. ein toxischer Freundeskreis).

Ich hatte einmal einen fünfjährigen Patienten, der wegen eines langen Krankenhausaufenthalts und der Trennung von seinen Eltern ein Trauma erlitten hatte. Er erholte sich zwar davon, hatte aber beim Übergang vom Kindergarten in die Schule mehr Probleme als andere Kinder in seinem Alter. Er konnte es nicht ertragen, den ganzen Tag ohne seine Mutter zu sein, denn das brachte die schmerzhafte und beängstigende Trennung von ihr wieder hoch. So hockte er in der Schule die meiste Zeit allein in einer Ecke und weinte.

Eine Vierzehnjährige wurde Opfer sexueller Gewalt und konnte ihr Trauma in der Therapie bei mir überwinden. Als sie einige Jahre später ihren ersten Freund hatte, wurde sie jedes Mal getriggert, wenn er ihre Hand halten wollte. Sie erstarrte und machte komplett dicht. Immer wieder fragte er sie, weshalb sie so feuchtkalte Hände hatte und wie weggetreten wirkte, wenn er ihr näher kommen wollte. Schließlich machte er Schluss, mit der Begründung, sie habe ihn anscheinend nicht sehr gern. Sie war am Boden zerstört und verstand überhaupt nicht, warum ihr Körper auf harmloses Händchenhalten so komisch reagierte. Wie konnte die sexuelle Gewalterfahrung immer noch Einfluss auf sie haben, obwohl sie sich doch längst davon erholt hatte?

Und dann ist da noch der Fall von Shayan, einer achtzehnjährigen Traumapatientin, deren Bruder fünf Jahre zuvor von einem Betrunkenen überfahren und getötet worden war. Der Verlust ihres Bruders hatte sie total aus der Bahn geworfen. So wurde sie von einer Vielzahl posttraumatischer Symptome geplagt, konnte zum Beispiel nicht mehr schlafen, hatte Wutanfälle und hing düsteren Rachefantasien nach. Ihre Eltern schickten sie sofort zu einer Trauerselbsthilfegruppe und zur Einzeltherapie. Das schlug gut an: Shayan schlief besser und beschäftigte sich mehr mit guten Erinnerungen an ihren Bruder statt mit Grübeleien über den Autofahrer. Schließlich engagierte sie sich sogar in ihrem Stadtteilzentrum, wo sie Gruppen zur Unterstützung von Kindern begleitete, die den Verlust von Familienangehörigen betrauerten. Als sie mit der Schule fertig war und auf die Uni ging, waren die Eltern in Sorge, wie ihre Tochter diesen Übergang zu einem Lebensabschnitt wohl bewältigen mochte, doch es fiel ihr leicht. Bis zu dem Moment, an dem sie von Google Alerts benachrichtigt wurde, dass der betrunkene Autofahrer, der ihren Bruder getötet hatte, bald auf

Bewährung freigelassen werden sollte. Als sie beim nächsten Telefongespräch mit ihren Eltern recht einsilbig war, dachten sie sich nichts weiter dabei. Wahrscheinlich brauchte sie nur ihren Freiraum. Doch einige Tage später meldete sich eine besorgte Mitbewohnerin von Shayan und erzählte, diese verhalte sich merkwürdig. Just an diesem Tag habe sie an ihrem Laptop gesessen, plötzlich laut geflucht und das Gerät an die Wand geschmissen. Dann sei sie wortlos aus dem Zimmer gestürmt. Ihre Eltern vermuteten einen Zusammenhang mit der bevorstehenden Freilassung, wagten jedoch nicht, ihre Tochter darauf anzusprechen, aus Angst, es könnte sie triggern.

Wie können diese Eltern ihrem Kind aber helfen, so aus der Ferne?

Bereiten Sie Ihr Kind auf Rückfälle vor

Zur Heilung von einem Trauma – oder eigentlich von jeder psychischen Störung – gehört unter anderem auch eine mögliche Anfälligkeit für irgendwann später wiederauftretende Symptome, auf die man im schlimmsten Fall nicht vorbereitet ist. Längst für überwunden geglaubte Schmerzen lösen häufig Frustration oder Schamgefühle aus. Diese können Sie Ihrem Kind ersparen, wenn Sie es im Voraus darauf hinweisen, über welche Hindernisse es auf seinem weiteren Lebensweg stolpern könnte. Wenn Sie ihm erklären, dass sie normal und ein natürlicher Teil des Heilungsprozesses sind, kann es besser mit ihnen umgehen. Sie können Folgendes tun:

- Erklären Sie Ihrem Kind, dass es gerade bei Lebensveränderungen normal ist, wenn manche Symptome wiederauftauchen, und dass das nichts darüber aussagt, wie gut es sein Trauma verarbeitet hat. So hatten in einer Studie mehr als die Hälfte der ehemaligen PTBS-Patient:innen auch später noch latente psychische Störungen. Das heißt, es sind zwar posttraumatische Belastungssymptome zurückgeblieben, doch nicht ausreichend für eine eindeutige Diagnose mit PTBS. Falls Ihr Kind eine Therapie macht, sprechen Sie dies am besten gegen Behandlungsende an. Loben Sie es für sein Engagement und sagen Sie ihm, dass seine Symptome wiederkommen können und das, gerade auch in schwierigen Zeiten oder wenn neue Trigger es an das Trauma erinnern, ganz normal ist. Versichern Sie Ihrem Kind, dass es sich dann jederzeit an Sie wenden und auch weitere Therapiesitzungen bekommen kann.
- Ganz ähnlich sollten Sie auch dann vorgehen, wenn Ihr Kind keine Therapie macht. Sprechen Sie mit ihm, sobald Sie feststellen, dass es ihm besser geht, dass es weniger oft getriggert wird und seine Verhaltensauffälligkeiten nachlassen. Vermitteln Sie ihm, dass seine Gefühle normal sind, egal wie alt es ist, ob nun wie im Beispiel oben fünf Jahre alt oder neunzehn oder irgendwo dazwischen. Einem jungen Mann zum Beispiel, der gerade seinen Führerschein gemacht hat

und durch einen Autounfall traumatisiert wurde, könnte man sagen: „Du kannst ja eigentlich schon richtig gut fahren. Dass du jetzt trotzdem Angst davor hast, so kurz nach dem Unfall, ist vollkommen normal. Das passiert allen, die so etwas erlebt haben. Es kann auch immer mal wiederkommen, besonders wenn du viel Stress hast oder wenn es, wie am Tag deines Unfalls, schneit. Falls dir das so geht, sag mir ruhig Bescheid. Ich kann dann zum Beispiel gerne mit dir mitfahren."

Halten Sie nach heiklen Momenten Ausschau

Wie schon gesagt: Wenn Sie eine Besserung bei Ihrem Kind feststellen, bereiten Sie es seelisch darauf vor, dass einige Symptome wiederkommen könnten, und halten Sie außerdem nach Momenten Ausschau, in denen es besonders anfällig dafür ist. Dies können zum Beispiel folgende sein:

- **Erinnerungen an das Trauma:** Symptome flammen meist wieder auf, wenn sich der Jahrestag des Traumas nähert, wenn einer nahestehendem Person etwas Ähnliches zustößt, am Geburtstag von Verstorbenen sowie an Feiertagen und in Situationen, in denen man jemanden besonders schmerzlich vermisst. Hat ein Kind beispielsweise plötzlich seine Kusine verloren, mit der es an Weihnachten immer zu spielen pflegte, kann man ihm ab Anfang Dezember extra viel Aufmerksamkeit schenken. Oder wie Shayans Eltern reagieren, die ihre Tochter im Auge behalten, als sie von der Entlassung des Autofahrers erfahren.
- **Nicht mit dem Trauma zusammenhängende Risikofaktoren:** Ein sehr anstrengendes Umfeld, Substanzmissbrauch und Vernachlässigung der Grundbedürfnisse erhöhen das Risiko, dass posttraumatische Belastungssymptome wieder auftreten. Weitere Beispiele sind durchwachte Nächte vor Prüfungen, Klassenfahrten oder der Wechsel auf die Uni. Zwar verursachen sie die Symptome nicht unbedingt direkt, machen jedoch anfälliger für Trigger.
- **Ganz unterschiedliche Arten von Warnhinweisen:** Kleinere Kinder etwa sind verstärkt anhänglich, klagen über körperliche Schmerzen wie Bauch- oder Kopfweh, brechen leicht in Tränen aus und fallen auf eine frühere Entwicklungsstufe zurück. Jugendliche neigen eher zu Vermeidung, Rückzug, Substanzmissbrauch, Selbstverletzung, Impulsivität und Schlafproblemen. Meistens handelt es sich bei den Symptomen um die ursprünglichen, es können aber auch neue hinzukommen.

Ein Vorbild für emotionale Unterstützung

Durch das für die posttraumatische Belastung so charakteristische Vermeidungsverhalten können sich bei Kindern ganz leicht Symptome einschleichen und sie von ihrem Unterstützungssystem abschneiden, bevor sie überhaupt wissen, wie ihnen geschieht. Garniert mit einer Prise Scham ist das Ergebnis die völlige Isolation. Denn Gedanken wie „Darüber sollte ich doch schon längst hinweg sein!", die ich meine Patient:innen häufig äußern höre, halten davon ab, sich anderen anzuvertrauen.

Deswegen macht es sich wirklich bezahlt, Kindern ein Vorbild dafür zu sein, wann und wie man sich emotionale Unterstützung holt, dass das okay ist und dass man sich anderen gegenüber ruhig verletzlich zeigen darf. Dieses Vorbild können Sie sein. Natürlich stehen wir alle unter Stress und versuchen es zu verbergen, aber unsere Kids haben eine ausgezeichnete Antenne dafür und merken es trotzdem. Zeigen Sie Ihrem Kind, dass man sich ruhig Hilfe holen darf, wenn man gestresst ist. Ob Sie sich von einer guten Freundin beraten lassen oder zur Therapie gehen – haben Sie keine Scheu, es zu erwähnen.

Sie brauchen gar kein Aufhebens davon zu machen. Es reicht, wenn Sie einfach sagen: „Ich bin gerade echt fix und fertig. Da würde ich mich gerne mit Tante Barbara auf einen Kaffee treffen, das tut mir immer gut." Und falls Sie eine Therapie machen: „Mein Therapeut hat heute etwas höchst Interessantes zu mir gesagt, nämlich …"

Reden über Gefühle: Sie sind normal und wertvoll

Mit einem Kind, das extrem aufgeregt wegen seiner Einschulung ist, könnten Sie darüber sprechen, dass Dinge, die neu sind, einem manchmal Angst einjagen. Sie können von eigenen Erfahrungen erzählen, wie Sie sich vor dem Umzug oder dem ersten Tag im neuen Job gefürchtet haben. Sollten Sie also spüren, dass Ihr Kind vor dem Beginn einer neuen Lebensphase Angst hat, geben Sie ihm Raum, um seine Gefühle auszudrücken, etwa so: „Wie geht es dir damit, dass du bald eingeschult wirst?" Sie können auch zu Metaphern greifen (siehe Rosen, Knospen und Dornen in Kapitel 6). Sehr hilfreich ist auch, regelmäßig beim Abendbrottisch über Gedanken und Gefühle zu reden, die einen am Tag beschäftigt haben.

Erzählt Ihr Kind, dass die Einschulung es nervös macht, stellen Sie dieses Gefühl als normal und wertvoll dar (siehe Kapitel 6). Etwa so: „Ich wette, alle Kinder, sind vor ihrer Einschulung nervös." Oder vor dem Wechsel auf die weiterführende Schule: „Als ich damals aufs Gymnasium kam, habe ich in der Nacht davor die totale Panik bekommen."

Teenager, die als Kind sexuell missbraucht wurden und durch eine neue Liebesbeziehung die Wiederkehr alter Traumasymptome erleben, könnte man daran erinnern, dass jedes erste Mal mit einem neuen Partner oder einer neuen Partnerin aufregend ist und dass es immer wichtig ist, miteinander zu kommunizieren und auf die Signale des eigenen Körpers zu hören. Andererseits sind gerade Vierzehnjährige eher abgeneigt, ihr Liebesleben vor Mama oder Papa auszupacken. In diesem Fall könnte etwa folgender Einleitungssatz helfen: „Wie geht es dir denn gerade so mit [Name]?" Sollte die Antwort lauten: „Nicht so gut", könnten Sie erwidern: „Ich wette, viele Mädchen, die so schreckliche Dinge wie du durchgemacht haben, haben eher gemischte Gefühle, wenn sie eine Beziehung eingehen. Geht dir das auch so? Du weißt, du kannst jederzeit mit mir darüber reden. Wenn du willst, können wir auch einen Termin bei deiner Therapeutin machen."

Shayan wollte mit ihren Eltern lieber nicht darüber sprechen, wie es ihr gefühlsmäßig ging, weil sie sie nicht beunruhigen wollte. Umgekehrt mieden auch ihre Eltern dieses Thema, weil sie sie nicht triggern wollten. Doch das würde Shayan – und anderen jungen Menschen in ihrer Situation – sowieso passieren: Der eigentliche Trigger ist ja die Entlassung des Mannes aus dem Gefängnis, nicht das Gespräch darüber. Da Shayan es irgendwann ohnehin erfahren wird, könnten ihre Eltern es ihr auch erzählen. Besser, sie hört es von ihnen als über Google Alert. Dann könnten sie sie fragen, wie es ihr damit geht. Ob sie wütend, traurig oder durcheinander ist – oder auch gar nichts fühlt: Ihre Eltern sollten versuchen, sie zu verstehen, und ihr vermitteln, dass ihre Gefühle okay und normal sind. Etwa so: „Das ist total verständlich, dass du außer dir bist. Alle anderen in unserer Familie wären das auch." Oder: „Wir haben eine Menge durchgemacht – klar, dass du dich innerlich leer und wie betäubt fühlst."

Wiederkehrende Symptome sind meist weniger gravierend als bei ihrem ursprünglichen Auftreten. Wahrscheinlich brauchen Sie das Buch nicht noch einmal von vorne bis hinten durchzuarbeiten oder eine neue Therapie für Ihr Kind zu organisieren. Nichtsdestotrotz sollten Sie in der Lage sein, es kompetent zu unterstützen.

Falls Sie ein Symptom bei Ihrem Kind bemerken, könnten Sie sagen: „Du hast jetzt schon zum dritten Mal Albträume – das ist sicher sehr belastend für dich. Wäre es vielleicht an der Zeit für eine Auffrischungssitzung bei deiner Therapeutin?" Oder: „Möchtest du vielleicht eine Atemübung machen, bevor du ins Bett gehst?"

Zum Abschluss und auf den Punkt gebracht

Ein traumatisiertes Kind zu beeltern kann abschrecken und wie eine Aufgabe erscheinen, die eine Nummer zu groß ist. Doch in Wahrheit haben Sie alles, was Sie brauchen, um Ihrem Kind jetzt und in Zukunft zu helfen.

Diese Hilfe besteht im Kern aus der Beziehung zwischen Ihnen beiden. Am Anfang dieses Buchs sagte ich bereits: Mit dem emotionalen Schmerz eines Traumas kommt man am besten zurecht, wenn man die Nähe der Menschen sucht, mit denen man sich am sichersten verbunden fühlt. Für Ihr Kind sind das Sie. Sie tun Ihrer beider Beziehung etwas Gutes, indem Sie die Ratschläge aus Kapitel 3 befolgen – einerseits Qualitätszeit anbieten, mentalisieren, loben, aktiv zuhören sowie Freude bereiten und andererseits nicht maßregeln, nicht verurteilen und keine sarkastischen Sprüche machen.

Eine starke Eltern-Kind-Beziehung bedeutet ferner, dass Ihr Kind weiß, an wen es sich wenden kann, um emotionale Unterstützung zu bekommen, und wer über das Know-how verfügt, um mit unbekannten, seltsamen und schmerzlichen traumabedingten Gefühlen fertigzuwerden. Dafür können Sie die in den Kapiteln 5 bis 11 vorgestellten Möglichkeiten nutzen. So wissen Sie, was jeweils zu tun ist. Wenn Ihr Kind ...

- getriggert wird: Machen Sie erdende und entspannende Übungen (siehe Kapitel 5);
- eine verstärkte Tendenz zu emotionalen Reaktionen oder regressivem Verhalten hat: Laden Sie es ein, über seine Gefühle zu reden, erkennen Sie sein subjektives Empfinden an und spiegeln Sie es verdeutlichend wider, berühren Sie das Kind und schenken Sie ihm extra viel Aufmerksamkeit (Kapitel 6);
- stärker als sonst durch geringfügiges Fehlverhalten auffällt: Nutzen Sie selektive Aufmerksamkeit und Lob (siehe Kapitel 7);
- sich aus Angst vor der posttraumatischen Belastung von seiner Familie und seinen Freund:innen zurückzieht: Planen Sie gezielte Konfrontationen, um das Vermeidungsverhalten zu mindern (siehe Kapitel 8);
- sich grob fehlverhält: Suchen Sie zuerst den Kontakt, bevor Sie es maßregeln. Ziehen Sie dann klare Grenzen, während Sie gleichzeitig für seine Grundbedürfnisse sorgen (siehe Kapitel 9);
- zu riskanten, impulsiven Verhaltensweisen neigt wie Substanzmissbrauch, ungeschütztem Sex oder Selbstverletzung: Suchen Sie nach gesunden Ventilen für Emotionen und treffen Sie Sicherheitsvorkehrungen (siehe Kapitel 10);
- es schwer hat und Sie nicht wissen, wo Sie anfangen sollen: Ziehen Sie als zusätzliche Unterstützung professionelle Hilfe in Erwägung (siehe Kapitel 11).

Mithilfe einer sicheren Bindung, den Ratschlägen in diesem Buch, dem Vertrauen in die angeborene Fähigkeit Ihres Kindes zur Selbstheilung und, wenn nötig, professioneller Unterstützung können Sie es ihm einen Weg weisen, der es von der Traumatisierung fortbringt. Sie können außerdem dafür sorgen, dass es auf diesem Weg bleibt, der es aus dem Trauma in die nachhaltige Selbstbestimmung führt.

Literaturempfehlungen und weitere Ressourcen

Literatur für Kinder:

Claudia Croos-Müller (2013). *Kopf hoch – das kleine Überlebensbuch: Soforthilfe bei Stress, Ärger und anderen Durchhängern.* München: Kösel.

Claudia Croos-Müller (2013). *Nur Mut! Das kleine Überlebensbuch: Soforthilfe bei Herzklopfen, Angst, Panik & Co.* München: Kösel.

Renate Jegodtka & Peter Luitjens (2018). *Kim, Tim-Tiger und das gefährliche Etwas: Eine Mutmach-Geschichte für traumatisierte Kinder.* Göttingen: Vandenhoeck & Ruprecht.

John Jory & Pete Oswald (2021). *Der böse Kern.* Berlin: Adrian.

Christian Moser (2011). *Die gesammelten Schrecken der Monster des Alltags.* Hamburg: Carlsen.

Literatur für Erwachsene:

Karl H. Brisch & Theodor Hellbrügge (2003). *Bindung und Trauma: Entwicklung und Schutzfaktoren für die Entwicklung von Kindern.* Stuttgart: Klett-Cotta.

Maria Teresa Diez Grieser & Roland Müller (2018). *Mentalisieren mit Kindern und Jugendlichen.* Stuttgart: Klett-Cotta.

Steven Hayes & Spencer Smith (2022). *In Abstand zur inneren Wortmaschine: ein Selbsthilfe- und Therapiebegleitbuch auf der Grundlage der Akzeptanz- und Commitment-Therapie (ACT).* Tübingen: dgvt.

Andreas Krüger (2012). *Erste Hilfe für traumatisierte Kinder. Mit einem Vorwort von Luise Reddemann.* Düsseldorf: Patmos.

Peter A. Levine & Maggie Kline (2005). *Verwundete Kinderseelen heilen: Wie Kinder und Jugendliche traumatische Erlebnisse überwinden können.* München: Kösel.

Nicola Schmidt (2019). *Erziehen ohne Schimpfen: Alltagsstrategien für eine artgerechte Erziehung.* München: Gräfe & Unzer.

Daniel Siegel & Tina Bryson (2019). *Achtsame Kommunikation mit Kindern: Zwölf revolutionäre Strategien aus der Hirnforschung für die gesunde Entwicklung Ihres Kindes.* Freiburg: Arbor.

Bessel van der Kolk (2023). *Das Trauma in dir: Wie der Körper den Schrecken festhält und wie wir heilen können.* Berlin: Ullstein.

Wo finden Sie Hilfe?

Eine Liste mit aktuellen Links und Hilfeangeboten finden Sie auf der Website des Deutschen Traumakompetenznetzes e.V.:

↗ https://trauma.help/helplist

Beratungsangebote für Kinder und Jugendliche:

↗ https://krisenchat.de/

Hilfeportal sexueller Missbrauch: ↗ https://www.hilfe-portal-missbrauch.de

Kinderportal gegen sexuellen Missbrauch: ↗ https://www.trau-dich.de/

Angebote von pro familia für Jugendliche: ↗ https://www.profamilia.de/fuer-jugendliche/rechte-und-sexualitaet/sexuelle-gewalt

Krisenberatung für Jugendliche: ↗ https://www.youth-life-line.de/beratung/

Hilfe-Telefon bei sexuellem Missbrauch:
↗ https://nina-info.de/hilfe-telefon oder ↗ https://nina-info.de/berta

Angebote und Materialien, um Kinder in „Lebensstürmen" zu begleiten:
↗ https://www.aetas-kinderstiftung.de/

Wo finde ich Therapeut:innen?

Deutsche Gesellschaft für Psychotraumatologie (DeGPT): ↗ https://www.degpt.de

Terminservicestelle der Kassenärztlichen Vereinigung: Tel. 116 117
↗ https://www.eterminservice.de/terminservice

Bundespsychotherapeutenkammer (BPtK):
↗ https://www.bptk.de/patient-innen/#psychotherapeutensuche

EMDRIA: ↗ https://www.emdria.de/therapeuteninnen/

Ankerland Trauma-Info-Telefon: ↗ https://ankerland.de/

Deutschsprachige App zum Thema

↗ https://kidtrauma.org/

Index

Das Leben wieder selbstbestimmt gestalten

Michael A. Tompkins

Das Arbeitsbuch gegen Angst und Depression

Einfache und effektive Techniken in psychischen Krisen

Menschen, die unter Ängsten oder Depressionen leiden, empfinden ihr Gefühlsleben oft als einseitig und eingeschränkt: Bei Angst steht der ganze Körper unter Anspannung, der Zugriff auf gewohnte Denk- und Handlungsoptionen wird behindert. Bei einer Depression hingegen ist das Denken verlangsamt, man fühlt sich matt und erschöpft. Bei den Betroffenen halten solche negativen Zustände oft länger an, sie sind emotional weniger flexibel. Emotionale Flexibilität ist die Fähigkeit, auf die Herausforderungen des Lebens zu reagieren und sich, sobald sich die Situation wieder entspannt, von der Belastung zu erholen. Ziel dieses Arbeitsbuchs ist,

- Faktoren, die Ängste und Depressionen aufrechterhalten, zu erläutern,
- leicht nachvollziehbare Informationen, Strategien und Übungen zu vermitteln, um die ganze Bandbreite an Gefühlen wieder erleben zu können,
- Achtsamkeit, flexibles Denken und Selbstmitgefühl zu fördern.

Mit Online-Material.

228 Seiten, kart., E-Book inside • € (D) 32,00 • ISBN 978-3-7495-0403-9
Auch als E-Book erhältlich.

Michael A. Tompkins ist Verhaltenstherapeut und Ko-Direktor des San Francisco Bay Area Center for Cognitive Therapy sowie Assistant Clinical Professor für Psychologie an der University of California in Berkeley.

Weitere erfolgreiche Titel:

Mit Achtsamkeit und Körperbewusstheit ...
ISBN 978-3-7495-0312-4

Soziale Phobie – die heimliche Angst
ISBN 978-3-7495-0193-9

Kognitive Verhaltenstherapie leicht gemacht
ISBN 978-3-7495-0105-2

www.junfermann.de

Britta Hahn
Ich will anders, als du willst, Mama
Kinder dürfen ihren Willen haben – Eltern auch
Erfahrungen mit der Anwendung von GFK in der Familie
Junfermann
REIHE AKTIVE LEBENSGESTALTUNG • Gewaltfreie Kommunikation (GFK)

KLAUS-DIETER GENS
Mit dem Herzen hört man besser
Einladung zur Gewaltfreien Kommunikation

MARSHALL B. ROSENBERG
Erziehung, die das Leben bereichert
Gewaltfreie Kommunikation im Schulalltag

Britta Hahn
Mama, was schreist du so laut?
Wut in Gelassenheit verwandeln